跨境电商专业理实一体化活页式教材

跨境电商供应链管理

主　编：徐书魁　牛成英　张智瀚
副主编：王　鑫　杨　雅　高　扬
编　委：高政元　朱家奎　潘晓东
　　　　张宁娜　窦炜博　朱绍斌

厦门大学出版社
XIAMEN UNIVERSITY PRESS
国家一级出版社
全国百佳图书出版单位

图书在版编目（CIP）数据

跨境电商供应链管理 / 徐书魁，牛成英，张智瀚主编. -- 厦门 ：厦门大学出版社，2025. 8. --（跨境电商专业理实一体化活页式教材）. -- ISBN 978-7-5615-9826-9

Ⅰ. F713.365.1

中国国家版本馆 CIP 数据核字第 2025N2W606 号

策划编辑　张佐群
责任编辑　高奕欢　郭玟君
封面设计　蔡炜荣
美术编辑　蒋卓群
技术编辑　许克华

出版发行　厦门大学出版社
社　　址　厦门市软件园二期望海路 39 号
邮政编码　361008
总　　机　0592-2181111　0592-2181406(传真)
营销中心　0592-2184458　0592-2181365
网　　址　http://www.xmupress.com
邮　　箱　xmup@xmupress.com
印　　刷　厦门集大印刷有限公司

开本　787 mm×1 092 mm　1/16
印张　14.75
字数　306 千字
版次　2025 年 8 月第 1 版
印次　2025 年 8 月第 1 次印刷
定价　55.00 元

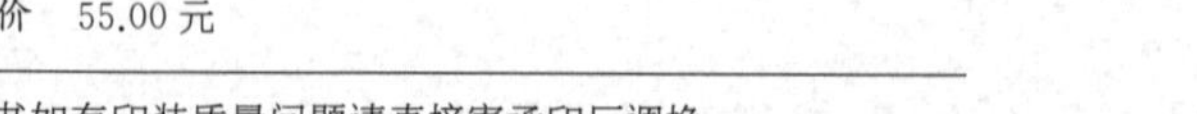

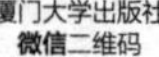

厦门大学出版社
微信二维码

厦门大学出版社
微博二维码

前言

“跨境电商供应链管理”是跨境电商专业核心课程。该课程是开发团队依据《国家职业教育改革实施方案》提出的三教改革与产教融合理念，并依照跨境电商专业群人才培养方案要求，以培养高质量的跨境电商复合型人才为目标，通过开展行业调研和企业实践专家访谈会，将提取到的典型工作任务进行转化形成的专业一体化课程。课程内容紧密结合思政元素，做到理实一体、德技并修。

《跨境电商供应链管理》全书共 7 个模块 16 个任务，课程主要内容有跨境电商物流与供应链概述、跨境电商物流模式选择、跨境电商采购管理、跨境电商仓储管理、跨境电商运输管理、跨境电商进出口物流通关、跨境电商配送管理，可以作为适用专业的岗位核心课程的教材使用。

使用场景

本书可作为中职、高职和本科院校的跨境电商、物流管理等相关专业的专业课程教材使用，同时也可供广大跨境电商从业人员和社会人士参考使用。

特色创新

一、科学构建知识技能体系，实现工学一体化课程教学模式的覆盖

本书的开发团队严格遵循人社部印发的《推进技工院校工学一体化技能人才培养模式实施方案》的要求，经过多次研讨、论证，确定核心知识与技能体系，形成了融教、学、做、测、评为一体的教材体系和内容。

二、活页工作手册式教材，并配备丰富的教学资源

本书以学生为中心、以工作过程为导向，将企业的岗位要求和工作过程有机融入教材中。此外，本书还配备丰富的教学资源，包括课前微课、PPT 课件、电子教案、教学大纲、章节小测、实训练习等，方便用书教师使用及参考。

三、创新教学评价体系，多方面多层次进行综合评价

本书的开发团队在编写过程中，综合考虑教学活动的具体实施情况，将

评价主体分为学生自评、小组互评、老师评价，评价项目分为课前预习、专业知识、学习态度、团队素养、任务实施、复盘总结、课后拓展，即“三主体七维度”教学评价体系，综合评价学生在课前、课中和课后三个阶段的表现，全过程多元化考核学生的知识、技能和素养目标的达成程度。

四、采用“三段课、七环节”教学实施过程，有效达成学习目标

为有效达成学习目标，本次教学流程设计为“三段课、七环节”。“三段课”分别是课前导学、课中研学和课后拓学。“七环节”分别是学、导、教、测、做、评、拓。

学——课前学习：课前自主预习新课内容，完成课前测试，检验预习效果。

导——课程导入：导入工作情景，提高学生的学习兴趣，并明确本课的学习目标和重点内容。

教——混合教学：运用多种教学方法及手段展开对课程内容的讲解；采用问题引导的方式，激发学生对本课内容的思考，达到探究式学习目的；通过知识讲授，使本课程重难点与探究问题形成呼应，帮助学生吸收内化。

测——课堂小测：随堂检验学生知识掌握情况，帮助其及时查缺补漏。

做——任务实训：各小组根据任务实训要求实施任务。实训操作过程与企业任务趋同，能提前让学生感知企业工作模式，培养职业意识。

评——评价反馈：组织复盘和小组成果展示，并对其进行综合评价。

拓——巩固拓展：课后引导学生自主探究，学以致用，延伸教学时空，实现知识迁移，帮助学生拓宽知识边界和视野。

五、贯彻立德树人理念，落实思政及素养教学

本书将思政及素养教学与职业技能相融合，充分挖掘“跨境电商供应链管理”课程中所蕴含的德育元素，在专业知识中寻找与社会主义核心价值观、创新思维、服务意识、责任意识和社会责任感等相关的内容，以“润物无声”的方式将正确的价值观传递给读者。

由于时间及编者水平有限，书中难免有不当及疏漏之处，恳请各界人士批评指正并提出宝贵意见，以使本书日臻完善。

编　者

2024 年 11 月

目录

模块 7
跨境电商配送管理
/207

扫码获取
微课、实训、习题等数字资源

Module 1

模块 1 跨境电商物流与供应链概述

情境导入

小王对跨境电商行业充满兴趣，决定深入了解跨境电商物流与供应链领域。在学习过程中，小王发现跨境电商物流与供应链涉及众多复杂环节，包括国际运输、海关清关、仓储管理等，每个环节都可能出现问题，而且不同国家的法规政策也各不相同，这让他感到十分困惑，不知从何入手才能系统地掌握这一领域的知识。

为了解决这一问题，小王开始查阅大量的资料，参加线上线下的行业讲座和研讨会，与有经验的从业者交流。他了解到，成功的跨境电商供应链管理需要整合各方资源，优化流程，提高效率。同时，要密切关注国际市场动态和政策变化，及时调整策略。

于是，小王制订了详细的学习计划，先从基础的物流知识学起，逐步深入了解供应链管理。他还利用业余时间实习，参与跨境电商物流与供应链的实际操作，积累经验。通过不断地学习和实践，小王对跨境电商物流与供应链的理解越来越深刻，能够独立分析和解决一些常见问题。

因此，要想在跨境电商物流与供应链领域有所作为，需要不断学习、实践和创新，整合资源，优化流程，以适应不断变化的市场环境。

【思考】

认真思考以下问题，并带着问题进入课堂寻找答案吧。

- 在跨境电商业务中，物流扮演了什么角色？
- 跨境物流方式的特点是什么？
- 跨境物流发展的趋势是什么？

任务 1　跨境电商物流认知

跨境电商运营已经成为我国众多电商企业的选择，这使跨境电商物流的发展机会越来越多。近年来，我国传统外贸在经济新常态下年均贸易额增长不足 10%，我国跨境电商却保持年均 30% 以上的增长。在这个背景下，我国跨境电商物流发展十分迅速，已逐渐积累了开展更大规模跨境电商物流业务的基础条件。

本任务的学习内容主要从以下两个方面展开讲解：

➤ 跨境电商物流概述

➤ 跨境电商物流管理

活动 1　跨境电商物流概述

电子商务的本质是商业模式的变革，而商业模式变革的本质是流通，从这个方面来看，跨境电商也不能例外。互联网的普及、电子商务的不断成熟使交易双方的信息越来越对称，买方可以轻易地知道自己需要的产品在哪里，卖家也可以更精准地定位自己的潜在客户群。然而，在达成交易之后，买方、卖方的位置仍然相隔千里。互联网可以解决信息流和资金流的问题，但无法解决物流的问题，商品必须在线下跨越地理距离，到达客户的手里。国内电商如此，跨境电商也是如此，只不过跨境电商物流要比国内电商物流更加复杂。

一、跨境电商物流概念

跨境电商物流是指电子商务平台销售的物品从供应地到不同国家或地区的接收地的实体流动过程。根据跨境商品的位置移动轨迹，跨境电商物流可以分为三段：发出国国内段物流、国际段物流以及目的国（地区）境内段物流。跨境电商商品种类繁多，使用小批量、多频次的运输方式，体积质量差别很大，不同品类所需运输和仓储解决方案各异，因此跨境电商物流要实现一站式、门到门的服务，各段物流的有效衔接显得尤为重要。

跨境电商物流的实质是依照国际惯例，以国际分工协作为原则，利用国际化的物流网络、设施和技术，实现货物在国际的流动与交换，以促进区域经济的发展和全球资源优化配置。其目标是通过最佳的方式与路径，用最低的费用，承担最小的风险，保质、保量、适时地将货物从出口国（地区）的销售方运送到进口国（地区）的需求方，其核心要素包括包装、运输、仓储、装卸、通关和信息交换等，它们贯穿整个跨境物流活动。

二、跨境电商物流特点

在跨境电商最初发展时期，电子商务商家主体已经能够开始自主整合传统物流的服务资源。在传统物流的基础上，跨境电商物流出现了一些新特点。

（一）服务功能多样化与目标的系统化

单一物流服务功能与单一物流环节最优化已不能满足现代物流需求，因此在进行物流作业时，除需要考虑运输、仓储等环节的协调外，还要考虑物流与供应链中其他环节的相互配合，不仅要实现单个物流环节最优化，而且要追求物流活动的整体最优化，从而保证物流需求方整体经营目标的最优化。

（二）物流作业标准化与服务的个性化

一方面，物流标准化作业流程可以使复杂的作业变得简单化，有利于跨地区协同与沟通，也有利于操作过程的监控与对操作结果的评价。另一方面，受经营产品、经营方式及自身能力的影响，物流需求方除获得传统的物流服务外，还希望针对自身经营产品的特点与要求获得量身定制的个性化服务与增值服务，比如市场调查与预测、采购及订单处理、物流咨询、物流方案的选择与规划、库存控制策略建议以及货款回收与结算等方面的服务，从而提高物流服务对决策的整体支持作用。

（三）物流速度和反应快速化

伴随市场范围空间的延伸与产品生命周期的缩短，为了达到扩大市场份额和降低成本的双重目的，跨境电商不仅需要建立完善的全球产供销经营体系，还需要加快跨境物流链上下游对物流配送需求的反应，缩短物流前置时间和配送时间间隔，加快商品周转和物流配送时效。

（四）物流技术先进化

跨境物流作业的各个环节目前广泛应用先进的物流技术，不仅提高了每个作业环节的效率，而且推动了整体经营目标的实现。

例： 根据电子商务服务平台指令，物流供应商按照运输计划，组织提货、仓储、包装、报关、国际运输和国外配送等。在整个物流链中，各参与方有效利用了电子数据交换系统（electronic data interchange，EDI），实现了信息的即时交换和资源共享，使参与各方能够及时了解货物的流向与下一步操作，避免由于信息滞后造成操作环节的延误，从而确保整个物流链的顺畅。

在跨境电商交易中，物流公司起到了一个桥梁的作用，它利用其丰富的物流管理技术和运作经验，促使交易顺利完成。

（五）物流信息电子化

跨境电商物流强调订单处理、信息处理的系统化和电子化，用企业资源计划（enterprise resource planning，ERP）信息系统功能完成标准化的物流订单处理和物流仓储管理。企业通过 ERP 信息系统对物流渠道的成本、时效、安全性进行关键业绩指标（key performance indicator，KPI）的有效考核，并对物流仓储管理过程中的库存、产品到货、物流配送等进行有效的风险控制。

（六）服务网络全球化

由于跨境交易是在全球范围内开展，因此物流服务网络覆盖范围越广，越有利于商家根据市场变化储存、调配商品，从而更好地满足商家的物流需求。另外，先进的物流网络不仅能够做到物流网点间物流活动的一致性，使整个物流网络的库存总水平、库存分布、运输与配送实现最优化，以适应经营的需求，而且可以通过物流信息系统加强供应与销售环节在组织物流过程中的协调和配合，以加强对物流的控制。

三、跨境电商物流发展趋势

跨境电商的综合海外推广、交易支持、在线支付、售后服务、信用体系和纠纷处理等多功能特征，要求其物流服务也进一步向批量小、频次多、周转快的方向发展。由于跨境电商物流活动涉及多个国家或地区的物流系统，还和国际贸易的通关、检验检疫、国际货物保险业务等密切相关，其作业流程复杂，物流路程远、时间长、风险高，对货物递送的可视化和时效性要求也高，因此物流资源成为跨境电商平台重要的战略资产。近年来，跨境电商物流呈现出一些明显的发展趋势，如图 1-1 所示。

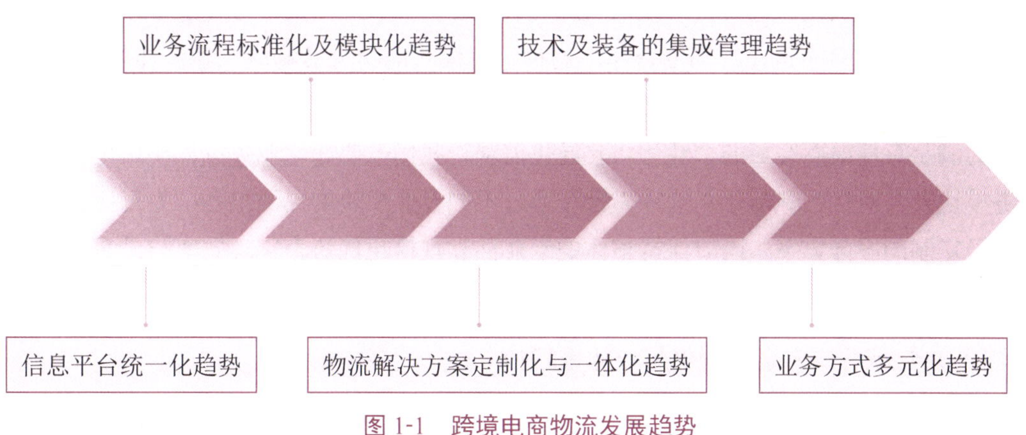

图 1-1　跨境电商物流发展趋势

（一）信息平台统一化趋势

统一的信息平台是跨境电商物流实现互联互通的中枢神经系统，它能集成并整合客户的子信息系统，使供应链各节点企业形成无缝衔接，构建跨境电商物流统一信息平台，推进信息平台统一化，运用无线射频识别技术（radio frequency identification，RFID）、全球定位系统（global positioning system，GPS）、地理信息系统（geographic information system，GIS）等信息技术，采集、处理物流信息并生成相关数据，以全方位满足联盟成员对信息的柔性需求。

一方面，为满足成员内部各职能部门的信息采集需求，需要构建营销子系统（含客户、价格、营销决策分析等模块）、操作子系统（含单证制作、货物处理、数据分析等模块）、客服子系统（含货物状况查询、追踪、事故处理等模块）、财务子系统（含账务、结算、报表等模块）、信息管理子系统（含系统维护、升级、开发等模块）等。

另一方面，需要构建综合运输管理子系统、仓储配送管理子系统、进出境通关管理子系统、保险金融税汇咨询子系统、“互联网 +”综合查询系统。成员内部的子系统及模块因成员自身的需求而异，但联盟信息系统可供查询与挖掘处理的基础数据则完全一致，全平台数据的更新可同步实时进行。构建统一的信息平台，目标是提升联盟物流效率、提高服务水平、优化经营效益，同时减少决策失误、降低综合物流成本、降低经营风险。

（二）业务流程标准化及模块化趋势

模块化是设计和运营中分离与组合的先进理念，于 20 世纪 90 年代在多个领域得到广泛应用，极大地推动了产业结构的优化。它简化了复杂问题，促进了决策分散化，既提升了创新效率又降低了成本。通过标准化接口，各子系统相互连接，实现了系统的高效整合与灵活调整。

业务流程模块化已成为新产业结构的显著标志，其分部单位不再完全依赖总部，而是在统一规则下自主运作、高度自律。这种组织模式能够灵活响应顾客多样化的需求，并随市场变化而动态调整，展现出强大的柔性。

为满足跨境电商客户的个性化、差异化需求，我们需要深化业务流程模块化，确保业务模块及其对接的标准化。这样做旨在通过不同专业模块的灵活组合，为每位客户提供量身定制的服务方案，同时保持整体的专业性和规模化优势，实现效率与灵活性的完美结合。

（三）物流解决方案定制化与一体化趋势

专业的物流方案，可加强对专线物流运营状况的维护和管理，通过电子化信息系统对物流运营进行监控，及时调拨货物，并在消费国建立物流联络点，对到达物流信息进行及时跟踪，并对退换货服务进行有效管理。合作建立海外联盟仓库可与国际物流企业合作或在中小企业间进行资源整合，各外贸公司以租赁、协议、入股等方式在主要目标国建立专属的海外仓库，鼓励具有海外仓储运营经验的外贸或物流公司成立独立的海外仓，建立海外仓信息管理平台。

中小企业将货物发运至指定口岸仓库，由口岸仓库录入后，再统一调拨至海外仓库。中小企业通过信息管理系统对货物配送信息进行及时跟踪，对退换货的处理进行遥控，并及时掌握海外仓的仓储信息，调拨商品资源。对海外仓的管理要规范，可引入专业公司对仓库的资源进行调配和管理，提高理货配送效率，降低货物损耗率。

（四）技术及装备的集成管理趋势

技术及装备也需适应跨境电商客户个性化、差异化、复杂多变的需求，进行智慧化改造。在这一方面的改造提升主要有以下几点：

1. 分拣系统高效化

订单碎片化是跨境电商业务的最显著特征之一，每日包裹数量极其庞大，无法通过人工进行分拣，可依靠高效运作的智能设备，实现物流分拣线自动分拨、归类、打包，强力支撑跨境电商数量庞大的订单处理与商品配送管理，在相当大的程度上取代人力。

2. 物流装备自动化

通过应用各种自动化技术和设备，使物流作业过程中的各个环节实现自动化和智能化操作。这种自动化不仅提高了物流作业的效率，减少了人力成本，还增强了物流管理的精准度和实时性。物流装备自动化涵盖了从简单的自动化设备到复杂的智能系统，如自动识别系统、自动分拣系统、自动存取系统等。这些装备和系统的应用，使得物流作业更加高效、可靠，是现代物流企业提升竞争力的关键手段之一。

例：在仓储与库存管理环节中，既要完成货物上下架、出入库操作，也要实现重下轻上、各方安全、低碳环保等多元作业目标，单凭人力难以高效完成，而自动化物流装备则可以高效、经济地完成这些任务。

3. 识别系统精准化

识别系统随时采集物流信息做出判断、分析和优化，体现出动态决策和循环的开放化过程。识别系统的精准化在两个分领域可充分体现：一是位置识别，可根据跨境电商物流管理的标准，设置各种传感器，应用相关采集与识别技术，借助 GPS、北斗等定位系统以及 GIS 实现精准化位置识别；二是身份识别，它是整个物流信息系统的基础，可根据最小管理单元的颗粒度，确定身份识别系统的精度，各类运作信息皆可与操作主体的身份捆绑，以便分清相关责任。

（五）业务方式多元化趋势

目前从事跨境电商物流的企业有国内快递公司、传统货代公司、传统海运公司、邮政、国际快递公司等，物流模式有邮政小包、商业快递、国际专线、海外仓、中欧班列等，未来进入跨境电商物流服务领域的供应主体将更加多样化，跨境电商物流模式将呈百花齐放的发展态势。

四、跨境电商物流应用

（一）自动识别技术与应用

自动识别技术是将信息数据自动识读、自动输入计算机的重要方法和手段，它是以计算机技术和通信技术为基础的综合性科学技术。在当前比较流行的物流研究中，基础数据的自动识别与实时采集是物流管理信息系统（logistics management information system，LMIS）的存在基础，物流过程比其他任何环节更接近于现实的“物”，物流产生的实时数据比其他任何工况都要密集，数据量都要大。物流管理信息系统如图 1-2 所示。

图 1-2　物流管理信息系统

按照国际自动识别技术的分类标准，自动识别技术可以有两种分类方法：

一种是按照采集技术进行分类，其前提是被识别物体具有特定的识别特征载体（如标签等，仅光学字符识别除外），可以分为光存储器、磁存储器和电存储器三种。

另一种是按照特征提取技术进行分类，其根据被识别物体本身的行为特征来完成数据的自动采集，可以分为静态特征、动态特征和属性特征。常见的自动识别技术包括条码识别技术、生物识别技术、图像识别技术、磁卡识别技术、射频识别技术、IC 卡识别技术等。

1. 条码识别技术介绍

条码起源于 20 世纪 40 年代，应用于 70 年代，普及于 80 年代。条码识别技术是在计算机应用和实践中产生并发展起来的一种自动识别技术，广泛应用于商业、邮政、图书管理、仓储、工业生产过程控制、交通等领域，具有输入速度快、准确度高、成本低、可靠性强等优点，在当今的自动识别技术中占有重要的地位。

（1）条码识别技术的概念

条码识别技术是指利用光电转换设备对条形码进行识别的技术。条形码是一组由宽条、窄条和空白排列而成的序列，这个序列可表示一定的数字和字母代码。条形码可印刷在纸面和其他物品上，因此可方便地供光电转换设备再现这些数字、字母信息，从而供计算机读取。条码识别技术主要由扫描阅读、光电转换和译码输出到计算机三大部分组成。在邮政业务中，条码识别技术已被用于信函分拣、挂号函件处理、特快专递自动跟踪、包裹处理等工作。

（2）条码识别技术的分类

常见的条码识别技术分为一维条码识别技术和二维条码识别技术。

一维条码即指条码条和空的排列规则，常用的一维条码的码制包括 EAN-13 码、39 码、UPC-A 码、128 码、库德巴码等，如图 1-3 所示。一维条码识别技术是在计算机应用和实践中产生并发展起来的一种自动识别技术，广泛应用于工业生产过程控制、邮政、图书管理、仓储等领域，具有输入速度快、准确度高、成本低、可靠性强等优点，在当今的自动识别技术中占有重要的地位。通常对于每一种物品来说，它的编码是唯一的。

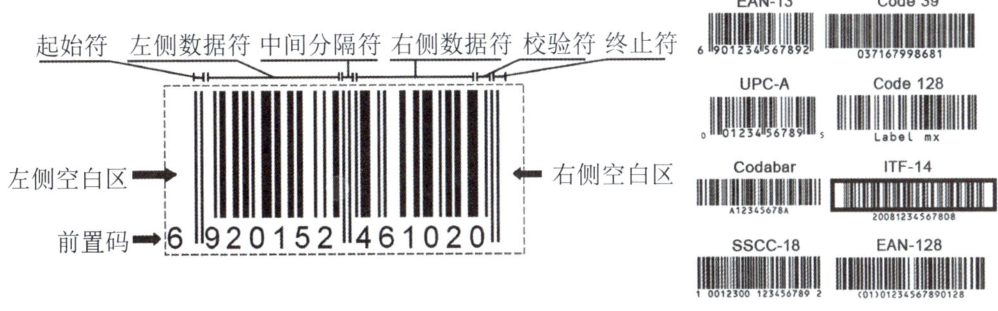

图 1-3　一维条码示意图

二维条码是用某种特定的几何图形按一定规律用平面（二维方向上）分布的黑白相间的图形记录数据符号信息的。它不仅可以作为物品的标识，还能够对物品进行描述。二维条码起源于日本，原本是 Denso Wave 公司为了追踪汽车零部件而设计的一种条码。常见的二维条码的码制包括 QR 码、PDF 417 码、Data Matrix 码、MicroPDF 417 码、Aztec 码、MaxiCode 码等，如图 1-4 所示。

图 1-4　二维条码示意图

（3）常见物流条码的码制

国际上公认的用于物流领域的条码码制主要有三种，包括 EAN-13 条码、ITF-14 条码和 UCC/EAN-128 条码。在选用条码时，要根据货物和商品包装，采用不同的码制。单个大件商品，如电视、电冰箱、洗衣机等的包装箱往往采用 EAN-13 条码。储运包装箱常采用 ITF-14 条码或 UCC/EAN-128 条码。包装箱内可以是单件商品，也可以是不同的商品或多件商品的小包装。

① EAN 条码

EAN 条码是按照国际物品编码协会统一规定的规则编制的一种商品条码，分为标准版（EAN-13）和缩短版（EAN-8）两种，如图 1-5 所示。EAN-13 码通常被用于日常消费商品，而 EAN-8 码主要被用于一些较小包装的商品。

图 1-5　EAN 条码

② ITF-14 条码

ITF-14 条码，又称交叉 25 条码，主要被用于运输包装，是在印刷条件较差、不允许印刷 EAN-13 条码和 UPC-A 条码时应选用的一种条码。ITF-14 条码是一种连续型、有定长、具有自校验功能，并且条、空都表示信息的双向条码。它由保护框、左侧空白区、条码字符、右侧空白区组成，如图 1-6 所示。

图 1-6　ITF-14 条码示意图

ITF-14 条码通常被用于标识储运单元。储运单元是指为便于搬运、仓储、订货、运输等，由消费单元（通过零售渠道直接销售给终端用户的商品包装单元）组成的商品包装单元。ITF-14 条码对印刷精度要求不高，比较适合直接印刷（热转换或喷墨）于表面不够光滑、受力后容易变形的包装材料，如瓦楞纸纤维板上。

③ UCC/EAN-128 条码

UCC/EAN-128 条码（现称 GS1-128 条码）是一种连续型、非定长条码，能更多地标识贸易单元中需要表示的信息，如产品批号、数量、规格、生产日期、有效期、交货地等。UCC/EAN-128 条码由应用标识符（AI，Application Identifier）和数据两部分组成，每个应用标识符由 2 ~ 4 位数字组成。条码应用标识的数据长度取决于应用标识符。条码应用标识采用 UCC/EAN-128 码来表示，并且多个条码应用标识可由一个条码符号表示。UCC/EAN-128 条码由 AI、数据、FNC1（功能 1 符号字符）、数据符、校验符、终止符等组成，如图 1-7 所示。UCC/EAN-128 条码是使信息伴随货物流动的全面、系统、通用的重要商业手段。

图 1-7　UCC/EAN-128 条码

（二）条码识别技术在跨境电商物流中的应用

1. 跨境电商支付手段

近几年，国内涌现大量诸如支付宝、财付通、京东钱包等移动支付软件，如图 1-8 所示，而这些软件都有二维码扫描功能。中国信息网发布的《2020 年中国移动支付行业分析报告》指出：从全球移动支付发展的情况来看，2019 年全球移动支付交易值达到 1.08 万亿美元，而在可预见的未来，全球移动支付市场仍将维持复合增速持续增长。阿里巴巴旗下的“速卖通”跨境电商平台将国内的“双十一”购物狂欢节促销活动搬到国外，打出“扫一扫二维码，在线付款，即有机会获得免单、全球包邮”等促销标语。二维码技术应用的普及给跨境电商交易创造了更快捷、更便利的支付环境。

图 1-8　支付宝、京东钱包、财付通

2. 物流单据信息的储存与读取

条码识别技术在跨境电商物流单据方面的应用主要分为两种，邮政小包使用的是挂号条码和快递面单原号。

挂号条码是指邮政小包所使用的跟踪号，分为粘贴和打印两种情况。一般个人去邮局寄国际挂号小包就会用到粘贴的挂号条码，通过部分后台系统与邮局直接对接的货代公司发货时，则可以生成打印的挂号条码，如图 1-9 所示。

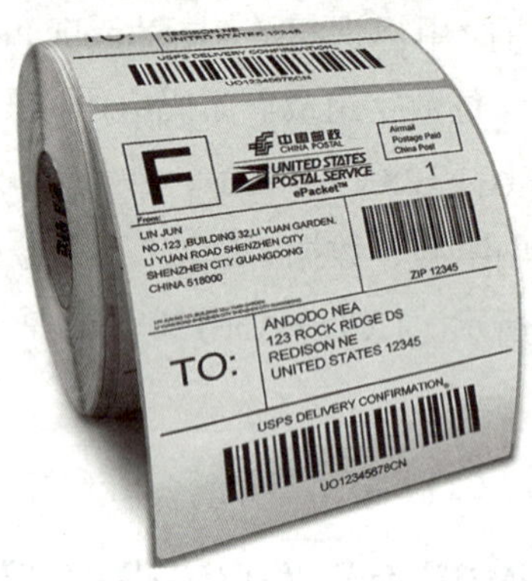

图 1-9　挂号条码

快递面单（如图 1-10 所示）上的参考单号不能直接用来查询跟踪信息，所以在填写发运单号时，货代公司会从快递公司拿到最终跟踪号，再把跟踪号和客户填写的快递面单对应起来，再告诉客户最终的跟踪号，这个转换的过程就叫“转单号”。转单号并不是一个特定意义的单号，而是一个辗转生成跟踪号的行为，与转单号对应的是直接生成跟踪号。快递面单上的条码可以作为参考单号在快递公司网站上进行跟踪查询，同时快递面单作为发货底单，是一种发货证明，可以在必要时提供给平台作为证据。

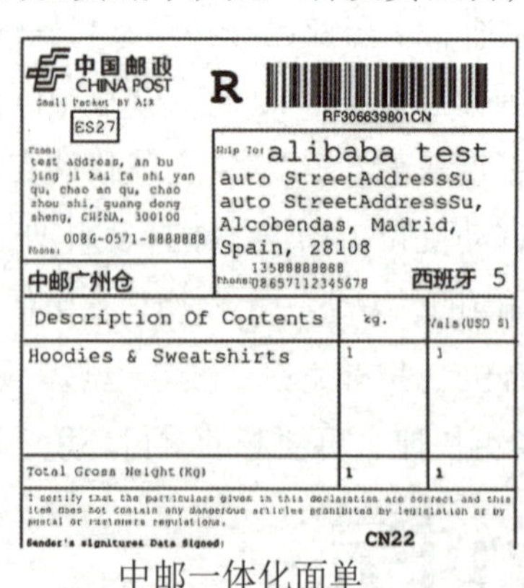

中邮一体化面单

优先通行码面单（新增）

图 1-10　快递面单

3. 跨境电商供应链管理

通过对条码的识别，企业可以随时了解有关物品在供应链上的位置，并及时作出反应。当今在欧美等国家兴起的 ECR、QR、CRP 等供应链管理策略，都离不开条码技术的支持。条码技术是实现销售时点信息系统（point of sale，POS）、EDI、电子商务和供应链管理的技术基础。

4. 跨境电商海外仓管理

通过对条码的识别，能够及时掌握商品的出入库信息、库存变化、补货时机及数量，并且可以根据条码储存的信息将商品按一定标准进行分类管理，在提高仓储管理效率的同时降低物流成本，消除无效劳动。

（三）电子数据交换技术在跨境电商物流中的应用

跨境电商企业要处理报关、退税、商检、订单等交易问题，涉及 EDI 技术使用。现代物流中电子数据交换主要用于单证传递、货物送达确认等，传输的单证种类有托单、运单、对账单等。EDI 接收客户 EDI 系统的托单等信息、银行 EDI 系统的信用证信息、向海关发送的报关单信息等，能够实现贸易伙伴间的信息传输。利用 EDI 技术搭建信息平台，能将运输企业、货主、海关、商检、金融企业等有机联系起来，支持与电商平台订单信息交互、企业三方系统数据对接、海关商检系统对接及企业财务管理和 OA 系统对接。

（四）GIS、GPS 技术在跨境电商物流中的应用

1. GIS 技术在跨境电商物流中的应用

跨境电商离不开传统物流，GIS 让传统流通企业在运作方式、技术、管理水平和经营理念上发生了根本变化，使物流呈现出信息化、自动化、网络化、智能化、柔性化等新特点。将 GIS 引入跨境电商下的物流管理，符合 GIS 和电子商务的特点以及物流业发展需求。GIS 具有强大的数据管理功能，存储的信息不仅有以往的属性和特征，还具有统一地理定位信息，能复合和分解各种信息，形成时空上连续分布的综合信息，支持各种分析和决策，这是其他信息系统没有的优势。

2. GPS 技术在跨境电商物流中的应用

GPS 在跨境电商物流领域可应用于汽车自定位、跟踪调度以及铁路、船舶运输等方面的管理。

（1）在汽车自定位、跟踪调度方面的应用

利用 GPS 的计算机管理信息系统，可以通过 GPS 和计算机网络实时收集全路汽车所运货物的动态信息，从而实现汽车、货物追踪管理，并及时进行汽车的调度管理。

例：据丰田汽车公司的统计和预测，日本公司在利用全球定位系统开发车载导航系统后，日本车载导航系统的市场规模在 1995 年至 2000 年平均每年增长 35% 以上；2020 年至 2025 年，全球车辆导航系统行业处于高速增长期，市场规模从 800 亿美

元跃升至 1 200 亿美元，年均复合增长率提升至 8.5%；而在 2025 年至 2030 年间，全球在车辆导航上的投资预计将以年均约 8% 的速度增长；预计到 2030 年全球市场规模将达到 1 800 亿美元。因此，车辆导航将成为未来全球定位系统应用的主要领域之一。

（2）在铁路、船舶运输方面的管理

随着“一带一路”倡议的提出，中国与共建国家和地区的经济贸易量大幅增长，而对于商品的可视化管理则成为消费者和供应商的关注重点。利用 GPS 的计算机管理信息系统，可以通过 GPS 和计算机网络实时收集全航线的列车、船只、车辆、集装箱及所运货物的动态信息，从而实现各类运输工具货物的追踪管理。全球跟踪定位技术可大大提高其路网能力及其运营的透明度，为货主和消费者提供更高质量的服务。

（五）物联网技术在跨境电商物流中的应用

国际电子商务的崛起为物联网技术提供了广阔的应用领域和广泛的市场机会。特别是物联网技术的智能识别定位追踪监控和管理功能，对于克服跨境电商发展中的诸多难题，助推跨境电商的深化普及与长远发展将发挥重要作用。

1. 物联网可提升产业供应链的跨境配套能力

利用物联网技术，结合国际贸易的运作特点，可以缩短贸易货物的供应链，继而快速地实现国际贸易的商品流转。

例：近年来，重庆在国家相关部委扶持下，仅用 3 年时间便将惠普、宏碁、华硕、思科、方正等品牌电脑生产商引入当地，促进了当地经济蓬勃发展。

2. 物联网可有力拓展电商的贸易范围

借助物联网技术，商品产地概况、商品集散分布、贸易优惠条款等都可以被方便地查询与获取，可有力拓宽国际贸易电子商务交易的范围。

例：2011 年 3 月，为提高义乌小商品批发市场的信息化水平，拓展电子商务和服务领域，义乌国际商贸城便推出了小商品二维信息码，将义乌的小商品批发产业悄然带入物联网时代。截至 2020 年，义乌小商品批发市场已成为国际性的小商品流通和信息展示中心，被联合国、世界银行与摩根士丹利等权威机构称为“全球最大的小商品批发市场”。

3. 物联网可有效提高跨境电商结算的安全性

实现电子商务化交易后，国际贸易利用网络技术简化流程、提升效率。在电子商务中运用物联网技术，可将线下交易转至线上平台，仅需贸易双方信息指令交换就能完成复杂操作流程，还能实时监控商品贸易全过程，便于双方掌握商品流转状况，对突发问题迅速做出合理判断并解决。这极大简化了传统国际贸易交易流程步骤，以更快捷有效的动态机制确保贸易货物的即时发货、物流配送、价款交易等流程，大大缩短了贸易交易时间，使国际贸易更智能便捷。

人工智能技术在跨境电商运输中的应用

人工智能在跨境电商运输中的应用方向集中在无人卡车和运输车辆管理两个方面。运输是物流产业链条的核心环节，也是物流成本构成的重要内容，运输费用在跨境电商物流总费用中的占比始终在 50% 以上。由于运输环境及运输设备存在复杂性，现阶段人工智能在物流运输中的应用尚处于起步阶段。目前国内人工智能在跨境电商物流运输环节的应用主要集中于公路干线运输，主要有两大方向：一种是以自动驾驶技术为核心的无人卡车；另一种是基于计算机视觉与 AIoT（人工智能物联网）的产品技术，它为运输车辆管理系统提供实时感知功能。

人工智能赋能跨境电商物流运输的最终形态必将是由无人卡车替代人工驾驶卡车。近两年自动驾驶在卡车研发生产领域虽然进展顺利，无人卡车在港区、园区等相对封闭的场景中已经开始进入试运行阶段，但与实际应用的距离尚远。未来数年内，人工智能在物流运输中的商业化价值主要体现在车辆状态监测、驾驶行为监控等功能。

4. 物联网可为跨境电商客户提供信息安全保障

以往国际贸易由经营者和消费者面对面进行，电子商务改变了这一传统模式。但这种交易模式具有开放性，难以确保客户信息安全。电子商务兴起后，国际贸易迅速实现电算化，有物联网技术支持后，烦琐的商品物流、价款给付、债务清偿等流程转到了物联网平台，贸易双方可轻松查询相关内容，无须专人询问记录，参与群体可设账号密码，从而可以查询修改并屏蔽部分不能公开的内容，防止核心商业机密泄露。

活动 2　跨境电商物流管理

跨境电商物流管理，简单地说就是对跨境电商物流活动所进行的计划、组织、指挥、协调、控制和决策等，是研究并应用其活动规律，以实现对物流全过程、各要素的管理。

一、跨境电商物流管理内容

跨境电商物流管理主要有两个方面：物流过程管理和物流基础要素管理。

（一）跨境电商物流过程管理

跨境电商物流一般由采购、包装、储存保管、流通加工、商品检验检疫及通关、装卸搬运、运输、信息处理等环节构成。如果从跨境电商物流活动的实际工作环节来考察，跨境电商物流也主要由上述八大环节构成，这八大环节又有各自的子系统。

1. 跨境电商物流采购子系统管理

随着跨境电商物流管理内涵的日益拓展，采购功能在企业中变得越来越重要。采购的功能是选择企业各部门所需要的适当物料，从适当的来源（包括全球采购），以适当的价格、适当的送货方式（包括时间和地点）获取适当数量的原材料。采购要真正做到低成本、高效地为企业跨境电商物流服务，就需要企业各个部门的协调配合。

2. 跨境电商物流包装子系统管理

杜邦定律指出，63% 的消费者依照商品包装选择、购买商品，跨境电商市场和消费者通过商品认识企业，商品商标和包装是企业门面，反映企业综合水平。企业在考虑出口商品包装设计和作业过程时，应将包装、储存、搬运和运输有机联系起来，统筹考虑、全面规划，实现“包、储、运一体化”，即从包装商品时就考虑如何做到储存方便、运输快捷，以加快物流速度、减少物流费用，满足现代物流系统设计要求。

3. 跨境电商物流储存保管子系统管理

商品的储存、保管使商品在其流通过程中处于一种或长或短的相对停滞状态，但这种停滞是完全必要的，因为商品流通是一个由分散到集中，再由集中到分散的源源不断的流通过程。跨境电商贸易和跨国经营中的商品从生产厂家或供应部门被集中运送到装运港口，有时需在此临时存放一段时间，再装运出口，这是一个“集”和“散”的过程。这个过程主要是在各国的保税区和保税仓库进行的，主要涉及各国保税制度和保税仓库建设等方面。从物流角度看，企业应尽量缩短商品的储存时间，同时减少储存数量，以加速货物和资金的周转，实现跨境电商物流的高效率运转。

4. 跨境电商物流流通加工子系统管理

流通加工是为了促进销售、提高物流效率和物资利用率以及维护产品的质量而开展的，能使物资或商品发生一定的物理和化学变化的加工过程，它可以确保进出口商品的质量达到要求。进出口商品流通加工的方式有两种：一种是指装袋、贴标签、配装、挑选、混装、刷标记（刷唛）等服务；另一种则是生产性外延加工，如剪断、平整、套裁、打折、折弯、拉拔、组装、改装、服装的检验和烫熨等。其中，后一种不仅能最大限度地满足客户的多元化需求，还可以实现货物的增值。

5. 跨境电商物流商品检验检疫及通关子系统管理

由于跨境电商贸易和跨国经营具有投资大、风险高、周期长等特点，因而在跨境电商物流过程管理中商品检验检疫是重要的一环。企业可通过商品检验，确定交货货物品质、数量和包装条件是否符合合同规定，如果发现问题，可分清责任，向有关方面提出索赔。在买卖合同中，一般都有商品检验条款，其主要内容有检验时间与地点、检验机构与检验证明、检验标准与检验方法等。另外，商品的出入境还需办理通关手续。

6. 跨境电商物流装卸搬运子系统管理

装卸、搬运子系统主要包括跨境电商的货物运输、保管、包装、流通加工等物流活动，以及在保管等活动中为进行检验、维护、保养所进行的装卸活动。在跨境电商物流活动中，装卸活动频繁发生，这是导致产品损坏的重要原因。对装卸活动的管理，主要是要确定最恰当的装卸方式，减少装卸次数，合理配置及使用装卸机具，以做到节能、省力、减少损失、加快速度，最终获得较好的经济效益。

7. 跨境电商物流运输子系统管理

运输的作用是将商品使用价值进行空间移动。物流系统依靠运输作业克服商品生产地和需要地的空间距离阻隔，创造商品的空间效益。商品通过跨境电商货物运输作业由卖方转移给买方。跨境电商货物运输具有路线长、环节多、涉及面广、手续繁杂、风险大、时间性强等特点，运输费用在跨境电商贸易成本中占有很大比重。跨境电商运输主要包括运输方式的选择、运输单据的处理以及投保等内容。

8. 跨境电商物流信息处理子系统管理

信息处理子系统的主要功能是采集、处理及传递跨境电商物流和商流的信息情报。没有功能完善的信息处理子系统，跨境电商贸易和跨国经营将寸步难行。跨境电商物流信息主要包括进出口单证的作业过程信息、支付方式信息、客户资料信息、市场行情信息和供求信息等内容。跨境电商物流信息处理子系统的特点是信息量大、交换频繁，传递量大、时间性强，环节多、点多线长。因此，企业要建立技术先进的跨境电商物流信息处理子系统。

（二）跨境电商物流基础要素管理

跨境电商物流的发生和实现需要物流人员、物流设施、物流装备和物流工具、物流信息技术及网络等物质基础要素。具体而言，物流基础要素的管理主要包括以下内容：

1. 物流人员管理

物流人员的管理包括物流从业人员的选拔和录用、物流专业人才的培养与提升、物流教育和物流人才培养规划与措施的制定。

2. 物流设施管理

物流设施是跨境电商物流系统运行的基础设施，包括物流站场、物流仓库、跨境电商物流线路、建筑物、公路、铁路、口岸等。

3. 物流装备和物流工具管理

物流装备和物流工具管理是跨境电商物流系统运行的物质保障。物流装备包括仓库货架、进出库设备、加工设备、运输设备、装卸机械等；物流工具包括包装工具、维护保养工具、办公设备等。

4. 物流信息技术及网络管理

物流信息技术及网络管理是掌握和传递跨境电商物流信息的手段，包括通信设备及线路、传真设备、计算机及网络设备等。需要根据所需物流信息水平，对信息技术及网络进行维护和更新。

二、跨境电商物流管理目标

跨境电商物流管理就是使各项跨境电商物流活动实现最佳的协调与配合，以满足跨境电商高效率和全球化的特点，进而提高效率、降低成本、强化产品质量的过程。

（一）提高效率

跨境电商物流管理的目标之一是快速响应、不断提高时效性，这关系到能否及时满足跨境客户需求。跨境电商物流的时效性有两个层面的含义：一是货物送达速度；二是货物送达周期的稳定性。货物送达时间过长或波动过大均会严重影响客户的网上购物体验。时间波动过大时，跨境电商卖家为了满足市场需求、避免缺货，只能加大库存以备急需，因此增加了库存成本，甚至会造成滞销过时的严重后果。

（二）降低成本

跨境电商物流成本是跨境电商业务成本的重要部分，较低的物流成本是卖家商品的核心竞争力。要降低成本，需要追求最低库存，库存数量越少、周转速度越快，资产占用就越少。高周转率意味着资金的有效利用，"零库存"是理想状态。在跨境电商物流管理中，需采用先进科技与管理方法，实现对物流的智能决策、控制与协调等，以不断降低物流成本。

（三）强化商品质量

由于物流管理作业具有跨时间、跨地域的客户要求，其中绝大多数的物流作业都是在监督者的视野之外进行的，所以产品质量的强化就显得非常重要。通常，不正确的装运或运输中的损坏会导致物流公司信誉下降，甚至客户流失，即使努力补救，也可能还是无济于事。因此，降低货损、货差，解决退换货难，强化商品质量，提升服务质量等也是跨境电商物流管理的目标。

为实现以上目标，跨境电商物流管理应遵循系统效益原则、标准化原则、服务原则这三个管理原则。

1. 系统效益原则

追求物流活动及相关系统整体效益最大化，涵盖当前与长远、财务与经济、社会与生态等多方面效益，强调可持续发展。

2. 标准化原则

对常规物流活动实行标准化管理，实现自动化、智能化，提升效率并降低成本；对于非常规活动则灵活应对。

3. 服务原则

树立服务观念，恪守职业道德，提供高标准服务，通过内外协同提供优质服务，确保经济与社会效益的双重提升。

任务 2 跨境电商供应链认知

跨境电商供应链是一个复杂而重要的环节，需要跨境电商企业、物流公司、仓储服务提供商等多方共同努力，通过优化管理、创新技术和搭建合作伙伴关系等方式，实现商品从生产地到消费者手中的高效流通。

本任务的学习内容主要从以下两个方面展开讲解：

- 跨境电商供应链概念
- 跨境电商供应链管理

活动 1 跨境电商供应链概述

跨境电商供应链是指跨越关境，从供应商到消费者的整个供应链，涵盖了采购、生产、物流、仓储、配送及售后服务等多个环节。它涉及多个参与方，旨在实现商品从生产地到消费者手中的高效流通，确保产品能够准时、安全地送达目的地。跨境电商供应链的建立需考虑国际贸易法规、关税政策、物流成本及时效性要求等因素，并借助信息技术和供应链管理工具提高运作效率。

一、跨境供应链的概念

跨境电商供应链管理指整合跨境电商供应链中涉及的制造业企业、中间商、跨境物流企业及最终消费者形成的链式网络中的信息流、物流、资金流，对其进行计划、组织、协调、控制和优化，以此来提升跨境电商供应链企业在全球供应链中的地位，满足全球消费者需求，降低供应链成本，提升企业价值。跨境电商供应链管理与境内供应链管理各环节差异之处如表 1-1 所示。

表 1-1　跨境电商供应链与境内电商供应链管理各环节差异

	跨境电商供应链管理	境内电商供应链管理
基本环节	计划、组织、协调、控制、优化	计划、组织、协调、控制、优化
基本要素	信息流、物流、资金流	信息流、物流、资金流
基本目标	提升全球供应链地位，满足全球消费者需求，降低成本，提升企业价值	提升供应链效率，满足市场需求，降低成本，提升企业价值
应用范围	境内外节点企业及对应的信息流、物流、资金流	境内节点企业及对应的信息流、物流、资金流
运输方式	公路、铁路、航空、海运、国际多式联运	公路、铁路、航空
风险程度	相对较高，包括国际货物运输风险、财务风险、信息传输风险、境外市场风险	相对较低，主要集中在国内市场及运输
涉及政府部门	海关、关联国家或地区相关政府部门、地方交通部门、税务部门、商务部门等	地方交通部门、税务部门、商务部门等

二、跨境供应链的分类

（一）根据涉及范围分类

跨境电商供应链管理分为境内环节供应链管理和境外环节供应链管理。前者指境内各节点企业合作协调管理，后者指境外各节点企业合作协调管理。

（二）根据稳定性分类

跨境电商供应链管理分为动态跨境电商供应链管理和稳定跨境电商供应链管理。前者指在当前供应链企业实现阶段性目标后就结束合作关系，重新考虑与原有供应链组成企业合作，还是更换合作伙伴重新组建供应链；后者指构建包括货物生产、库存协调、运输配送、沟通协作、信息共享、管理平台统一规划等在内的稳定网络链条。

（三）根据模式分类

跨境电商供应链管理分为 M2C 模式、B2B 模式、BBC 模式、海外仓模式、S2B2C 模式等，如表 1-2 所示。

表 1-2　跨境电商供应链管理模式

模　式	供应链管理模式
M2C 模式	生产厂家直接对接消费者提供产品或服务
B2B 模式	企业间通过“保税自营 + 直采”模式开展交易活动
BBC 模式	商品从境外运进保税仓，经处理后再由保税仓快递给境内消费者

续表

模　式	供应链管理模式
海外仓模式	在境外目的地建立仓库，预先存储货物，完成运输和配送
S2B2C 模式	跨境电商平台筛选的供应商给渠道商集中采购，并提供技术支持和服务培训

活动 2　跨境电商供应链管理

一、跨境供应链的管理流程

跨境电商供应链管理包括生产端、物流端、消费端等部分，整体业务流程如图 1-11 所示。生产端的制造业企业采购原材料并进行加工，得到粗、精加工品和实体产品；中间商收到用户订单后，把信息传递到物流端并支付相应费用，发起物流服务需求；物流端确认服务需求，提供运输、包装、仓储、加工、报关等服务，将商品运抵消费端；消费端在用户下单支付后，对订单商品进行跟踪并最终确认。跨境电商供应链管理以采购平台为核心不断延伸整合服务链条，为零售商提供商品采购、物流仓储、报关清关、融资信贷、平台提供、支付服务、运营协助等服务。

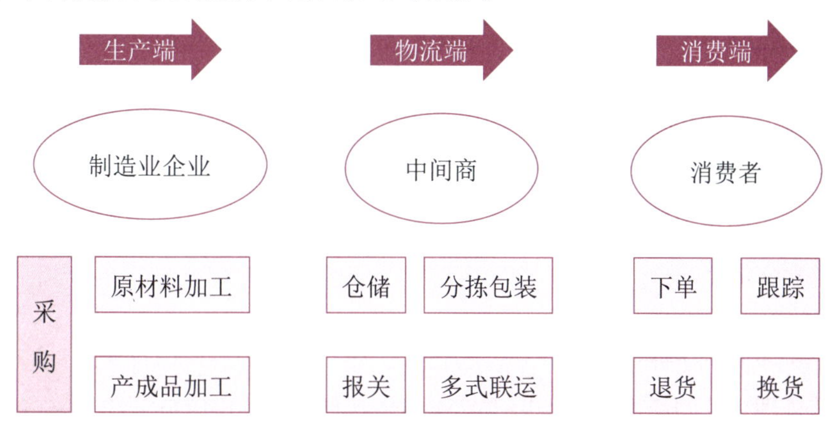

图 1-11　跨境电商供应链管理的整体业务流程

二、跨境供应链的运营机制

根据跨境电商供应链的特点，其运营机制可归纳为以下 5 种：

（一）决策机制

决策机制利用网络了解国内外相关信息，并与企业进行信息交换和共享，在运输、仓储、装卸搬运、通关等子系统达到同步化、集成化的目的。它利用网络改变企业现有的决策支持系统，将国内外企业、顾客等相关方有机联系起来，形成最终的决策模式。

（二）合作机制

跨境电商供应链合作机制体现了国内外战略伙伴关系和企业内外资源的集成与优化利用。基于此环境，企业在产品制造过程中，使产品从研究开发到投放市场的周期被大大缩短，而且顾客导向化（customization）程度变得更高。

（三）竞争机制

竞争机制是管理对象为争取有限的机会而产生的客观作用力。优胜劣汰是市场竞争的客观现实，尤其是在国际竞争市场上，跨境电商企业组织不仅要面对复杂多变的市场以及社会竞争，而且要利用优胜劣汰来处理组织内部的各种关系，整合人力资源，同时选择外部的项目、伙伴、人才、技术等资源。只有利用好竞争机制，才能在优胜劣汰的环境中处于不败之地。

（四）自律机制

自律机制要求跨境电商供应链企业之间向行业的龙头企业或最具竞争力的竞争对手看齐，不断对产品、服务和供应链业绩进行评价，并不断改进，以使企业保持自己的竞争力和持续发展，最终实现全球供应链战略。

（五）激励机制

归根到底，供应链管理和其他任何管理思想一样，都要使企业于激烈的竞争中在TQCSF（其中，T 为时间，强调反应快，如提前期短、交货迅速等；Q 为质量，强调产品、工作及服务质量高；C 为成本，指企业要以更少的成本获取更大的收益；S 为服务，指企业要不断提高用户服务水平，提高用户满意度；F 为柔性，指企业要有较好的应变能力）方面表现最佳。

三、跨境供应链的基本方法

供应链管理理论的产生远远落后于具体的技术与方法。供应链管理早先多是以一些具体的方法出现的。常见的供应链管理方法有快速响应、有效客户反应、供应商库存管理、联合库存管理以及协同计划、预测与补货等。

（一）快速响应

快速响应（quick response，QR）是美国零售商、服装制造商及纺织品供应商开发的整体服务概念，目的是减少原材料到销售点的时间和整个供应链中的库存，从而最大限度地提高供应链管理的运作效率。

1. QR 的含义

马歇尔·费西尔（Marshall Fisher）和阿南思·拉曼（Ananth Raman）将 QR 定义为

缩短制造和分销提前期的一系列技术方法，主要包括信息技术（EDI、销售时点信息、条形码）、物流技术（自动仓储、空运）和先进制造技术。

2. QR 产生的背景

美国纤维纺织行业自 20 世纪 70 年代后半期出现了大幅度的萎缩，造成这种状况的主要原因是当时美国的纺织品进口量大幅上升。到 20 世纪 80 年代初，进口产品几乎占据了美国纺织品市场的 40%。针对这种情况，美国的纺织业为遏制本国该产业下滑的趋势、提高劳动生产效率，在加大设备投资的同时，也积极争取美国政府对进口纺织品的限制。尽管如此，美国国产纺织品市场萎缩的情况仍然没能改变。

3. QR 实现的条件

（1）必须改变传统的经营方式，革新企业的经营意识和组织方式。

（2）必须开发和应用现代信息处理技术，这是成功进行 QR 活动的前提条件。

（3）必须与供应链各方建立（战略）伙伴关系。

（4）必须改变传统企业商业信息保密的做法，将销售信息、库存信息和成本信息等与合作伙伴交流分享，并在此基础上要求各方一起发现问题、分析问题和解决问题。

（5）供应方必须缩短生产周期，减少商品库存。

4. QR 的实施步骤

（1）条形码和 EDI

零售商必须先配备条形码、POS 扫描仪和 EDI 等技术设备，以加快收款速度、获得更准确的销售数据并使信息沟通更加通畅。POS 扫描仪用于数据输入和数据采集，它是指在收款检查时用光学方式阅读条形码，然后将条形码转换成相应的商品代码。条形码主要用于产品识别，是实现 POS 端高效服务与有效操作的核心要素。扫描商品条形码后，系统能快速、准确地核对商品价格，并记录交易详情，大幅缩短人工录入时间，降低错误率。

EDI 是指在计算机间交换商业单证。公司将其业务单证转换成行业标准格式，并传输到某个增值网（value added network，VAN）上，贸易伙伴从 VAN 上接收这些单证，然后将其从标准格式转换成自己系统可识别的格式。EDI 可传输的单证包括订单、发票、装箱单、提货单、信用证及提前运输通知等。

（2）周期补货确定

QR 要求供应商更快、更频繁地运输重新订购的商品，以保证店铺不缺货，从而提高销售额。零售商通过对商品实施 QR 并保证这些商品能满足顾客需求，同时加快商品的周转，为消费者提供更多可供选择的品种。

自动补货是指实现基本商品销售预测的自动化补货，它使用软件基于过去和目前的销售数据对可能的变化进行定期预测，同时考虑目前的存货情况和其他因素，以确定订货量。基本商品每年的销售模式一般不会受流行趋势的影响，它们的销售量是可以预测的，所以不需要对商品进行考察就可确定重新订货的数量。自动补货是由零售商和批发商在仓库或店内进行的。

（3）先进的补货联盟

建立补货联盟是为了保证补货业务的流畅。零售商和消费品制造商联合起来检查销售数据，制订关于未来需求的计划，在保证现货和减少缺货的情况下降低库存水平，还可以进一步由制造商管理零售商的存货和补货，以加快库存的周转速度。

（4）零售空间管理

这是指根据每个店铺的需求模式来规定其经营商品的花色品种和补货业务。一般来说，对于花色品种、数量、店内陈列及培训或激励售货员等事项，制造商也可以参与甚至制定相关决策。

（5）联合产品开发

它所针对的不再是一般商品和季节商品，而是服装等生命周期很短的商品。制造商和零售商联合开发新产品，其关系的密切程度超过了购买与销售的业务关系，这样可缩短从新产品概念产生到新产品上市的时间，而且可经常在店内对新产品进行试销。

（6）QR 的集成

通过重新设计业务流程，可将前 5 步的工作和公司的整体业务集成起来，以支持公司的整体战略。QR 前 4 步的实施可以使零售商和消费品制造商重新设计产品补货采购和销售业务流程。前 5 步使配送中心得以改进，可以适应多次小运量运输，使配送业务更加流畅。

5. 实施 QR 的效果

随着跨境电商的发展，传统的供应链将转变为基于互联网的开放式网络供应链，而电子化交易手段大大扩展了客户的选择空间和时间，这就要求企业以更快的速度来适应变化，QR 可以帮助企业在电子商务环境下提升供应链的运作效率。

（1）提高价格策略灵活性

电子商务可以通过改变与网站相连的数据库中的数据从而更方便地随时调整价格。这项功能保证了电子商务可以基于目前的库存和需求来设定价格，增强了企业对价格的反应能力，尤其是让跨境电商企业能根据国际市场的波动调整 QR 价格。

（2）极大地缩短了企业的补货周期

QR 是零售商及其供应商密切合作的策略，零售商和供应商通过利用 EDI 加快信息的流动，并共同重组其业务活动，以实现订货前导时间的最小化。在补货中应用 QR 可以大幅缩短补货周期，如图 1-12 所示。

图 1-12　应用 QR 策略前后补货周期比较

（3）降低产品的处理成本

制造商利用电子商务平台向消费者直接销售，会减少与产品有关的供应链环节，可缩短供应链长度，从而降低处理成本。

（4）降低库存商品贬值风险

在消费者下订单和收到产品之间会有一个滞后期。利用电子商务，企业可以有效地缩短产品生产和订单产生间的周期，从而降低库存商品贬值风险。

例：戴尔公司仓库中放的都是零配件，直到消费者的订单出现才被装配成计算机。QR 系统的应用保证了戴尔公司可以降低库存成本，从而降低库存产品贬值的概率。

（5）提高运营绩效

实施基于电子商务的 QR，不仅能使供应链中各个企业降低生产成本、缩短需求的响应时间和应对市场变化的时间，为客户提供高品质的产品和全方位服务，实现最大增值，还能为供应链中的各个企业提供完整的电子商务交易服务，实现全球市场资源和企业资源共享，及时将商品提供给客户，不断降低运营和采购成本，提高运营效率。

（6）促进供应链成员之间的合作

通过 QR，电子商务企业之间可以方便地共享整个供应链的需求信息，加强合作。互联网也可以被用来共享供应链内的计划和预测信息，有助于降低整个供应链的成本，使供需更一致。当 QR 成功地整合了供应链的各个系统，其信息处理成本也会降低。

（二）有效客户反应

有效客户反应（efficient consumer response，ECR）是一个由生产厂家、批发商和零售商等供应链成员组成的，各方相互协调合作，更好、更快并以用更低的成本满足消费者需要为目的的供应链管理解决方案。ECR 以满足消费者要求和最大限度降低物流过程费用为原则，是使物品供应或服务流程最佳化的一种供应链管理战略。

（三）供应商库存管理

供应商库存管理（vendor managed inventory，VMI）是一种在供应链环境下的库存运作模式，本质上，它将多级供应链问题变成单级库存管理问题。相对于按照用户发出的订单进行补货的传统做法，VMI 以实际或预测的消费需求和库存量作为市场需求来预测库存和补货，即由销售资料得到消费需求信息，这样供货商可以更有效地计划，更快速地对市场变化和消费需求做出反应。

1. VMI 的含义

VMI 以供应商为中心，以双方最低成本为目标，在一个共同的框架协议下把下游企业的库存决策权代理给上游供应商，由供应商行使库存决策的权利，并通过对该框架协议的经常性监督和修改实现持续改进。VMI 是一种很好的供应链库存管理策略，它能够突破传统条块分割的管理模式，以系统的、集成的管理思想进行库存管理，从而使供应链系统能够获得同步化的运作。

2. VMI 与传统库存管理模式的比较

传统的库存管理模式主要集中于企业内部的库存控制，并不考虑企业间的协调与配合，这种只面向企业的思维模式大大限制了库存服务水平同步改善的空间。要改变这种状况，就要将库存管理的视角从企业内部转向企业外部，即实施跨企业边界的库存管理。

VMI 是基于企业间合作的库存管理模式，由供应商对供需双方的库存管理职能活动实施跨企业边界的集成与协调，以达到企业间业务活动同步化，从而实现低成本、高服务水平的目标。从长远来看，VMI 是对供需双方都有利的双赢库存管理模式。VMI 与传统库存管理模式的比较如表 1-3 所示。

表 1-3　VMI 与传统库存管理模式的比较

模　式	商品所有权	需求方式	对需求变化的反应	订单处理频率
传统库存模式	订单客户	推动式	不及时	高
VMI 库存模式	供应商	拉动式	能够适应	低

（四）联合库存管理

联合库存管理（jointly managed inventory，JMI）是指解决供应链系统中各节点企业相互独立的库存运作模式导致的需求放大现象，并提高供应链同步化程度的一种有效方法。

JMI 与 VMI 不同，JMI 强调各方同时参与，共同制订库存计划，使供应链过程中的每个库存管理者（供应商、制造商和分销商）都从相互之间的协调考虑，使库存管理者在跨境电商物流与供应链管理中对需求的预期保持一致，从而避免需求变异放大现象。任何相邻节点需求的确定都是供需双方协调的结果，库存管理不再是“各自为政”的独立运作过程，而是供需连接的纽带和协调中心。

供应链 JMI 有两种模式：

第一，核心企业集中库存模式。各个供应商的零部件都直接存入核心企业的原材料库中，将各个供应商的分散库存变为核心企业的集中库存。集中库存要求供应商按核心企业的订单或订货来组织生产，产品完成后，立即通过小批量、多频次的配送方式直接送到核心企业的仓库中补充库存。在这种模式下，库存管理的重点在于核心企业根据生产的需要保持合理的库存量，既能满足需要，又使库存总成本最小化。

第二，无库存模式。供应商和核心企业都不设立库存，核心企业实行无库存的生产方式。此时供应商直接向核心企业的生产线进行连续小批量、多频次的货物补充，并与之实行同步生产、同步供货，从而实现在需要的时候把所需品种和数量的原材料送到需要的地点的操作模式。这种准时化供货模式，由于完全取消了库存，所以效率最高、成本最低。然而，这种模式对供应商和核心企业的运作标准化、配合程度和协作精神要求也高，操作过程要求严格，而且供应商与核心企业之间的空间距离不能太远。

（五）协同计划、预测与补货

协同计划、预测与补货（collaborative planning，forecasting and replenishment，CPFR）是利用互联网通过零售企业与生产企业的合作，共同进行商品预测，并在此基础上实行连续补货的系统。CPFR 在 CFAR（collaborative forecast and replenishment，共同预测和补货）的基础上进一步推动共同计划的制订，不仅合作企业实行共同预测和补货，而且原来属于各企业内部事务的计划工作也由供应链各企业共同参与，它降低了销售商的存货量，可增加供应商的销售量。CPFR 的实施流程如图 1-13 所示。

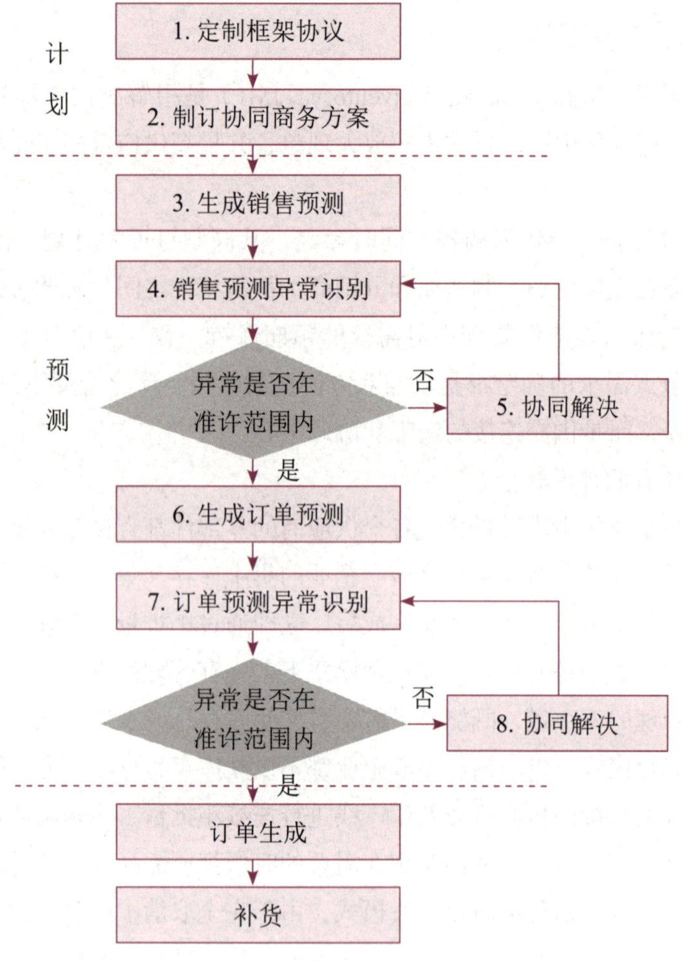

图 1-13　CPFR 的实施流程

课程总结

本任务主要阐述了跨境电商物流认知及跨境电商供应链认知两个部分，分别介绍了跨境电商物流概述、跨境电商物流管理、跨境电商供应链概述以及跨境电商供应链管理。

延伸拓展

扫码获取以下学习资源，拓展自己的知识和视野。

1.《2024 年跨境物流行业发展趋势》

2.《跨境电商物流 8 大核心节点解析都有哪些代表企业？》

3.《亚马逊物流案例分析》

资源 1

资源 2

资源 3

课后思考

1. 跨境电商物流模式的主要特点是什么？
2. 跨境电商物流的发展趋势有哪些？
3. 跨境供应链的分类有哪些？
4. 跨境供应链的运营机制包括哪些方面？

思政园地

立某公司与盛某公司海上货物运输合同纠纷案
——境外目的港费用的责任主体认定

思政元素：风险意识；问题解决。

2020 年 1 月 27 日，盛某公司委托立某公司将一批洗手液从中国深圳运往美国纽约。货物于 2 月 28 日抵达目的港纽约后，收货人未提货，立某公司、盛某公司通过电子邮件沟通提货及仓租等费用承担事宜。5 月 21 日，立某公司向盛某公司出具声明函，告知其收货人于 3 月 18 日换走提货单之后一直没有提货，截至 5 月 21 日，目的港已经产生仓租 10 160 美元。如果盛某公司弃货，目的港产生的仓租等费用由盛某公司承担。盛某公司对此未表示同意。6 月 18 日，盛某公司出具弃货声明。立某公司提起本案诉讼，请求判令盛某公司向立某公司支付仓储费 14 365 美元。

广州海事法院认为，立某公司提供的证据不足以认定仓租费的合理性和必要性，驳回其诉请。立某公司不服，提起上诉。广东高院二审认为，收货人、提单持有人并非与承运人直接订立运输合同的当事人，目的港无人提货或者行使其他权利而产生的费用和风险应当由托运人承担。但如果提单合法转让，提单持有人、收货人接受提单后，其行使提单权利时应当承担相应的义务。本案货物运抵目的港后，收货人已换取提货单，即收货人身份确定且已向承运人主张权利，其在换领提货单之后未及时提取货物产生的费用，承运人立某公司应向收货人主张，而无权再向作为托运人的盛某公司主张。虽然立某公司曾就案涉货物在目的港产生的费用与盛某公司协商，但没有达成一致意见，故立某公司请求盛某公司承担案涉货物在目的港发生的费用缺乏依据，二审维持原判。

（案例来源：立某公司与盛某公司海上货物运输合同纠纷案[EB/OL].（2024-05-30）[2024-11-13]. https://www.gdcourts.gov.cn/gsxx/quanweifabu/anlihuicui/content/mpost_1842518.html）

思考并讨论

1. 托运人与承运人之间的合同是否应明确约定此类情况下的责任划分?

2. 承运人在面对收货人未提货的情况时，应采取哪些措施来保障自身权益，并有效追讨相关费用?

自我分析与总结

错题整理

学会的内容

总　结

Module 2

模块 2　跨境电商物流模式选择

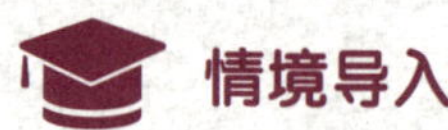

情境导入

小林利用假期进入某外贸公司的运营部实习，需要协助完成几笔订单的发货工作。为了确保货物能够按时、安全地到达美国，小林需要先了解具体的订单信息，包括订单数量、货物类型、质量和体积等，以此来选择最适合的物流方式。

现在请你根据物流方式的优缺点、客户需求以及货品数量和大小帮助小林完成物流方式选择。

【思考】

认真思考以下问题，并带着问题进入课堂寻找答案吧。

- 邮政物流方式有哪些？
- 商业快递是什么？
- 专线物流有哪些类型，其优势分别是什么？
- 海外仓有哪些模式，如何选择海外仓模式？
- 中小企业的跨境卖家如何选择合适的跨境物流方式？

任务 1　跨境电商物流分类

随着跨境电商全球化进程的飞速发展，国际物流成为跨境电商中不可或缺的组成部分。国际物流运输渠道的不断成熟和多元化，也对跨境电商的物流应用和发展起到了推动作用。

本任务的学习内容主要从以下几个方面展开讲解：

➤ 邮政物流

➤ 商业快递

➤ 专线物流

➤ 海外仓物流

活动 1　邮政物流

从广义上讲，邮政物流可分为国内物流、国际物流、电子商务物流。下面介绍的邮政物流特指跨境电商背景下的物流体系。按照当前中国邮政在海外的业务来分类，邮政物流可分为邮政小包、e 邮宝、e 特快等。

一、邮政小包

邮政小包又称电子商务小包，是中国邮政专门针对轻小件物品寄递市场推出的业务。

（一）邮政国际小包

通过中国邮政寄往境外的邮政小包，称为国际小包。国际小包又包括平常小包、挂号小包、跟踪小包 3 种，如图 2-1 所示。

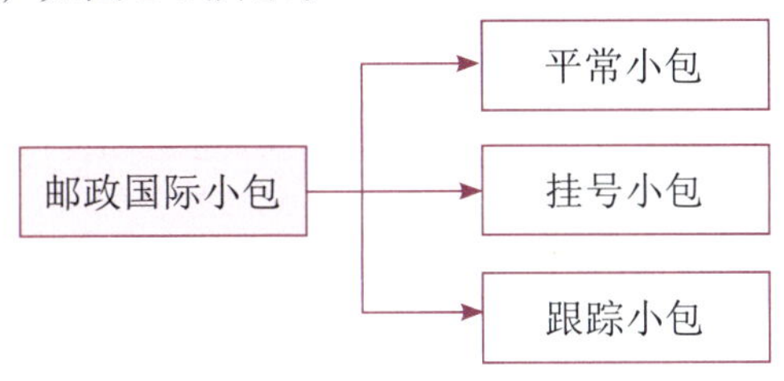

图 2-1　邮政国际小包

1. 平常小包

平常小包为邮联函件产品，属于经济型直发寄递产品，价格实惠、清关便捷。平常小包又细分为普通平常小包和平 + 小包两种产品。值得注意的是，两者的区别是信息跟踪水平不同，具体如表 2-1 所示。

表 2-1　平常小包

细分产品	产品特点	信息跟踪水平	增值服务
普通平常小包	邮联函件产品，经济实惠、清关便捷、通达全球	只提供境内段收寄、封发、计划交航等信息	无
平 + 小包	在普通平常小包的基础上，为卖家提供 1 ～ 2 个境外关键节点信息	在普通平常小包的基础上，额外提供到达境外邮政、到达境外邮政二级处理中心等 1 ～ 2 个节点信息	无

2. 挂号小包

挂号小包是标准类直发寄递产品，服务品质高于平常小包。挂号小包与平常小包的区别是可提供签收和网上信息查询。根据信息跟踪水平不同，挂号小包可细分为普通挂号小包和 Prime 挂号小包两种产品，具体如表 2-2 所示。

表 2-2　挂号小包

细分产品	产品特点	信息跟踪水平	增值服务
普通挂号小包	邮联函件产品，安全可靠，主要路向全程时限 16 ～ 30 天	不强制提供境外段信息，但大部分路向可提供境内及境外段全程跟踪信息	均可提供签收、查询（提供网上查询和向境外邮政发查服务）、赔偿等增值服务
Prime 挂号小包	在境外段信息提供上更有保障	在普通挂号小包的基础上，对境外反馈信息质量提出要求	

3. 跟踪小包

跟踪小包也是标准类直发寄递产品，特点是可提供全程关键节点的跟踪信息。跟踪小包与挂号小包的区别是跟踪小包可提供全程信息跟踪，信息更细更全。跟踪小包可细分为双边跟踪小包和 Prime 跟踪小包，具体如表 2-3 所示。

表 2-3　跟踪小包

细分产品	产品特点	信息跟踪水平	增值服务
双边跟踪小包	与境外邮政双边合作产品，全程信息跟踪，质量稳定，价格优惠	均提供境内段信息以及境外段到达境外邮政、妥投 / 试投等关键节点信息	无
Prime 跟踪小包	Prime 跟踪体系产品，产品性质与双边跟踪小包相同		无

（二）邮政小包面单填制

中国邮政实行包裹“面单一体化”，将收件信息、货物明细、服务渠道信息、扫描条码等列于一个标签或者面单上，跨境电商卖家必须经系统录入收件信息和与货物信息匹配的单号才能进行面单的打印。面单具体填制要求如表 2-4 所示。

表 2-4　邮政小包面单填制要求

项　目	填制要求
邮件种类	在适当的方格内画上 √，以说明邮件类别
内件详细名称和数量	描述邮件内每类物品的数量及计算单位，特别是需检疫物品
重量	填写每类物品的净重（以千克计算）
价值和总价值	填写每类物品的价值（应注明货币单位）
总重量	填写邮件总重量
HS 编码和物品原产地	投寄商业物品的人士必须填写 HS 编码以及物品原产地

邮政国际小包的发货注意事项：

（1）包装：按照邮政包装规定进行包装，不能使用塑料袋或蛇皮袋等包装材料。

（2）面单：包裹面单上必须有清晰的收件人姓名、电话、地址、邮编等，收件人地址必须是英文。

（3）报关单：报关单上的商品、数量、重量及价值应由客户填写。

二、e 邮宝

e 邮宝（e-Packet）是中国邮政为适应跨境电商轻小件物品寄递需要而推出的标准型直发寄递产品。

（一）e 邮宝的特点

e 邮宝在境内段使用邮政 EMS 网络发运，出口至境外后，由寄达国（地区）邮政通过其境内轻小件网络按邮件进行投递。e 邮宝的服务品质优于邮政国际小包，具有可跟踪查询、支持退件服务、可线上发货的优势。

例：包裹到达美国后，美国邮政使用其境内一类函件网进行投递。

卖家可通过中国邮政官网、11183 客户服务专线等查询 e 邮宝邮件的实时状态。因安检或海关清关未通过而被退回的邮件，会退回寄件人。目前，退运邮件不收取费用，但 e 邮宝不提供个性化退货服务。

例：美国邮政定期将邮件汇总退回中国，由中国邮政投递给客户。

（二）e 邮宝运作流程

如图 2-2 所示，e 邮宝的运作流程主要包括以下几个环节：

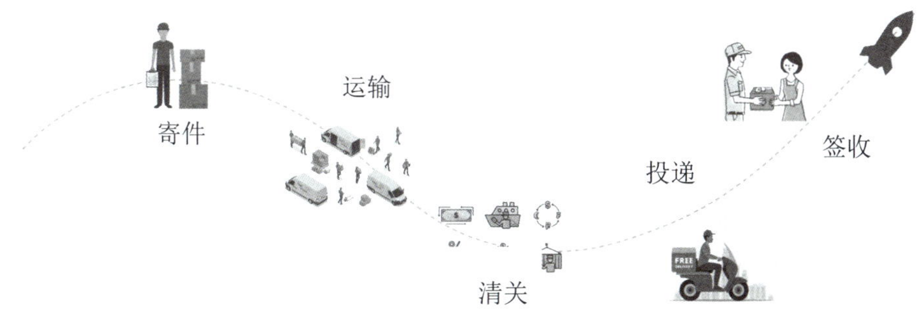

图 2-2　e 邮宝的运作流程

1. 寄件

寄件人需要将物品送到指定的中国邮政网点或者通过电商平台（如淘宝、eBay 等）的集运仓储服务来完成寄件手续，具体步骤如下：

（1）用户首次使用 e 邮宝，需登录“中国邮政速递物流”网站注册账号。

（2）完成注册后，系统将实时发送激活邮件和短信。

（3）激活账号后，用户可上传订单，打印邮件详情单并发送派揽请求。

2. 运输

e 邮宝的运输主要分为两个阶段：

（1）国内运输：通过中国邮政的 EMS 网络进行国内运输。

（2）国际运输：包裹出口至境外邮政后，通过目的国（地区）的邮政轻小件网络进行投递。

3. 清关

e 邮宝利用邮政渠道进行清关，进入合作邮政的轻小件网络，从而提高清关效率。

4. 投递

包裹到达目的地后，由当地邮政进行最后的投递。用户可以通过输入运单号进行包裹的实时跟踪。

5. 签收

收件人在收到包裹后进行签收，整个寄件流程完成。

三、e 特快

e 特快（e-EMS）是基于 EMS 网络设计的一款邮政渠道高端跨境电商寄递产品，适应跨境电商高价值物品寄递需要。e 特快属于优先类直发寄递产品，在境外使用快递类网络优先处理和投递，是国际运输使用的最快的运输工具。

（一）特点

在服务品质上，e 特快保持了 EMS 的时限标准、信息标准、规格尺寸标准、客服查询服务标准等；在计费规则方面，采用了 50 克起续重计费，计费方式较 EMS 优惠，具体如表 2-5 所示。

表 2-5　e 特快特点

产品特点	具体特征
信息全程跟踪	全程节点轨迹可视，客户可随时了解邮件状态
性价比高	50 克起续重计费
邮件损失赔偿	邮件发生丢失或内件损毁时，按实际损失比例赔偿，但每件赔偿最高不超过（2× 首重资费 + 2 元 × 邮件实际重量 /50 克）元

同时 e 特快的产品定位吸收了 EMS 与 e 邮宝两者的长处，也是对两者的优化，能更好更方便地服务客户。

与 EMS 的相同之处：

1. 采用与 EMS 相同的运输方式转运货物，可在 EMS 网上全程详细跟踪。

2. 有异常时，可像 EMS 一样做书面查询。

与 E 邮宝的相同之处：

1. 与电商平台或电商卖家系统对接，客户在线打印详情单，提交揽收信息，或上门自送。

2. 采取 50 克起续重的计费模式，符合电商产品的特点，有效降低卖家的物流成本，提高产品的市场竞争力。

（二）运作流程

如图 2-3 所示，e 特快的运作流程主要包括以下几个方面：

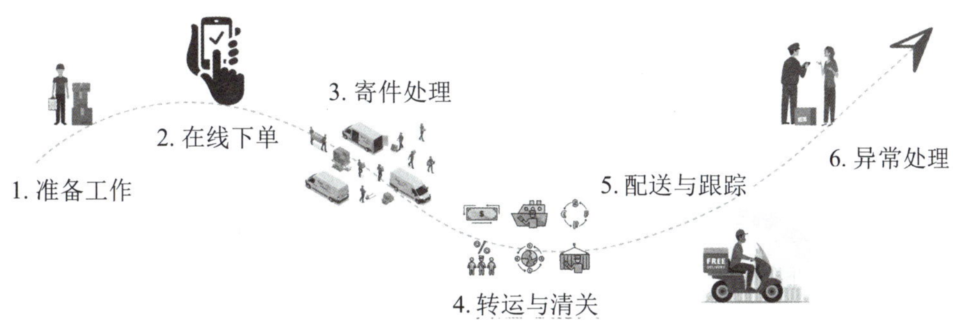

图 2-3　e 特快的运作流程

1. 准备工作

（1）准备寄件物品：寄件人确保寄件物品符合邮寄要求，不包含禁寄物品（如国家法律禁止流通的物品、平台禁止销售的侵权商品、含锂电池的电子类产品、液体、粉末等）。

（2）包装：依据包裹的尺寸限制对包裹进行包装。单个包裹的尺寸限制为长、宽、高任一边不得超过 1.5 米，最短单边加上最长单边不超过 3 米。单个包裹的计费重量不得超过 30 千克。

2. 在线下单

（1）选择服务：寄件人通过线上平台（如全球速卖通）选择 e 特快服务，并在线打印详情单。

（2）填写信息：寄件人需填写基本信息和产品申报信息，包括国内快递承运方、国内货运追踪号、快递包裹件数等。

3. 寄件处理

（1）提交信息：寄件人在线提交揽收信息，或联系邮政速递仓库进行上门揽收。

（2）仓库处理：包裹到达邮政速递仓库后，进行安检和称重。仓库会根据包裹的体积重量和实际重量取较大值作为计费重量。

4. 转运与清关

（1）内部处理：包裹在仓库内进行分拣和打包，准备发往目的地。

（2）转运与清关：包裹通过航空或陆路运输至目的地，并进行清关处理。

5. 配送与跟踪

（1）落地配送：包裹到达目的地后，由当地邮政或合作物流公司进行配送。

（2）全程跟踪：寄件人和收件人可以通过线上平台或邮政速递物流的跟踪查询服务，随时了解邮件状态。

6. 异常处理

查询与赔偿：如果邮件发生丢失或损毁，寄件人可以凭客户留存联在原寄局办理查询和赔偿服务。赔偿标准为按实际损失比例赔偿，但每件最高不超过（2 × 首重资费 + 2 × 邮件实际重量 ÷ 50 克）元，并退还寄件人所付的邮费。

活动 2　商业快递

国际商业快递主要是指 UPS、FedEx、DHL 等（TNT 已被 FedEx 收购，四大快递变成三大快递），国内的一些快递巨头也开始拓展国际快递业务，如顺丰、德邦等。此外，中国邮政 EMS 通常也被归为商业快递类。

一、UPS

UPS（United Parcel Service Inc.）即联合包裹服务公司，是一家全球性的公司，也是世界上最大的快递承运商与包裹递送公司。

（一）UPS 业务类型

UPS 可以为客户提供 5 种保证确定时间和确定日期送达的全球快递服务，一般大部分货代公司都可以提供 UPS 的 4 种主要业务，如图 2-4 所示。

图 2-4　UPS 业务类型

从服务标识的角度来看，UPS 巧妙地运用了颜色编码系统以区分服务等级，红色代表较高端或较快送达的服务等级，蓝色代表相对更注重性价比的服务等级。具体而言，除了全球快捷服务采用蓝色标记（俗称“蓝单”）外，其余三种服务均统一使用红色标记。

全球特快加急服务的资费最高，全球快捷服务以其相对较低的成本和可接受的运输时效，成为了成本敏感型客户的优选。全球速卖通平台主要采用的是全球速快服务和全球快捷服务，即通常所说的红单和蓝单。

（二）UPS 的运作流程

UPS 国际物流系统的运作流程可以分为以下几个步骤：

1. 订单接收和处理

当用户提交国际物流订单时，系统首先接收订单信息，并对订单进行处理。具体来说，系统会核对收发件人信息、货物信息、报关信息等，确保订单的准确性和完整性。

例：当用户在系统中输入发件人、收件人地址后，系统会自动生成唯一的跟踪号码，并将该号码和订单信息存入系统数据库。

2. 货物取件和包装

订单信息处理完成后，系统将安排物流人员前往发件人处取件。在取件前，系统会根据货物特性和目的地要求，生成最佳的包装方案，并将相关信息传达给取件人员。

例：如果货物需要冷链保鲜，系统会提前通知物流人员，确保其采取适当的保鲜措施。

3. 运输和跟踪

取件完成后，系统将对货物进行运输安排，并提供跟踪服务。用户可以通过系统实时查询货物位置和运输进度。

例：用户在系统中输入跟踪号码后，即可查看货物当前所在地以及预计送达时间。

4. 清关和送达

一旦货物到达目的国（地区），系统将进行清关手续处理，并安排送货上门。例如，系统会自动提醒用户提供清关所需文件，以加快清关流程。同时，系统也将实时更新送货状态，让用户了解货物送达时间。

综上所述，UPS 国际物流系统通过订单处理、货物取件、运输跟踪、清关送达等环节，实现了全程可视化和可控制，使用户能够轻松、高效地使用国际物流服务。

二、FedEx

联邦快递（FedEx）是全球最具规模的快递运输公司之一，主要从事航空运输，总部设于美国田纳西州孟菲斯市，隶属于美国联邦快递集团（FedEx Corp），主要提供以下几种服务，如图 2-5 所示：

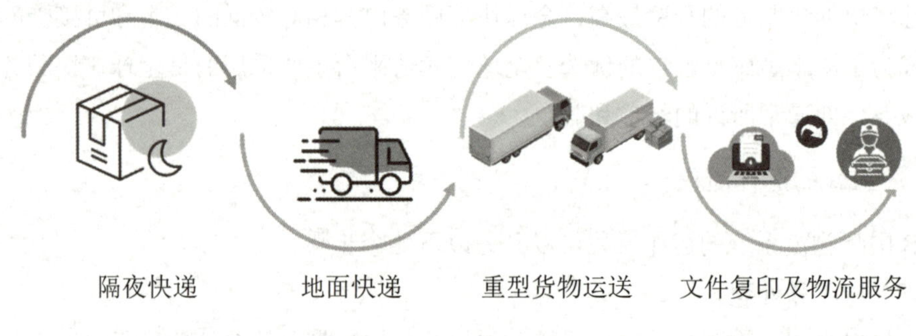

图 2-5　FedEx 快递服务

（一）FedEx 线上发货的服务类型

FedEx 线上发货为卖家提供了优先型服务（FedEx IP）和经济型服务（FedEx IE）两种服务，两种服务各自的特点如图 2-6 所示：

图 2-6　两种 FedEx 线上发货服务类型特点比较

（二）FedEx 快递服务产品

FedEx 快递服务产品大致有 4 类，包括联邦快递国际特早快递服务（FedEx International First，FIF）、联邦快递国际优先快递服务（FedEx International Priority，FIP）、联邦快递国际经济快递服务（FedEx International Economy，FIE）、指定日期电子商务递送服务（FedEx International Connect Plus，FICP）。这 4 类快递服务产品具体如表 2-6 所示。

表 2-6　FedEx 快递服务产品

<table>
<tr><th>产　品</th><th>覆盖范围</th><th>时　限</th><th>尺寸重量限制</th></tr>
<tr><td>联邦快递国际特早快递服务</td><td>在全球主要市场提供特快快递（包含清关、门到门服务），确保收件人在清晨便能收到货件</td><td>递送至美国、加拿大、巴西、墨西哥、波多黎各的货件，最早于上午 8 时前准时送达，时限在 1～3 个工作日。递送至欧盟的货件在 2 个工作日内于上午 9 时前准时送达</td><td rowspan="3">尺寸上限：单边长度≤ 274 厘米，（长 + 周长）≤ 330 厘米
重量上限：一票多件，单件重量≤ 68 千克</td></tr>
<tr><td>联邦快递国际优先快递服务</td><td>面向全球 220 个国家和地区</td><td>时限 1 ～ 3 个工作日，于当天结束前送达，具体取决于目的地</td></tr>
<tr><td>联邦快递国际经济快递服务</td><td>面向亚洲地区、美国、欧洲地区等，以实惠的价格为非紧急货件提供可靠服务</td><td>递送至亚洲地区需要 2 ～ 4 个工作日，递送至美国需要 4 个工作日，递送至欧洲需要 4 ～ 5 个工作日</td></tr>
<tr><td>指定日期电子商务递送服务</td><td>速度便捷且价格优惠。目前在部分市场提供</td><td>通常为 1 ～ 5 个工作日</td><td>适用于 10 千克以下的货件。重量和尺寸限制因目的地市场而异</td></tr>
</table>

三、DHL

DHL 国际快递是德国邮政旗下的著名国际快递公司。目前可从中国内地或香港寄达全球 220 个国家和地区，向企业及私人用户提供专递及全球速递服务。DHL 提供文件、包裹、特殊物品的国际快递门到门服务。

DHL 提供六种在线服务：

（一）到岸成本计算

也就是预估关税、适用货物税金以及其他进口费用，可以让卖家在货物发出之前掌握相关费用信息。

（二）产品管制

确保卖家货物遵循每个国家（地区）的进口和出口管制条例。

（三）互动式的商品代码分类

搜索协调制度商品代码（HS/HTC）以及出口清关商品代码（ECN）以帮助卖家快速精确地进行产品分类。

（四）受限人甄别

检查发件人以及收件人的详细信息以确定其是否属于政府以及国际组织所列受拒人名单。

（五）到岸成本及产品管制比较

比较最多五个出口国家的费用以及遵循规则，帮助卖家参考到岸信息。

（六）贸易文件准备

帮助卖家准备国际贸易、物流以及海关事务所要求的各类文件。

活动 3　专线物流

跨境专线物流一般是通过航空包舱方式将货物运输到国外，再通过合作公司进行目的国（地区）境内的派送，有专门使用的物流运输工具、物流线路、物流起点与终点、物流运输周期及时间等。

一、专线物流概念

专线物流是指在物流行业中，以特定线路为主线，按照一定的时间表进行运输的一种服务方式。如图 2-7 所示，它有以下几种运作模式：

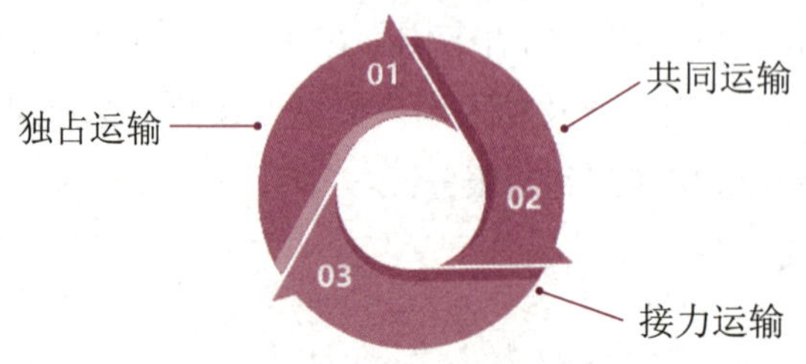

图 2-7　专线物流的运作模式

（一）独占运输

指一辆车只运送一家客户的货物，适用于对时间和安全性要求非常高的货物。

（二）共同运输

指一辆车运送多家客户的货物，适用于对时间要求不是很高的货物。

（三）接力运输

指多家客户将货物分别运输到不同的中转站，由不同的车辆负责运输，适用于货物量大、时间紧迫的情况。

二、专线物流类型

跨境专线物流的类型主要分类依据为：

（一）路向

按照路向不同，跨境专线物流分为欧洲专线、美国专线、澳大利亚专线、俄罗斯专线、中东专线、南美专线和南非专线等。

（二）运输方式

按照运输方式不同，跨境专线物流分为航空专线、海运专线、铁路专线、大陆桥专线以及多式联运专线等。

例：郑欧班列、渝新欧专列、中欧（武汉）冠捷专列、顺丰深圳—台北全货机航线等。

三、专线物流运作流程

跨境专线物流的运作流程包括集货、出口报关、直达运输、境外清关及本地派送等环节，如图 2-8 所示。

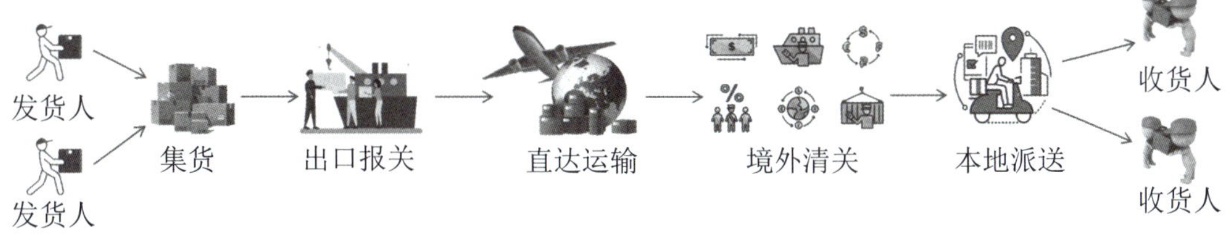

图 2-8　跨境专线物流的运作流程

（一）集货

集货是指将跨境包裹从跨境电商客户发货场地集中到专线运营商集货仓，在集货仓按路向进行分拣处理后发运的过程。集货方式包括自有网络和团队集货、渠道商集货、客户寄递集货 3 种方式。

（二）出口报关

通过跨境电商“9610”报关模式或邮局海关完成出口报关。

专家指导

“9610”是一个四位代码，前两位是按海关监管要求和计算机管理需要划分的分类代码，后两位为海关统计代码。“9610”全称“跨境贸易电子商务”，简称“电子商务”，俗称“集货模式”，也就是常说的B2C出口。

“9610”报关出口针对的是小体量，比如国际快递发货。采用“清单核放，汇总申报”的方式，由跨境企业将数据推送给税务、外汇管理部门，实现退税。

（三）直达运输

通过航空运输、海运快船、铁路专线、公路运输等方式实现干线直达运输。一个专线产品使用一种对应路向的运输方式，每条线路实施独立运营管理。

（四）境外清关

由自有清关团队或者渠道商完成境外清关（含包税和不包税两种）。

专家指导

清关（customs clearance）即结关，是指进出口或转运货物出入关境时，依照各项法律法规和规定应当履行的手续。只要存在跨境商品流通，就涉及清关。

清关主要分为两种模式：贸易清关和物品清关。贸易清关主要适用于一般贸易，而个人邮递物品则采用物品清关的模式。

（五）本地派送

一般由境外合作企业完成海关口岸提货、仓储、派送等尾程派送服务。

活动4　海外仓物流

对跨境电商卖家来说，想要获取更高利润，物流是一个不得不破的壁垒。海外仓正是在这样的市场诉求中应运而生的。通过使用海外仓，卖家不仅可以降低物流成本，还能拓宽卖家的产品边界。

一、海外仓物流概念

海外仓体系作为跨境电子商务领域内的一种创新物流架构，指的是由境内企业在境外战略性地设立的仓储与分销中心。这一模式的核心在于企业预先通过高效的批量运输手段，将其商品批量部署至目标市场所在的国家或地区的海外仓库中。

二、海外仓适用商品

海外仓适合那些价格高、体积大、易碎、传统物流渠道不能邮寄的（如电池、粉末等）商品。海外仓覆盖的商品可无限拓展，不受直邮模式重量和包装尺寸的限制。五金类、家具类、户外类商品，特别适合做海外仓。

三、海外仓模式的选择

目前，海外仓模式主要有 3 种：自建海外仓模式、第三方海外仓模式和一站式服务海外仓模式，如图 2-9 所示。

图 2-9　海外仓模式

（一）自建海外仓模式

自建海外仓模式是指卖家或跨境电商企业在境外投资建设仓库，并且由自己运营管理，自己办理运输、通关、报税、拣货、配送等一系列业务活动。

自建海外仓模式的优势包括：

1. 电商企业拥有主动权，当外部环境出现突发或极端情况时，能保障自身的稳定性。

2. 电商企业可以结合自身的发展阶段，叠加独有的服务，比较灵活。

3. 自建海外仓能满足多渠道物流规划定位的需要。

自建海外仓模式的劣势包括：

1. 资金投入大，要求配备强大的运营团队，技术门槛高。

2. 自建仓的专业化运营潜力受规模限制，规模不足则难以深化。

3. 自建仓库位置固定，当业务发生变化时，位置调整弹性小。

自建海外仓的卖家通常是经济实力雄厚、信息化水平高、库存周转快、管理经验丰富的跨境电商企业，在积累了一定的经营经验和客户群体之后，对自身跨境物流效率和个性化服务有了更高的要求，从而在客户群体密集的地区建造海外仓，实现跨境物流本土化。

例：兰亭集势于2014年在欧洲建立海外仓，2015年又在北美建立了海外仓。阿里巴巴集团旗下的全球速卖通和菜鸟网络联合推出菜鸟海外仓，目前已开通西班牙、法国、比利时、波兰四国官方仓服务，为全球速卖通商家提供一揽子物流解决方案。京东物流国际供应链已在五大洲设立超过110个海外仓，覆盖美国、韩国、日本、澳大利亚等多个国家和地区。

（二）第三方海外仓模式

第三方海外仓是指由第三方物流企业建立和运营的海外仓。第三方海外仓模式就是跨境电商企业将商品的仓储、分拣、包装、派送等一系列服务外包给销售地的第三方物流企业来完成。在该模式下，跨境电商企业只需将订单发送给第三方物流企业，由其完成所有的物流活动。

第三方海外仓模式的优势包括：

1. 仓库由第三方物流企业建立，可减少前期投入，降低资本风险。
2. 第三方物流企业有丰富的仓储管理经验，可降低物流成本、提高物流质量。
3. 第三方物流企业有专业团队，对海外仓所在地的法律、税收规定等有深入了解，可帮助跨境电商企业规避风险。

例：亚马逊FBA（Fulfillment by Amazon）海外仓是第三方海外仓的典型代表，通过其强大的物流网络与先进的技术支持，为众多中小出口跨境电商企业提供了便捷、高效的物流服务，助力其跨越物流壁垒，实现业务增长。

第三方海外仓模式的劣势包括：

1. 跨境电商企业不能自主控制物流时效和物流质量，也不能直接接收客户的信息反馈。
2. 若第三方海外仓在运营过程中出现违规问题，仓库的所有商品都可能被查封或被没收，从而给跨境电商企业造成不可避免的损失。

例：第三方海外仓服务提供商的典型代表有中国邮政、顺丰国际、谷仓海外仓等企业，其海外仓布局如表2-7所示。

表 2-7　第三方海外仓布局

第三方物流企业	海外仓布局
中国邮政	美国仓（美东、美西、美南）、英国仓、澳大利亚仓、捷克仓、俄罗斯仓、法国仓、意大利仓、西班牙仓，仓储总面积超 13 万平方米
顺丰国际	东欧仓、中欧仓、德国仓、俄罗斯仓和美国仓。覆盖欧洲 28 国、美国以及俄罗斯、白俄罗斯、乌克兰等
谷仓海外仓	美国仓、日本仓、德国仓、加拿大仓、西班牙仓、澳大利亚仓、欧洲仓。谷仓海外仓在美国迈入"四仓时代"，东西南中四大仓群，28 个仓体，仓储总面积达 71 万平方米。日本仓是谷仓海外仓的第一座亚洲海外仓

（三）一站式服务海外仓模式

一站式服务海外仓模式是指卖家在跨境电商平台上进行商品销售，由跨境电商平台通过海外仓提供商品的仓储、打包、配送以及退换货等一系列物流服务。

例：典型代表就是亚马逊平台自有海外仓服务模式，亚马逊为商家提供从仓储到配送以及售后的一条龙服务。

一站式服务海外仓模式的优势如下：

1. 平台拥有成熟的跨境电商经验，可解决卖家对境外的报关报检、法律法规知识缺乏的问题，降低卖家经营风险。
2. 平台提供一站式服务，有利于物流资源共享，降低物流成本。
3. 平台利用大数据分析，可以为卖家优化物流解决方案。

一站式服务海外仓模式的劣势如下：

1. 卖家需要支付较高的仓储费用，若是货物出现滞压情况，仓储费用会阶梯式增加。
2. 一站式服务海外仓模式对入库商品的类型、尺寸、重量等有严格要求，不符合要求可能被拒收。
3. 卖家不能掌握退货信息，存在退货后返仓难等问题。

根据调研数据，月销 50 万～100 万美元的大卖家，55% 有自建或计划自建海外仓；月销 100 万美元以上的大卖家 69% 有自建或计划自建海外仓。大卖家建仓比例之高，是何缘由？

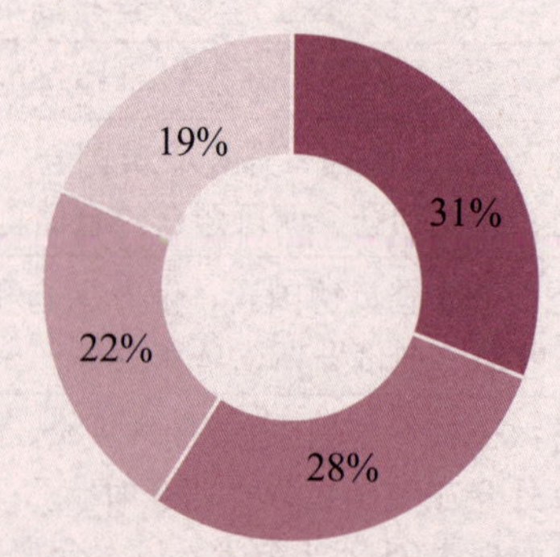

图 2-10　卖家自建海外仓原因占比

调研数据显示，卖家们会因为个性化服务需要、对第三方服务不满意、综合成本过高以及产品原因筹建海外仓。其中个性化服务需要是大卖家们建仓的首要原因，在这四个因素中占到 31% 的比重。同时抽样调查显示，65% 的卖家们认为个性化服务需要是自建海外仓的首要诱因，其次才是对第三方服务商的服务不满意，该项占到 28% 的比重，影响着 59% 的卖家的建仓决定。

（四）海外仓适用客户群体

海外仓的目标客户群体广泛，涵盖了跨境电商卖家、生产制造出口企业以及跨境电商平台等多个领域。这些客户群体在利用海外仓服务时，通常会结合直邮模式和海外仓发货模式的特点，通过优劣互补的策略，根据自身定位、产品特性及市场环境等因素灵活选择最适合的发货模式。具体做法如下：

1. 从产品属性上区分：轻小件、低货值、普货选择直邮；中大件、高货值、特货（带电带磁、异型等）选择海外仓。
2. 从卖家类型上区分：铺货型、多品类选择直邮；品牌化、精铺型选择海外仓。
3. 从销售情况上区分：新品、短期爆款选择直邮；畅销品选择海外仓。
4. 从运营规划上区分：旺季选择海外仓备货 + 直邮；紧急补货选择直邮商业快递。

四、海外仓模式运作流程

卖家自行或通过海运、空运、快递等方式将货物批量从中国发送至海外仓库（如美国、英国、澳大利亚）存储。卖家下单后，物流服务商根据卖家的订单要求对卖家储存在海外仓库的商品进行当地分拣、包装并派送至买家手中。海外仓模式的运作包括头程运输、海外仓储管理和尾程配送 3 个部分，如图 2-11 所示。

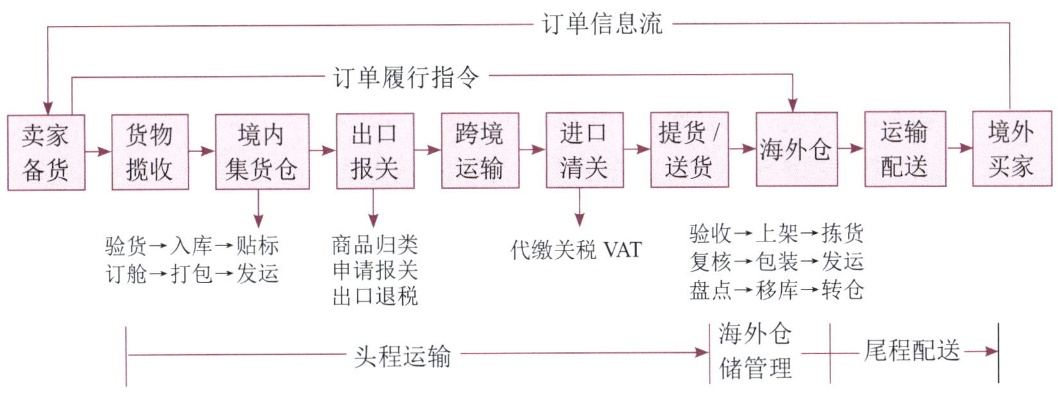

图 2-11　海外仓模式的运作流程

（一）头程运输

头程运输（first mile transportation 或 initial shipment）在跨境电商和国际贸易领域中，指从物流渠道商提货开始，直至通过海运、空运、陆运或联运等多种运输方式，将商品从发货地（境内）安全、高效地运送至目的地（境外）的整个物流过程。这个过程涉及多个环节，如图 2-12 所示。

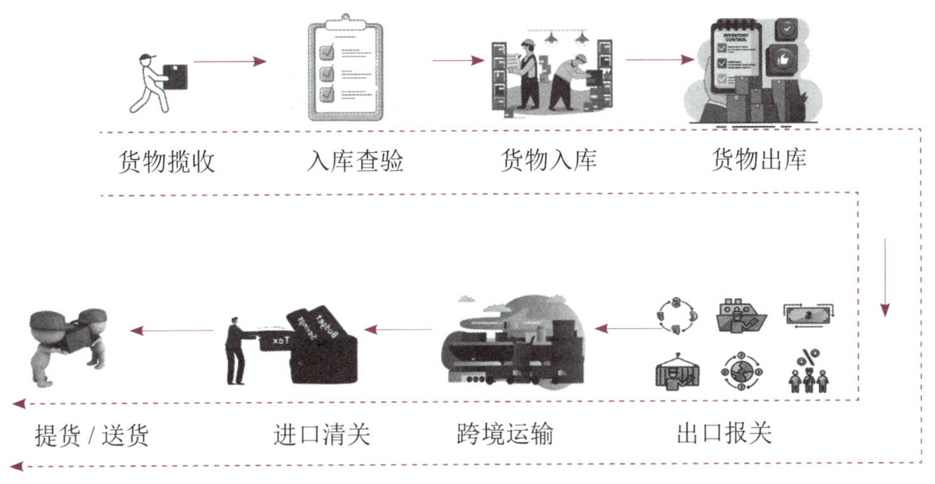

图 2-12　头程运输过程

1. 货物揽收

卖家将货物通过境内物流送至头程仓（境内集货仓），或海外仓服务商上门提货，送至头程仓。上门提货时，要根据货物性质和数量，安排合适的运输车辆，司机提货时要确认提货箱数等信息并签字，司机提货回来后，与头程仓收货人员进行交接，双方在交接单上签字确认。

2. 入库查验

在头程仓（境内集货仓）入库前，要对货物进行查验，查验的内容包括：

（1）检查箱数、箱唛等是否和入库单信息一致。

（2）对每箱货物的种类和数量进行清点，将数据填入系统。

（3）对每种货物进行取样，测量其长、宽、高和重量。

（4）对货物进行重新装箱，并测量每个箱子的尺寸和重量，将数据填入系统。

小贴士

箱唛是一种标识装箱货物的标签（如图 2-13 所示），通常用于国际贸易中，以便于货物的装卸、运输、仓储和清关等环节的管理。箱唛通常包括货物的基本信息、目的地、数量、重量、尺寸等信息，是货物包装的重要组成部分。

图 2-13　箱唛

在入库查验阶段一般使用 AI 智能技术的机器视觉系统来自动识别箱唛和箱，利用自动化机器人进行货物的清点和重新装箱，以及通过传感器和物联网技术实时监控货物的重量和尺寸变化。这些技术的应用不仅减少了人工操作的错误，还加快了入库流程，提高了整体物流效率。

3. 货物入库

根据入库单上货物要邮寄的目的地及运输方式，将货物放到仓库指定的区域进行存放。

4. 货物出库

海外仓服务商根据卖家选择的物流计划（运输方式和时间）进行贴标、订舱、打包、发运，联系物流承运商进行提货出库。

5. 出口报关

跨境电商出口海外仓采用“9810”模式进行申报。“9810”是海关总署 2020 年第 75 号公告增列的海关监管方式代码，简称“跨境电商出口海外仓”，用于对跨境电商出口海外仓的货物进行监管。

6. 跨境运输

跨境运输主要有海运、空运、铁运等运输方式。

（1）海运。海运通过货船运输，主要有整柜和拼柜两种；根据不同的船运公司又分为快船和慢船。快船与慢船是在海上运输中依据时效及航程快慢来划分的运输船的两种类型，快船航程更短，时效更快。海运主要缺点是时效慢，优点是费用低，承载量大。

（2）空运。空运通过货机或者客机腹舱运输。空运缺点是费用高、对产品的运输限制较多，优点是速度快。

（3）铁运。铁运主要针对欧洲地区，相比空运与海运，性价比较高。

7. 进口清关

货物入境至海关，依照各国（地区）法律办理海关申报、查验、征税、放行等手续。清关之后，由本地的快件公司或卡车公司送至海外仓。

8. 提货

根据客户订单需求进行地区派送或进入海外仓进行管理存放。

（二）海外仓储管理

中国卖家可通过物流信息系统，远程管理海外仓储货物，了解库存情况。从仓储作业角度看，海外仓的作业主要有以下几种：

1. 验收：根据预先发货清单，检查收货商品的数量及质量。
2. 上架：将通过验收的商品放到事先安排的货架储位。
3. 拣货：根据客户订单拣选出相应商品。
4. 复核：根据拣选出的商品核对订单信息、种类、数量等。
5. 包装：将拣选出商品打包或装箱打托。
6. 发运：按路向或承运商等规则分堆交运。
7. 盘点：对仓库内商品进行盘点清点，确保实际库存数量与信息系统一致。
8. 移库：将商品在不同货架间移动整理或补货。
9. 转仓：将商品在不同仓库间调拨。

（三）尾程配送

境外买家在网上下单购买所需商品，卖家只需通过网上操作，对海外仓下达订单履行指令，海外仓团队即按照订单进行拣货、复核、包装、发运，通过尾程配送将商品送达买家，其流程如图 2-14 所示。

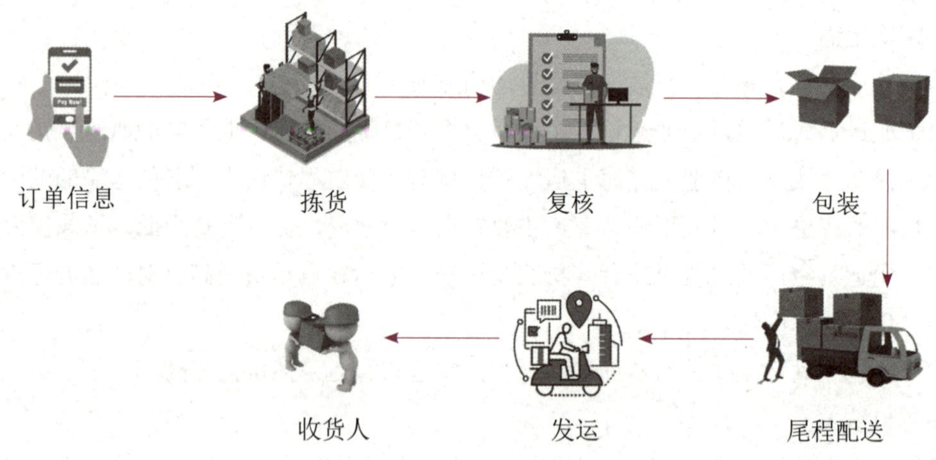

图 2-14 尾程配送流程

目前，美国及欧洲国家（地区）的派送方式主要有以下几种：

1. 邮政公司

各国（地区）邮政系统是海外仓当地配送的主要物流选择之一，服务产品主要有信件和包裹两大类，可以使用签收，也可以不使用签收。对于货值很低的商品，使用非签收会大大降低成本。此外包裹有不同的层次，按限重、时效和资费区分。

例：美国邮政 USPS 小包限重 450 克，俄邮小包和俄邮大包限重 20 千克（大包和小包尺寸限制不同），澳大利亚邮政包裹限重 25 千克。

2. 快递公司

通过当地专业的快递公司配送，主流快递公司有 UPS、Fedex、DHL 等。此外还有一些区域性快递公司，如美国的 OnTrac、Lasership 等只能配送到美国某些地区。第三类是一些代理性质的快递公司，如美国的 International Bridge（IB）、必宝能（Pitney Bowes，PB）等也可以在全国配送，这些快递公司都有限重要求。

3. 卡车公司“托盘配送”

大型的家具和商品是电商卖家新的销售增长点，由于体积和重量大，无法使用小包发货，只能使用海外仓。对超过 30 千克的货物，可以通过托盘配送。目前，英国及其他欧洲国家（地区）的托盘运输很普及，一般 1 ~ 2 天可送达。

任务 2 跨境电商物流选择

随着跨境电商全球化进程的飞速发展，国际物流成为跨境电商中不可或缺的组成部分。国际物流运输渠道的不断成熟和多元化，也对跨境电商的物流应用和发展起到了推动作用。

本任务的学习内容主要从以下两个方面展开讲解：

➤ 物流方式比较

➤ 物流方式选择

活动 1　跨境物流方式

按照卖家可选择的物流方式划分，跨境物流可以分为邮政物流、商业快递、专线快递和海外仓四种方式，如图 2-15 所示。

图 2-15　跨境物流方式

一、邮政物流方式

邮政物流是指卖家在收到客户订单之后，直接从国内供应商或仓库发货给国外顾客，即由卖家自己负责仓储、分拣、包装、派送和客户服务等一系列活动，其流程如图 2-16 所示。

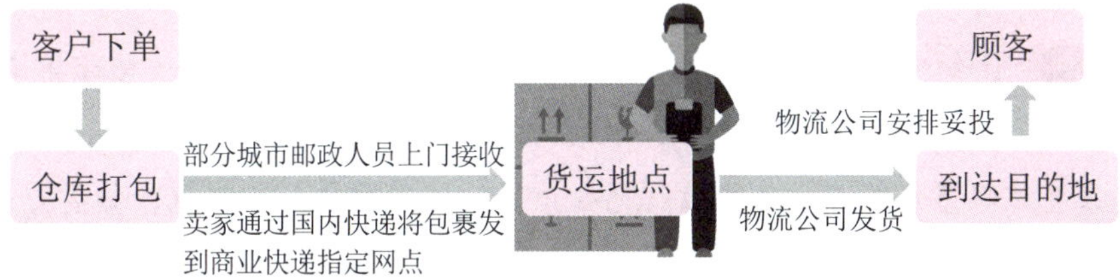

图 2-16　邮政物流流程

（一）邮政小包

邮政小包适合重量较轻、体积较小且对时效性要求不高的物品寄递。对于跨境电商卖家来说，邮政小包是常用的发货渠道之一，尤其适合价格敏感且重量较轻的物品。

1. 邮政小包寄送说明

邮政小包的重量和体积限制如表 2-8 所示：

表 2-8　邮政小包寄送重量和体积限制

<table>
<tr><th>邮政物流</th><th>项　目</th><th colspan="2">要　求</th></tr>
<tr><td rowspan="3">邮政小包</td><td>收寄重量限制</td><td colspan="2">单件包裹限重 2 千克</td></tr>
<tr><td rowspan="2">收寄体积限制</td><td>最大尺寸</td><td>① 长方型包装：长 + 宽 + 高≦ 90 厘米，最长边≦ 60 厘米
② 圆卷状包装：直径 × 2 + 长≦ 104 厘米，单件长度≦ 90 厘米</td></tr>
<tr><td>最小尺寸</td><td>① 长方型包装：至少有一面长≧ 14 厘米，宽≧ 9 厘米
② 圆卷状包装：直径 × 2 + 长≧ 17 厘米，单件长度≧ 10 厘米</td></tr>
</table>

2. 邮政小包运费计算

邮政小包按起重和续重分档收取资费，如表 2-9 所示：

表 2-9　邮政国际小包运费计算

<table>
<tr><th>物流方式</th><th>收费标准</th></tr>
<tr><td rowspan="2">平常小包</td><td>30 克及以下包裹统一收取起重资费（件资费），30（不含）～ 80 克和 80 克以上包裹按两档设置续重资费（千克资费）</td></tr>
<tr><td>运费 = 实际重量 × 标准资费（单位价格）× 折扣率</td></tr>
<tr><td rowspan="2">挂号小包和跟踪小包</td><td>挂号小包和跟踪小包按照 0 ～ 150 克、150（不含）～ 300 克、300 克以上三档设置起重资费（件资费）和续重资费（千克资费）</td></tr>
<tr><td>运费 = 实际重量 × 标准资费（单位价格）× 折扣率 + 挂号费</td></tr>
</table>

根据计费重量和目的地区域的邮费标准计算基本邮费。不同区域的邮费标准可能有所不同。

例： 已知邮政挂号小包 300 克以上的货品为第三档，第三档起重资费为 35 元 / 件，续重资费为 10 元 /100 克，该档位的折扣率为 93%，挂号费为 14 元 / 件。

某卖家要往阿富汗邮寄一件货物，已知该货物实际重量为 500 克，如要使用挂号小包的方式进行邮递，则卖家需要花费的运费是多少？

根据已知条件货物的实际重量为 500 克，属于根据挂号小包的第三档重量要求，根据第三档的资费要求，由挂号小包运费公式可得该货品的总运费 = 5×10×93%+14 = 60.5（元），则该货品使用挂号小包的总运费为 60.5 元。

3. 邮政国际小包的优劣势

（1）优势

作为万国邮联函件产品，邮政国际小包具有以下优势：

① 通达范围广：凭借万国邮政联盟的强大网络，目前可以寄达全球 220 多个国家和地区。

② 资费相对低：得益于万国邮联会员之间低成本的结算，邮政国际小包具有较强的价格优势，计费规则也较其他物流产品优惠，可有效节省邮寄费用。

③ 优先通关：万国邮联规定，国际邮件有优先通关权，可缩短商品通关时限。

（2）劣势

① 速度慢。包裹寄达亚洲邻国需 5 ~ 10 天，寄达欧美地区主要国家需 7 ~ 15 天，寄达其他国家和地区需 7 ~ 30 天。

② 平常小包不提供查询服务，且多国（地区）邮政不提供妥投信息。此外，挂号查询无时间保证，如中国香港邮政查询期是 1 ~ 3 个月。

③ 旺季清关容易拥堵。在跨境电商旺季包裹激增的情况下，多国（地区）海关可能会对邮政国际小包提出限制措施，使其优先通关的优势受到影响。

因此，邮政国际小包更适用于价值低、利润薄、不带电且客户对时限要求不高的轻小件商品，若目的国（地区）属于偏远小国、岛国，邮政国际小包的运费和通达范围也更有优势的。

（二）e 邮宝

跨境电子商务卖家采用 e 邮宝可以利用邮政渠道快速清关的特点，使到达境外的包裹被优先处理。

1.e 邮宝寄送说明

（1）e 邮宝的重量和尺寸限制及时效

如表 2-10 所示为 e 邮宝寄送重量和尺寸限制及时效。

表 2-10　e 邮宝寄送重量和尺寸限制及时效

<table>
<tr><th>项　目</th><th colspan="2">详　情</th></tr>
<tr><td>重量</td><td colspan="2">单件包裹限重 2 千克</td></tr>
<tr><td rowspan="2">尺寸限制</td><td>最大尺寸</td><td>① 长方型包装：长 + 宽 + 高 ≦ 90 厘米，最长边 ≦ 60 厘米
② 圆卷状包装：直径 ×2 + 长 ≦ 104 厘米，单件长度 ≦ 90 厘米</td></tr>
<tr><td>最小尺寸</td><td>① 长方型包装：至少有一面长 ≧ 14 厘米，宽 ≧ 9 厘米
② 圆卷状包装：直径 ×2 + 长 ≧ 17 厘米，单件长度 ≧ 10 厘米</td></tr>
<tr><td>时效</td><td colspan="2">包裹寄达亚洲邻国需 5 ～ 10 天，寄达欧美地区主要国家需 7 ～ 15 天，寄达其他国家和地区需 7 ～ 30 天</td></tr>
</table>

（2）e 邮宝的包裹跟踪查询

① 包裹信息查询：e 邮宝提供包裹收寄、出口封发、进口接收的实时跟踪查询信息，但不提供签收信息，只提供投递确认信息。用户可以通过中国邮政网站、寄达目的地邮政网站或拨打客服专线等渠道查看包裹跟踪信息。

② 包裹赔偿：e 邮宝暂不提供包裹的丢失、延误及损毁补偿和查验等各项附加服务；

对于无法投递或收件人拒收的包裹，e 邮宝将提供集中退回服务。

2. e 邮宝的运费计算

e 邮宝的运费计算公式如下所示：

运费 = 标准资费 + 运输附加费

例： 一位爱尔兰的买家在吉林暖暖服装进出口公司的店铺购买了一条舞蹈裤，包裹重量为 0.5 千克，如果选择用 e 邮宝寄送，请计算这条裤子的运费。e 邮宝资费标准请参照表 2-11。

表 2-11 e 邮宝资费标准

序号	路向	标准资费		附加费	起重	限重	备注
		元 / 件	元 / 千克	元 / 千克	克	克	
1	爱尔兰	25	65	20	1	2 000	本价格自 2020 年 6 月 3 日 0 点起生效
2	奥地利	25	60	20	1	2 000	
3	澳大利亚	19	60	25	1	2 000	
4	巴西	25	80	40	50	2 000	

寄往爱尔兰的标准资费为 25 元 / 件、65 元 / 千克，运输附加费为 20 元 / 千克，起重为 1 克。由 e 邮宝运费公式可得：运费 =25 + 65×0.5 + 20×0.5=67.5（元）。因此使用 e 邮宝的运费为 67.5 元。

卖家可以登录 e 邮宝中文官网（http://www.epacket.com.cn/exp/EUB.html）或 e 邮宝报价工具进行查询，点击“运费查询”后输入想要寄送的国家名和包裹重量，即可获得相关 e 邮宝价格说明。

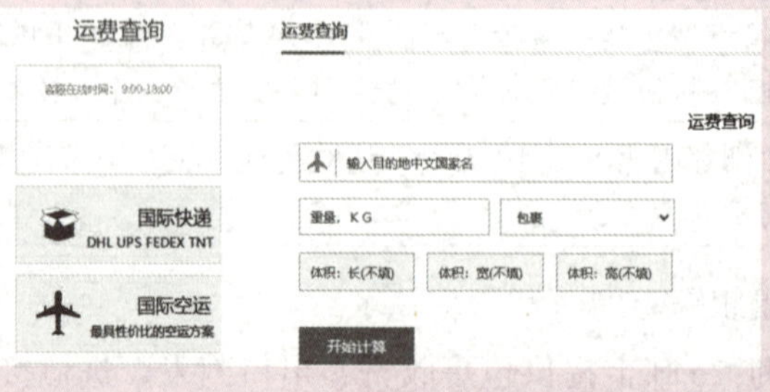

图 2-17 e 邮宝运费查询

3. e 邮宝优劣势

（1）优势

e 邮宝在跨境电商领域受到广泛欢迎，业务模式拓展到多个国家和地区，其具有以下几个方面的优势：

① 时效稳定：相对邮政国际小包，e 邮宝平均时效更快且更稳定。正常情况下，包裹仅需 7 ～ 15 个工作日即可完成妥投 .

② 价格优惠：支持按总重计费，无挂号费。

③ 可全程跟踪：提供关键节点扫描信息和妥投信息，可让客户放心。

④ 清关便捷、稳定：通过邮政 EDI 方式便捷清关，清关稳定。

⑤ 投递覆盖范围广：目前 e 邮宝在寄达国（地区）的投递范围已覆盖各国（地区）的本土区域，其中美国可投递至本土及本土以外所有属地和其海外军邮地址；对于其他国家（地区），只能投递到本土区域。

（2）劣势

① e 邮宝严禁收寄液体、粉末、带电物品、侵权商品、食品、种子、药品、毒品等物品，具体要求可参阅国际在线发运系统发布的《禁止寄递物品指导目录》。

② 丢失不赔：国际 e 邮宝不提供丢失赔偿，如当地开办局提供保险服务，客户可以购买保险。

（三）e 特快

e 特快是中国邮政为满足跨境电子商务高价值物品的寄递需求专门推出的经济国际速递商品，目前已通达 103 个国家和地区，在内部处理、转运清关、落地配送、跟踪查询、尺寸规格标准等各方面均有更高要求。

1. 运费价格及限制

e 特快部分目的地的运费价格如表 2-12 所示：

表 2-12　e 特快部分目的地的运费价格表

目的地	e 特快		收寄规格	
	首重 /（元 /50 克）	续重 /（元 /50 克）	限重 / 千克	最大尺寸限制
越南	60	1.2	31.5	标准 1
新加坡	70	1.2	30.0	标准 1
澳大利亚	109	6.0	20.0	标准 4
新西兰	40	2.5	30.0	标准 1
比利时	105	2.0	30.0	标准 1
朝鲜	70	1.5	30.0	标准 2

上表只列出了部分目的地的运费价格，目的地不同，e 特快对包裹尺寸的限制也有所不同。e 特快包裹标准尺寸限制如表 2-13 所示

表 2-13　e 特快包裹标准尺寸限制

标准分类	任意边最大尺寸	最长边与横截面周长之和（横截面周长 =2× 宽度 +2× 高度）
标准 1	不得超过 1.50 m	不得超过 3.0 m
标准 2	不得超过 1.05 m	不得超过 2.0 m
标准 3	不得超过 1.05 m	不得超过 2.5 m
标准 4	不得超过 1.05 m	不得超过 3.0 m

2.e 特快运费计算

e 特快实行计泡收费，取体积重量和实际重量较大者。邮件任一单边长度超过 60 厘米时开始计泡，再按照资费标准计算应收邮费。

e 特快的运费计算公式为：

$$运费 = 首重运费 + \left[重量(g) \div 50 - 1 \right] \times 续重运费$$

注意：由于 e 特快的计费单位通常为 50 克，实际计费时，重量不满 50 克的部分一般按 50 克计算。

值得注意的是，运费 = 首重运费 +（重量（g）÷50 − 1）× 续重运费，此运费计算公式也是国际快递通用运费计算公式。

e 特快的体积重量计算公式为：

$$体积重量（kg）= 长（cm）\times 宽（cm）\times 高（cm）\div 8000（cm^3/kg）$$

例：某卖家要邮寄一个货物去澳大利亚，这个包裹的长、宽、高分别是 40 厘米、30 厘米和 20 厘米，实际重量为 2.5 千克。

因 e 特快实行计泡收费，故首先需要确定包裹的体积重量和实际重量哪个最大再进行计算。根据公式该包裹体积重量 = 40 × 30 × 20 ÷ 8000 = 3（千克），明显该货物的体积重量大于实际重量，因此以体积重量为计算标准。

根据上表的 e 特快运费价格表中可以看出，去往澳大利亚的寄递以第一个 50 克为首重，每增加 50 克为一个续重，且限重为 20 千克。经计算该货品的体积重量 = 40×30×20 ÷ 8000 = 3（千克），即体积重量为 3 千克，在限重范围以内，因此该货品的运费为 = 109 +（3000 ÷ 50−1）× 6 = 463（元），因此，该货品运往澳大利亚的运费为 463 元。

3. 产品收寄规格

e 特快的市场定位高于邮政国际小包和 e 邮宝。邮政国际小包和 e 邮宝均定位为 0 ～ 2 千克（含 2 千克）的轻小件市场，而 e 特快定位为 2 ～ 30 千克（不含 2 千克，个别国家或地区略有差异）的高端跨境电商物流市场。

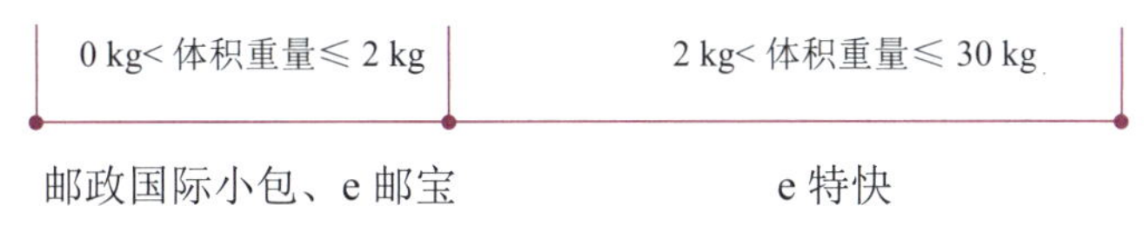

图 2-18　e 特快收寄规格

4. e 特快优劣势

（1）优势

① 客户体验好：与其他产品相比，e 特快保持了 EMS 的时限标准、信息标准、规格尺寸标准、客服查询等高品质服务标准。

② 清关安全快速：e 特快采用邮政 EDI 清关，安全性和效率有保障。

③ 时效快：包裹从中国寄往欧美国家仅需 3 ～ 5 个工作日，从中国寄往日韩仅需 1 ～ 3 个工作日。

④ 全程跟踪：e 特快提供全程实时跟踪信息，信息反馈更完整。同时，支持线上发货、自助打单，可提高跨境卖家发货效率。

（2）劣势

① 受干扰性强：由于运输过程中可能会受到各种因素的干扰，如天气、海关检查等，这可能会影响包裹的准时到达。

② 价格较高：虽然 e 特快在速度和可靠性上有一定优势，但其运费相对较高，尤其是对于轻小件包裹来说，成本效益可能不如其他物流方式。

③ 服务范围有限：e 特快的服务网络并非覆盖全球所有国家和地区。部分偏远国家或地区目前尚未开通 e 特快服务。例如在非洲、南美洲的一些地区，无法通过 e 特快寄递包裹。

二、商业快递物流方式

商业快递通常指的是由专门的快递公司提供的物流服务，这些公司专注于提供快速、可靠、门到门的包裹递送服务。

商业快递的物流途径主要包括 UPS、FedEx 和 DHL 三种，如表 2-14 所示。

表 2-14　商业快递物流途径

商业快递	服　务
UPS	全球特快加急服务、全球特快服务、全球速快服务和全球快捷服务
FedEx	隔夜快递、地面快递、重型货物运送和文件复印及物流服务
DHL	文件、包裹、特殊物品的国际快递门到门服务

（一）UPS

UPS 是一家全球性公司，是全球最大的快递承运商和包裹递送公司，也是运输、物流、资本和电子商务服务的领先提供商。

1. 包裹限制

UPS 国际小型包裹服务一般不接收超重或超过尺寸标准的包裹，否则要对每个超重超长的包裹收取相应的附加费（每个包裹最多收取一次超重超长费）。由于全球速快服务在 UPS 众多服务类型中应用广泛，在跨境电商等领域常被用于平衡运输成本与时效，具有一定代表性，故此处着重探讨，其包裹限制如表 2-15 所示。

表 2-15　UPS 全球速快包裹限制

项　目	包裹限制
重量	单件包裹实际重量≤ 70 千克（巴西不得超过 10 千克）
单边长	单件包裹单边长度≤ 270 厘米
长度与围长	单件包裹长度 + 围长（2 × 宽 + 2 × 高）≤ 419 厘米

值得注意的是，一票多件货物的总计费重量取运单内每个包裹的实际重量和体积重量中较大者，不足 0.5 千克的按 0.5 千克计算，超过 0.5 千克的按 1 千克计算。每票包裹的计费重量为该票包裹中每一件包裹的计费重量之和。

2. UPS 运费计算

UPS 没有免抛的服务，所有包裹均需要计算体积重量。此外，UPS 运费还包括偏远地区附加费、超重附加费、超体积附加费、转寄附加费等。

货物体积重量的计算公式如下：

$$体积重量（kg）= 长（cm）\times 宽（cm）\times 高（cm）\div 5000（cm^3/kg）$$

运费计算公式为：

运费 =［ 首重运费 +（重量（kg）×2－1）× 续重运费 + 附加运费 ］× 折扣

注意公式中重量不满 0.5 千克的部分要按 0.5 千克计算。

例：某卖家要邮寄一个货物，其长、宽、高分别为 60 厘米、50 厘米和 40 厘米，要使用 UPS 快递进行邮寄。UPS 首重为 0.5 千克，运费为 260 元，续重运费为 60 元 / 0.5 千克，偏远地区附加费为 120 元 / 件，折扣为 7 折，计算该货物总运费。

首先，需要计算货物的体积。货物的体积可以通过长、宽和高的乘积来计算。即该货物的体积重量 =（60 × 50 × 40）÷ 5000 = 24（千克），因此该货物体积重量为 24 千克。根据运费计算公式，总运费为 = [260 +（24 × 2－1）× 60 + 120] × 70% = 2240（元），因此该货物的总运费为 2 240 元。

3.UPS 优劣势

（1）优势

① UPS 快递可提供更快捷的货运服务，其物流时效在 2 ~ 5 天左右，比 DHL、Fedex、EMS 等国际快递公司都要快。

② UPS 快递在部分地区有显著的价格优势，特别是北美地区，包括美国、加拿大、墨西哥、波多黎各这四个国家，在重量 5 千克 ~ 10 千克以及 21 千克以上的重量段，不仅物流时效快，而且价格非常低。

③ UPS 快递的末端派送能力也非常强，特别是欧美地区，很多亚马逊 FBA 头程、海派等运输方式，末端基本是交给 UPS 快递负责派送。

（2）劣势

① UPS 快递有诸多附加费，包括偏远地区附加费、超重附加费、超体积附加费、转寄附加费等等费用。

② 不同于 EMS 快递，UPS 快递只计算体积重量，这就意味着泡货使用 UPS 快递渠道，需要支付更多的运费。

③ UPS 快递的主要优势在北美以及南美地区，在东南亚、欧洲地区以及其他地区并没有清关优势，同时也不提供清关服务。

（二）FedEx

联邦快递是一家国际性速递集团，提供隔夜快递、地面快递、重型货物运送、文件复印及物流服务。

1. FedEx 重量尺寸限制

FedEx 重量尺寸限制如表 2-16 所示。

表 2-16　FedEx 重量尺寸限制

项　目	限　制
重量	联邦快递服务对于货件的总重量和尺寸没有限制，但是对于单件货物的尺寸和重量有限制。可以一票多件（其中每件都不超过 68 千克），单票的总重量不能超过 300 千克，超过 300 千克需提前预约；单件或者一票多件中单件包裹重量如超过 68 千克，也需要提前预约，申报价值超过人民币 5 000 元要单独报关
尺寸	单件最大长度为 270 厘米，单件最大尺寸：长 + 2 × 宽 + 2 × 高≤ 327 厘米

2. FedEx 运费计算

FedEx 运费的计算通常涉及以下几个关键因素：货物的首重、续重、体积重量、燃油附加费和服务附加费。

（1）附加费用

FedEx 收取的附加费项目包括燃油附加费和服务附加费。燃油附加费遵照美国墨西哥湾沿岸航空燃料指标并基于总运输费计算得出。服务附加费包括更改地址附加费、第三方付费的附加费用、第三方收件人附加费、星期六取件附加费、星期六递送附加费、超范围取件费、超范围派送费、住宅交付附加费等。

（2）计费重量

计费重量取实际重量和体积重量中的较大者。如果货物体积重量大于实际重量，则按体积重量计费。

货物体积重量的计算公式如下：

$$体积重量（kg）= 长（cm）\times 宽（cm）\times 高（cm）\div 5000（cm^3/kg）$$

运费计算公式为：

$$基本运费 = 首重运费 +（重量（kg）\times 2-1）\times 续重运费$$

$$总运费 = [基本运费 + 附加费] \times 折扣$$

注意公式中重量不满 0.5 千克的部分要按 0.5 千克计算。

例：某卖家要邮寄一个货物，其长、宽、高分别为 30 厘米、20 厘米和 10 厘米，重量 1 千克，要使用 FedEx 快递进行邮寄。FedEx 首重 0.5 千克运费为 290 元，续重运费为 65 元 / 0.5 千克，收取燃油费 10%，折扣为 8 折，计算该货物的总运费。

首先需要计算货物的体积。根据公式，体积重量 =（30×20×10）÷ 5000 = 1.2（千克）；因此该货物体积重为 1.2 千克，大于实际重量。根据运费计算公式，基本运费 = 290 +（1.5 × 2－1）× 65 = 420（元），总运费 = 420 ×（1 + 10%）× 80% = 369.6（元），因此该货物的总运费为 369.6 元。

3.FedEx 优劣势

（1）优势

①在东南亚、美洲和欧洲具有较强的区域优势。

②具备出色的跟踪系统，适合运送贵重物品。

③正常时效 2 ~ 6 个工作日可送达全球，东南亚时效更快，2 ~ 4 个工作日即可完成派送。

④在 21 ~ 99 千克的重量范围内，FedEx 的价格有优势，对于 5 千克以内的小货不计体积重量。

（2）劣势

①相对于其他公司，FedEx 的价格偏高，且在一些地区的覆盖范围有限。

②体积重量大于实际重量时需要按照体积重量计算费用，对所托运的物品限制比较多，很多特殊商品会被拒收，且对于偏远地区会收取附加费。

（三）DHL

DHL 快递是跨境电商卖家发货选择最多的国际快递之一，时效快，轻小件货物运费相较于其他快递也较为便宜。

1.DHL 重量尺寸限制

DHL 重量尺寸限制如表 2-17 所示：

表 2-17　DHL 重量尺寸限制

项　目	限　制
重量	包裹重量≤ 70 千克
尺寸	单件最长边不宜超过 120 厘米，每个目的地国家（地区），其最大允许尺寸和重量可能存在差异，若包裹超长或超重，请务必在发货前咨询合作货代或 DHL 官方

2.DHL 时效和运费

（1）寄送时效

DHL 时效快，货物一般 2 ~ 4 个工作日可送达，发往欧洲一般需要 3 个工作日，发往东南亚一般需要 2 个工作日。

（2）资费标准

DHL 运输费用取决于起运地、目的地、服务、包裹重量以及其他事项。可登录 DHL 网站（http://ww.cn.dhl.com）输入目的地及其他信息进行资费查询。

（3）运费计算

DHL 使用体积换算系数来计算货物的体积重量，计算运费时体积重量与实际重量两者取其大。

货物体积重量的计算公式如下：

体积重量（kg）= 长（cm）× 宽（cm）× 高（cm）÷ 5000（cm^3/kg）

基本运费计算公式：

基本运费 = 首重运费 +（重量（kg）×2−1）× 续重运费

注意公式中重量不满 0.5 千克的部分要按 0.5 千克计算。

总运费计算公式：

总运费 = 基本运费 + 附加费

3.DHL 优劣势

（1）优势

① 全球网点较多；物流信息更新较及时，解决问题的速度较快。

② 对重量在 21 千克以上的货物设有单独的大货价格，且发往部分国家或地区的大货价格比国际 EMS 的报价低。

（2）劣势

① DHL 在小批量货物的运输上往往收取较高的费用，这可能使对成本敏感的小规模交易或个人用户望而却步。

② 为了确保运输安全和质量，DHL 在小件发货方面实施了严格的货物准入标准，这导致了许多特殊性质或不符合特定要求的货物被拒收。

三、专线快递物流方式

（一）专线物流重量尺寸限制

相较于其他运输方式，国际专线物流具有时效稳定、服务质量高、价格相对优惠等优点，因此备受跨境电商卖家的青睐。

专线物流重量尺寸限制如表 2-18 所示：

表 2-18　专线物流重量尺寸限制

项　目	限　制
重量	大多数专线快递服务对单件包裹的重量上限为 70 千克
	特殊物品：对于内装易碎物品或流质物品的邮件，每件限重 10 千克
尺寸	单件包裹的长度上限通常为 274 厘米

（二）专线物流的运费计算

专线物流的运费计算公式相对来说比较复杂，主要是因为国际物流运输涉及多个因素，例如货物重量、体积、目的国（地区）、运输方式等因素，如图 2-19 所示。

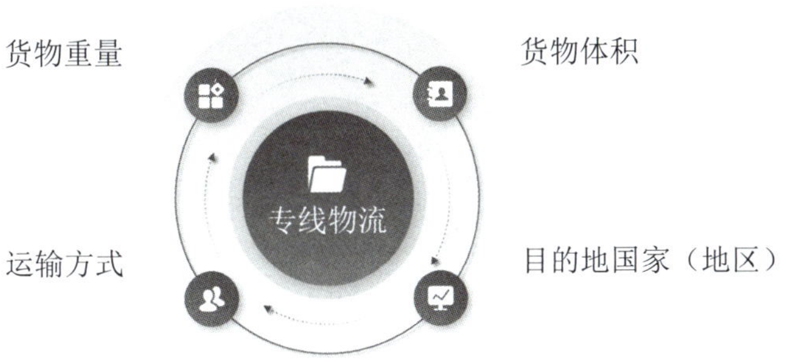

图 2-19　专线物流运费构成因素

1. 货物重量

货物重量是国际专线物流运费计算的一个重要因素。通常情况下，国际物流运输公司的运费计算是按照重量来计算的。因此，货物的重量越大，运费也就越高。

国际专线物流的货物重量运费计算公式如下：

货物重量 = 货物重量 × 运费单价

其中，运费单价是由国际物流运输公司制定的，针对不同的目的国（地区）和运输方式，运费单价会有所不同。

2. 货物体积

除了货物重量，货物体积也是国际专线物流运费计算的一个重要因素。如果货物的体积比较大，尽管重量不是很重，但是由于占用了较大的运输空间，运费也会比较高。

国际专线物流的货物体积运费计算公式如下：

货物体积运费 = 货物体积 × 运费单价

其中，货物体积的计算公式为：体积 = 长（m）× 宽（m）× 高（m），单位为立方米。不同的国际物流运输公司对货物体积的计算方式可能有所不同。

3. 目的国（地区）

国际专线物流的运费计算还与目的国（地区）有关。不同的国际物流运输公司对不同目的国（地区）的运费单价可能会有所不同。这是因为不同国家（地区）的运输成本和税费等费用是不同的，因此国际物流运输公司需要根据实际情况来制定相应的运费单价。

4. 运输方式

国际专线物流的运输方式有多种，例如空运、海运、陆运等。通常情况下，空运的运费要比海运和陆运的运费高，因为空运的速度更快，服务质量更高，而海运和陆运的运费相对更为经济实惠。

根据上述因素，国际专线物流的运费计算公式可以综合计算，计费重量取实际重量和体积重量中的较大者。如果货物体积重量大于实际重量，则按体积重量计费。具体而言，可以采用以下公式：

货物体积重量的计算公式如下：

$$体积重量（kg）= 长（cm）\times 宽（cm）\times 高（cm）\div 5000（cm^3/kg）$$

总运费计算公式为：

$$总运费 = 货物计费重量（kg）\times 运费单价 + 附加费$$

其中，货物计费重量的运费单价需要根据实际情况来确定，而附加费通常是由国际物流运输公司根据目的国（地区）实际情况来确定的，例如海关清关费、关税等。

例： 某卖家要邮寄一个货物去马来西亚，其长、宽、高分别为 50 厘米、40 厘米和 30 厘米，实际重量为 10 千克；要使用专线快递的海运方式进行邮寄，根据专线快递海运货物计费重量运费单价为 50 元 / 千克，运往马来西亚的附加费为 180 元 / 件，计算该货物的总运费。

根据运费计算公式，该货物体积重量 = 50 × 40 × 30 ÷ 5000 = 12（千克），大于实际重量，所以货物计费重量为 12 千克，总运费 = 12 × 50 + 180 = 780（元），因此，该货物总运费为 780 元。

在进行国际专线物流运费计算时，需要注意以下几点：

（1）确定货物重量和体积时需要准确测量，以免计算出现偏差。

（2）目的国（地区）的运费单价需与国际物流运输公司确认，以免出现误差。

（3）运输方式的选择需要考虑货物实际情况和需求，以免产生不必要的费用。

（4）在计算运费时，需要考虑各种附加费用，以免出现费用支出超出预期的情况。

（三）专线物流的优劣势

在近年来，国际专线物流作为一种新兴的物流范式，已逐渐成为连接全球市场的关键桥梁，其设计聚焦于高需求、热门贸易路线，展现出独特的优势，但也存在一定的局限。

1. 优势

（1）规模经济效应显著，促进物流成本优化：国际专线物流通过汇聚大量货物至特定目标国家或地区，实现以专线形式直达运输，这一模式有效地分摊了单位运输成本，体现了显著的规模经济效应。

（2）成本效益比优越，能够作为物流解决方案的折中选择：此类物流通常采用包机、包舱等直达运输方式，减少了中转与换装的次数，增强了运输过程的可控性。其时效性能超越传统邮政物流模式，同时价格相较于国际快递更为亲民，为市场提供了性价比极高的物流选项。

（3）货物适应性广泛，满足多样化需求：国际专线物流能够灵活处理从轻量级小包到重型货物的广泛运输需求，既涵盖了门到门的精细化配送服务，也支持批量货物至仓库的高效运输，展现了高度的货物兼容性。

（4）清关流程优化，提升效率与客户体验：通过批量运输至目的国（地区）并统一办理清关手续，国际专线物流能够依托专业团队或公司的高效协作，显著减少清关过程中可能遇到的问题，加速清关进程。

（5）安全保障机制增强：国际专线物流体系内嵌额外的赔偿与保险机制，为货物安全提供了额外保障。在目的国（地区），由本地合作物流商负责末端配送，有效降低了货物丢失的风险，增强了物流服务的可靠性。

例：澳大利亚 Toll、中东 Aramex、日本 OCS、印度 GATI 等，货物送达时间基本固定。

素养课堂

“灰色清关”是国际贸易中的一种非正规通关方式，主要是指出口商或进口代理商为了避开复杂的通关手续，通过与清关公司合作，采用低报货值、少报重量和瞒报品名等手段，以低于法定水平的关税将货物快速通关。这种做法虽然能提高清关速度，降低成本，但也存在较大的法律和商业风险。因此，卖家应依法履行清关义务，提高国际贸易素养，促进合规经营。

2. 劣势

（1）通达范围有局限：国际专线物流主要针对特定的热门区域，如美国、欧洲、俄罗斯、东南亚等地，通达地区有限。国际专线物流在境内的揽收网点比快递网点少，上门提货也仅限于沿海重点城市，很多时候需要卖家自己送货到代收货点或集货仓。

（2）费用较高，时效不稳定：相比邮政小包来说，国际专线物流运费相对较高。受航空公司运力和运费影响较大，时效稳定性不足。

四、海外仓物流方式

海外仓是指第三方海外仓储服务，由物流服务商独立或共同为卖家在销售目标地提供的货品仓储、分拣、包装、派送的一站式控制与管理服务。卖家将货物储存到当地仓库，当卖家有需求时，仓库第一时间做出快速响应，及时进行货物的分拣、包装以及配送。

（一）重量尺寸限制

海外仓的重量尺寸限制如表 2-19 所示。

表 2-19　海外仓重量尺寸限制

<table>
<tr><th>海外仓类型</th><th colspan="2">重量限制</th><th>体积限制</th></tr>
<tr><td>eBay 海外仓</td><td colspan="2">单件限重 10 千克（含包装）</td><td>任意边边长不得超过 100 厘米（含包装）</td></tr>
<tr><td rowspan="2">亚马逊 FBA 海外仓</td><td>美国</td><td>单件限重 22.7 千克</td><td>① 纸箱的任意一边长度不得超过 63.5 厘米
② 外箱包装的任何一面的长度不得超过 120 厘米，第二长边不得超过 75 厘米，单边总长度不得超过 270 厘米</td></tr>
<tr><td>日本</td><td>单件限重 15 千克</td><td>箱的任意一边长度不得超过 60 厘米</td></tr>
</table>

（二）海外仓仓储费

仓储费的计算方式一般是按照货品的体积，结合货品在仓库存放的时间来计算的；也有一些海外仓没有用系统或者想要简化计费方式，就会采用托盘数量，结合存放的时间来计算。按货品体积来计算，则是统计出所有货品的总体积，然后按立方米 / 天或者立方英尺 / 天来计算。

例：在计费的时间点，某个货主在库的货品的总体积是 100 立方米，然后仓租的报价是 0.1 美元 /（立方米・天），那么当天的仓租就是 100×0.1=10（美元），每天统计一次，以此类推。

按托盘数量来计算，则是统计出所有货品一共占用了几个托盘，不足 1 个托盘的也按 1 个来算。

例：在计费的时间点，某个货主在库的货品一共放在了 50 个托盘上，然后每个托盘的仓租报价是 0.2 美元 / 天，那么当天的仓租就是 50×0.2=10（美元），每天统计一次，以此类推。

1. 亚马逊 FBA 仓储费

以亚马逊 FBA 仓储为例，按时间来算主要是长期和短期两种。

（1）长期仓储费：是指存储时间在 6 个月及以上的，分为 2 个阶段：6 ~ 12 个月、超过 12 个月。

费用计算公式为：

仓储费 = 商品数量 × 单位商品体积 × 对应月份单位体积仓储费

（2）短期仓储费：指存储时间在 6 个月以下的。

费用计算公式为：

仓储费 = 商品数量 × 单位商品体积 × 对应月份单位体积仓储费

FBA 的优点是其服务包括仓储和派送，除了仓储费和派送费，无须再支付额外的费用。

2. 海外仓仓储费用

相对于亚马逊 FBA 来说海外仓仓储费更加个性化，因为每家公司提供的服务不同，所收取的仓储费用也不同。

以无忧海外仓为例，其仓储费用是固定的。没有长期和短期之分，不过有最低存储期限，而且对于新客户还有 2 周的免仓期等优惠政策。当然除了时间之外，另一个影响仓储费用的因素为产品本身的体积，毕竟占地面积不同，所收取的费用也不同。

海外仓的费用构成比较多样，除了基础的仓储费用之外，还可以根据客户的需求细分为尾程派送、产品质检、退货换标、一件代发等服务，同时支持个性化定制。

（三）海外仓的优劣势

1. 优势

海外仓模式作为跨境电商物流领域的一次深刻变革，是对现有跨境物流服务方案的综合优化与整合，其在多个维度上展现出了显著的优势，并已逐渐确立为跨境电商物流体系中的核心组成部分。如图 2-20 所示，海外仓模式的优势体现在以下几个方面：

图 2-20　海外仓优势

（1）时效性提升：海外仓模式通过预先将商品批量运输至目标市场国家的仓库，极大地缩短了订单响应时间与配送周期，通常在 1 ~ 2 天内完成配送。消费者下单后，商品可直接从邻近的海外仓发货，利用本地或本区域内的物流网络快速送达，显著提升了物流时效和客户满意度。

（2）物流成本降低：商品以大件物流的方式运输到境外，可降低国际运输成本；预先存放到海外仓，可避免旺季带来的物流拥堵和物流低效，并节约大件重货配送成本。

（3）功能性拓展：海外仓不仅提供基本的仓储与配送服务，还集成了清关、质检、分拣、包装、退换货处理等一系列增值服务。这些功能的集成使得跨境电商卖家能够更灵活地管理库存、优化供应链流程，并更好地满足消费者的个性化需求。

（4）丢失破损率降低，退换货便捷：海外仓模式利用大宗物流运输，可减少货物的丢失破损。客户购物后若要求退换货、重发等，在海外仓便可调整，从而解决直邮模式退换货难的问题，让客户在购物时更加放心。

（5）合规性有保障：海外仓模式通常与当地政府机构、物流协会等保持紧密合作，能够为卖家提供专业的合规咨询与指导，帮助卖家更好地遵守目标市场的法律法规，降低违规风险。

2. 劣势

海外仓模式的劣势体现在以下几个方面：

（1）贸易保护政策的影响：海外仓模式下，跨境电商企业更容易受到进口国（地区）贸易保护政策的影响。这些政策可能包括关税调整、进口限制、反倾销措施等，都可能对存储在海外仓的商品造成不利影响。

（2）大件货物清关手续的复杂性：与小额直邮相比，海外仓模式下的大宗货物运输涉及更为复杂的清关手续。

（3）仓储费用的考量：海外仓的仓储费用是卖家必须考虑的重要成本之一。不同国家（地区）的海外仓仓储费用差异较大，且通常与商品存储时间、体积、重量等因素有关。

（4）定制产品的适用性：对于买家特别定制的产品，由于其需求具有不确定性和个性化特点，通常不适合选择海外仓模式。这是因为定制产品往往需要根据买家的具体需求进行生产，且生产周期较长。如果将这些产品提前存储在海外仓，可能会面临库存积压和资金占用的问题。

活动 2　物流方式比较与选择

跨境电商的迅猛发展，催生了跨境物流的爆发。在这样的背景下，卖方需要了解各类物流方式的基本特点和优缺点并进行比较，然后再根据产品的种类、重量、体积、运输距离等因素来选择适合自己的物流方式。

一、跨境物流比较

可根据运输时效、运输成本、跟踪和透明度、保险赔偿等对物流方式进行比较。

（一）运输时效

从表 2-20 可以看出，海外仓物流的时效最快，其次是商业快递和专线快递，最后是邮政物流；邮政物流和商业快递覆盖范围广，地区限制少，而专线快递和海外仓覆盖特定区域或国家，卖家需要考虑地区限制。

表 2-20　运输时效

物流方式	运输时效
邮政物流	时效较慢，通常在 10 ～ 30 天左右，适合不急需的货物，但覆盖范围广，适合全球配送
商业快递	时效较快，通常在 2 ～ 3 天左右，适合急需的货物，覆盖范围广，但偏远地区时效可能延长
专线快递	时效中等，通常在 2 ～ 5 天左右，取决于物流公司和路线；覆盖特定区域或国家，适合特定市场的配送
海外仓	时效最快，通常在 1 ～ 2 天内完成配送，适合本地市场的快速配送，仅覆盖仓库所在国家或地区

（二）运输成本

从表 2-21 可以看出，使用邮政物流的运输成本相对较低，海外仓的前期成本较高，但后期在大件重货上最有优势，从长期来看总体成本较小，商业快递运输成本较高，专线快递成本中等。

表 2-21　运输成本

物流方式	运输成本
邮政物流	成本相对较低，适合低价值商品的配送
商业快递	成本较高，适合高价值商品的配送
专线快递	成本中等，适合中等价值商品的配送
海外仓	前期投入较高，包括仓储费和配送费，但长期来看，由于减少了国际运输和清关成本，能够节约大件重货配送成本，总体成本较低

（三）跟踪能力和透明度

从表 2-22 可以看出，商业快递、专线快递和海外仓的跟踪能力和透明度最高，邮政物流的物流信息需要指定挂号包裹才能查询。

表 2-22　跟踪能力和透明度

物流方式	跟踪和透明度
邮政物流	跟踪能力相对较弱，可查询信息有限，一般邮政包裹需要挂号才能跟踪物流信息
商业快递	透明度较高，实时数据可见，用户能够跟踪货物从起运地到目的地的运输
专线快递	跟踪和透明度最高，订单生成后，用户可以实时查看包裹状态，确保快速交付
海外仓	跟踪能力强，提供详细的物流信息

（四）保险赔偿

从表 2-23 可以看出，商业快递和海外仓的保险赔偿服务最为完善，专线快递提供一定程度的保险服务，赔偿保障水平中等，邮政物流的保险赔偿服务最差。

表 2-23　保险赔偿

物流方式	保险赔偿
邮政物流	通常不提供或提供有限的保险服务
商业快递	提供全面的保险服务，赔偿保障较完善
专线快递	提供一定程度的保险服务，赔偿保障水平中等
海外仓	提供全面的保险服务，赔偿保障较完善

二、跨境物流选择

选择国际物流方式时应考虑各种物流方式的优缺点，并结合自身商品的特点和公司最迫切的需求寻找最优的物流方式。上述四种物流方式的优劣势与适用场景如表 2-24 所示。

表 2-24　物流方式优劣势与适用场景

物流方式	优　势	劣　势	适用场景
邮政物流	操作灵活性高，性价比较高；仓储费用较低，可减少压货成本	客户退换货处理难度大，在亚马逊平台上还会影响产品曝光率；时效性不强	产品为小件、轻量且价值较低，对时效性要求不高，如一些小饰品、低值文具等；企业资金压力大，希望降低仓储成本
商业快递	时效性强，适合急需的货物；灵活性高，通常提供标准化的服务流程和高水平的服务；时效性较强，能实时更新物流信息	相比邮政物流，商业快递的价格通常较高；某些商业快递公司可能在偏远地区的服务覆盖不足	产品价值高、体积小，如高端电子产品、珠宝首饰等；客户对时效性要求极高，愿意承担较高运费
专线快递	提供经济高效的运输服务；运输路线固定，运输时间相对稳定	专线快递的覆盖范围通常依赖于专线公司建立的运输网络；路线和时间安排通常较为固定，灵活性不如商业快递；费用较高	货物重量较大、数量较多，如家具、机械配件等产品；目的地集中在专线覆盖区域内
海外仓	通过在目标市场设立仓库，可以减少国际运输成本和关税；本地配送速度更快，减少了国际运输时间	前期投入高；库存压力大，有积压风险；管理水平参差不齐	产品销售稳定、销量大，如热门日用品、快消品等；对客户体验要求极高，追求产品的快速配送

例：某经营轻小型塑料制品发饰的卖家要往欧洲运输一批货物。对于这类轻小型、价值不高的货物，选择邮政物流进行运输性价比最高，如有查询物流信息的需求，可选择邮政物流中的跟踪小包进行运输。

小贴士

卖家也可以使用智能化物流管理平台来进行运输方案的选择，AI技术构建的智能化物流管理平台，能实时收集和分析全球物流信息，包括货物状态、运输路径、天气情况等，从而为物流企业提供最佳的运输方案，提高物流效率，减少运输成本。

除了需要考虑物流方案的优缺点之外，还需要结合卖家自身特点及能力选择适合的物流方案，具体内容如表2-25所示。

表2-25　大中小卖家物流方案选择分析

卖家类型	卖家特点	分　析	物流方案
小卖家	资金实力比较薄弱；月入一万元以内	创业初期，需追求性价比	邮政物流
中卖家	产业规模较大；月入数十万元	有一定产业，追求稳定	商业快递、专线快递
大卖家	店铺利润可观；货物和资金都到位；月入百万元	资金雄厚，考虑重心在优质服务、高效运输上	专线快递、海外仓

课程总结

本任务主要阐述了跨境电商物流分类及选择两个部分，分别介绍了邮政物流商业快递、专线物流、海外仓物流和跨境物流方式以及物流方式比较与选择。

物流是整个交易过程中非常关键的一步，牵涉到整个流程是否能够正常地进行，因此，了解跨境电商物流分类，熟练掌握物流方式的选择是跨境运营人员必备的技能。

延伸拓展

扫码获取以下学习资源，拓展自己的知识和视野。

1.《禁止寄递物品指导目录》

2.《海外仓物流过程》

3.《跨境物流选择注意事项》

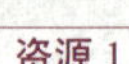

资源 2

资源 3

课后思考

1. 邮政物流按业务分类包括哪些？
2. 国际商业快递的三大巨头有哪些？
3. 什么是专线物流，其特点又有哪些？
4. 海外仓的运作流程包括哪些步骤？
5. 跨境卖家如何选择合适的跨境物流？

思政园地

海外仓物流费用案例分析

思政元素：风险意识；问题解决。

林先生 2010 年通过美赞拓（www.mazentop.com）建立外贸网站销售孵化器，由于该产品重量超过 2 千克，因而无法使用小包服务。若选择商业快递，则体积较大、费用高；而若选择中国邮政 EMS，按照 5 折计算，费用为 242.5 元人民币，时效 5 ~ 7 个工作日。两种选择林先生都不是很满意，于是他想要利用海外仓开展国际业务。

而后林先生开始考虑第三方海外仓服务递四方（4PX）。4PX 推荐林先生使用订单宝海外仓库服务，头程使用海运，配送选择澳大利亚本地邮政服务，将产品运送到客户手里，头程费用是 65 元，澳大利亚本地派送费为 94 元，操作费 7 元，全部费用仅为 166 元，与之前的 EMS 相比，费用节省 76.5 元，且当地派送时效仅为 2 ~ 4 个工作日。林先生使用订单宝海外仓库服务后，产品月平均浏览量增加了 71.74%，产品平均售价提高了 18.5% 以上，并且由于可提供本地退换货服务，产品成交率提高了 11.39%，有效解决了客户退货难的困扰。客户可以直接将货物退回海外仓库，避免退回国内，从而产生关税或扣关风险。

对于跨境电商出口平台中，越来越多的高价值商品、体积重量过大的商品，过去必须使用 EMS 和国际四大快递，费用高，时效快，一旦出现退货，寄回国内成本代价更大，海外仓的出现可以既保证时效，又降低运输成本，还能直接将退货商品寄往海外仓，解决客户退换货难题。未来对于跨境电商出口，海外仓将成为越来越多成熟卖家的重要物流运输方式。

（案例来源：海外仓物流费用案例分析[EB/OL].（2012-09-26）[2024-11-13]. https://www.docin.com/p-2187911139.html）

思考并讨论

1. 海外仓给跨境电商企业带来哪些收益？
2. 要使物流既能降低成本又能保证服务效率，你认为要怎么做？

自我分析与总结

错题整理

学会的内容

总　结

Module 3

模块 3　跨境电商采购管理

情境导入

小赵，一名国际贸易专业的大学生，希望通过参与学校的跨境电商项目实训，将所学理论知识应用于实践中，提升自己在跨境电商采购管理方面的能力。

面对复杂的国际采购环境，他很快遇到了挑战。首先，如何在全球范围内寻找合适的供应商，确保产品质量与成本效益成为了一大难题。其次，如何有效管理采购订单、跟踪物流进度、确保按时交货，也是小赵需要面对的实际问题。

为了克服这些难题，小赵首先利用网络资源，如行业论坛、社交媒体等，收集关于跨境电商采购管理的信息和经验分享。此外，小赵还主动与团队成员、指导老师以及行业专家进行交流，共同探讨采购策略和管理方法。

在探索过程中，小赵逐渐意识到，有效的供应链管理是跨境电商采购管理的核心。同时，他也学会了如何与供应商建立长期合作关系，通过定期沟通、共享信息等方式，共同应对市场变化和挑战。

【思考】

认真思考以下问题，并带着问题进入课堂寻找答案吧。

- 如何进行选品以确保产品质量？
- 如何制定合理的采购模式，以保持供应链的稳定性和灵活性？
- 如何评估供应商的可持续性表现，并将其纳入采购决策中？

任务1　跨境选品分析

“三分靠卖家，七分靠选品”，选品作为跨境卖家的核心工作，一直是企业最为重视的经营环节。通过对目标市场、目标用户和竞品进行分析，可以更好地了解市场环境和用户需求，从而优化产品选择、定位和市场策略，提高产品的竞争力和市场份额。

本任务学习内容主要从以下两个方面展开讲解：

➤ 跨境选品调研

➤ 跨境选品与定价

活动1　跨境选品调研

选品是指在跨境电商平台上，卖家通过对市场需求、产品特点、价格等因素进行分析，有策略地选择适合自己直播间及店铺的商品，以提高销售量和市场占有率的过程。

跨境选品调研需精准定位市场需求，分析目标市场消费趋势、竞品优势及差异化机会，确保产品符合当地法规，同时考虑物流成本与关税影响，以性价比高、有独特卖点或创新技术的产品为优选，提升市场竞争力。

一、目标市场分析

目标市场分析就是为了确定某款产品或某个类目在这个市场是否还有销售空间。若供大于求，说明该市场已经到达了饱和状态，该产品市场竞争很大，商家不适宜选择该市场；若供小于求，说明存在一定的销售空间，可以参与该市场。

市场竞争态势是用于评估产品的竞争激烈程度；产品热度趋势则用于判断产品的生命周期、市场需求变化以及淡旺季等情况；目标市场文化则用于判断某产品是否适合在该地区销售。

（一）分析市场竞争态势

要了解市场竞争的态势，跨境电商卖家可以从如下四个维度展开调研分析：

1. 产品的价格范围

查看该产品最低价到最高价的范围，如 30 美元 ~ 100 美元，价格范围越窄，表示竞争激烈程度越高。

2. 新品占比

查看该关键词下的新老品占比，老品越多，竞争越激烈；新品占比越多，机会越大。

3. 商品总数

该类目下正在售卖的商品总数。商品总数越多，则说明该市场参与竞争的商家 / 商品越多，竞争越激烈。

4. 产品差异化程度

差异化程度越低的类目，竞争激烈程度越高。

另外，要远离有大牌垄断或销量垄断的产品，这种产品不但排名稳固、产品线成熟、直播团队经验丰富，而且有忠实的消费群体，小团队很难与其竞争。

（二）分析产品热度趋势

产品热度趋势分析主要是判断该产品是否有淡旺季以及该产品未来的需求趋势。当产品热度大幅度减退，处于产品生命周期中的衰退期时，卖家在选品时最好要避开。产品生命周期如图 3-1 所示。

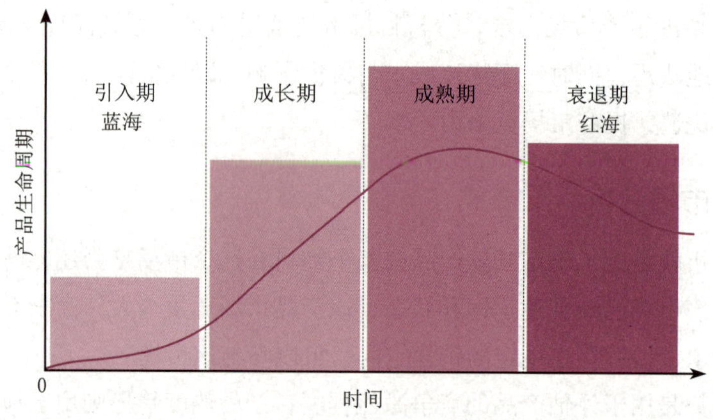

图 3-1　产品生命周期

那该怎样去查看这个产品类目大致的趋势走向呢？

若想查看产品类目趋势，跨境卖家可以借助 Google Trends 工具，在该网站中搜索一个产品 / 类目的核心关键词，查看这个产品类目在一定时间内在海外市场的整体需求走势情况。另外，除了可以看到单一的产品市场需求走势外，还可以用两个不同的产品市场进行比较，一比较就可以看出哪一个更受市场欢迎。

产品热度趋势具体查询方法：打开谷歌趋势，在搜索框中输入关键词，如 thermos cup（保温杯），并在检索条件设置目标地区和时间范围。在下方区域就会展现该地区的产品热度数据，如图 3-2 所示。

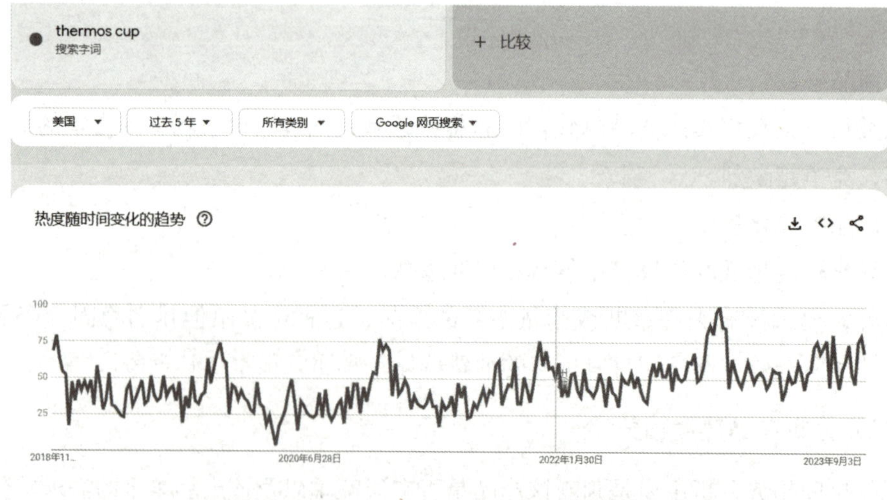

图 3-2　2018 年至 2023 年保温杯在美国的热度趋势

（三）分析目标市场文化

跨境电商直播虽然打破了传统贸易方式，但交易依然是在不同地域的人之间展开，文化差异难以避免，因此卖家要尊重和迎合目标市场的文化特点。分析目标市场文化可以从以下四点着手：

1. 产品标准

不同国家的产品标准会有所不同，比如一台电器在不同国家有不同的适用电压或插头标准。因此，卖家要能够向目标市场销售符合当地产品标准要求的产品。

2. 地域文化

在某些地域，由于风俗习惯、宗教信仰等原因，有些产品或图案可能会引起争议。因此，卖家要了解当地文化，避免采用不适当的产品或图案。

3. 消费观念

消费观念越前卫的地区，当地的消费者更倾向于选择品牌产品，高级包装、独特调性是营销重点；而消费观保守的地区，追求产品实用、低价，品牌对消费者的决策影响有限。

4. 政治因素

卖家要了解目标市场的政治情况，并且在进行相关宣传推广时，应避免触及政治，以免引起麻烦。

二、目标用户分析

在选品环节，目标用户分析主要是为了找到目标客户群，即确定消费群体。确定目标用户是非常重要的，因为它将直接影响跨境电商卖家的营销策略、产品定位和定价策略。在选品前，如果没有明确目标用户，那么选品就陷入了无方向、无侧重的局面；确定目标用户后，就能在选品时用“这款产品我的客户需不需要、会不会买单”作为衡量标准，也就有了选品的核心依据。

分析目标用户是在市场定位的基础上，进一步深入了解目标消费者的属性和行为，构建目标用户画像，并将其应用于选品、营销、定价等场景，以提供符合目标用户的产品或服务，更好地满足客户的需求。

（一）分析消费者属性与行为

1. 分析消费者属性

分析消费者属性应当从人口、社会、个性、文化四个方面进行全方位分析，如此才能总结出客观的消费者属性，如表 3-1 所示。

表 3-1　消费者属性

属性维度	详　情
人口特征	年龄、性别、种族、国籍、所在地等
社会特征	收入、职业、社会阶层、家庭特征、生活方式等

续表

属性维度	详　情
个性特征	冲动、保守、积极、沉稳、热情、冷静等
文化特征	教育水平、宗教信仰、民族文化、亚文化、爱好等

在跨境店铺正式运营前，这些属性信息可以通过行业研报、同行店铺留评观察、百科检索等收集；在投入运营后，可经过订单信息、直播数据等途径收集。值得注意的是，部分属性信息过于私密，很难从官方途径获取，只能在不断的实践中，通过自身判断去捕捉。

2. 分析消费者行为

消费者行为可分为角色和因素两个维度，即消费者参与本次购买充当了什么角色、促使他购买的因素是什么，具体如表 3-2 所示。

表 3-2　消费者行为

维　度	具体内容
角色	信息提供者、购买决策者、购买执行者、决策参与者、使用者、评价者等
因素	使用时机、使用意图、使用频率、品牌黏性、用户体验等

例: 若产品是一款 300 美元的皮腰带，那么其消费者大致应该是：男性，30 岁以上，城市人口，年薪 30 万美元以上的中产阶级。购买决策者是使用者本人，也可能是其伴侣。

（二）构建目标用户画像

目标用户画像，又称客户角色，是通过收集和分析消费者数据后归纳出的一种调查分析报告，也是客户信息的标签。对于跨境电商卖家来说，构建用户画像非常必要，因为它有助于卖家进行人群细分，明确核心受众，从而使其运营策略更具有针对性。

最终绘制的客户画像需要具备代表性，能够代表店铺或产品的核心客户群体。在呈现上，要能一目了然地体现目标群体的特征和偏好。画像的表达方式可以采用数据标签、图表、文字云等形式，不必拘泥于画面呈现，图 3-3 为某跨境电商平台母婴店铺的用户画像。

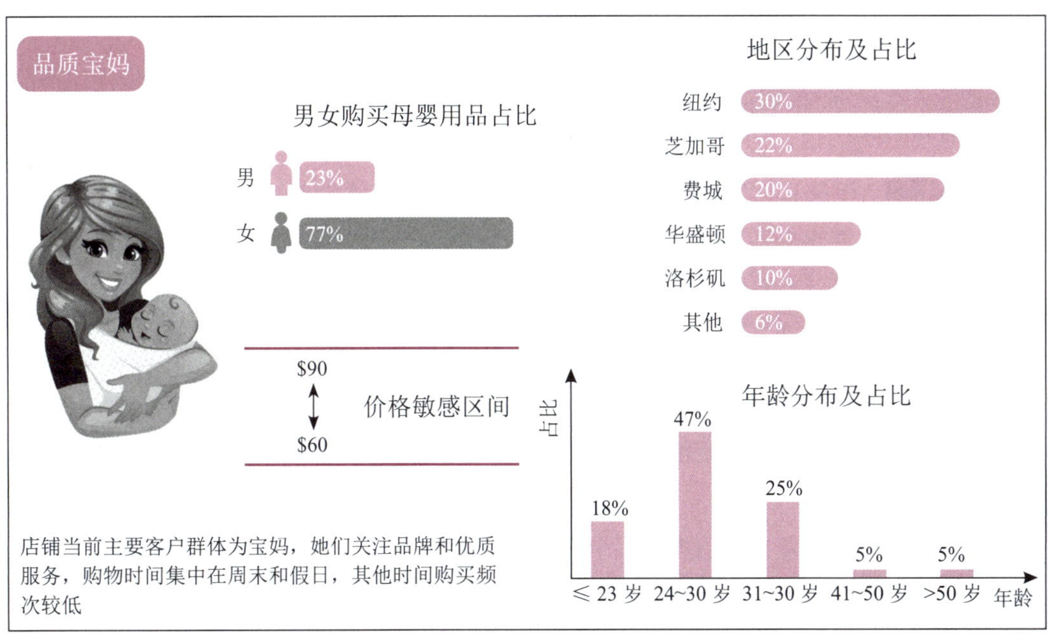

图 3-3 某跨境电商平台母婴店铺用户画像

用户画像不是一成不变的。随着对目标客户的了解逐渐深入，采集的数据维度与数据量逐渐丰富，要不断去修正、完善客户画像，使其从片面、不完整，到更加符合目标群体的真实特征。

（三）目标用户画像应用

用户画像可以帮助卖家明确核心客户群体，除了在选品上有指导作用外，还有助于制定更有效的营销策略，提高店铺的销售额。

1. 优化广告策略

根据用户画像，在广告投放中，卖家可以选择合适的投放渠道及投放策略，针对性地制定广告策略，以提高广告效果和投放的精准度。

例： 如果目标客户群体是 20 ～ 30 岁的女性，并且主要分布在纽约、洛杉矶和芝加哥等城市中，同时也喜欢使用社交媒体，那么卖家可以选择在社交媒体平台上投放广告，并且投放目标要设定为居住在纽约、洛杉矶和芝加哥的 20 ～ 30 的女性群体。投放的素材可采用生动热情、氛围轻松的文案或视频，以吸引和激发目标客户群体的购买兴趣，从而提高目标客户的转化率。

2. 优化产品卖点

通过用户画像，卖家可以深入了解目标客户群体的消费偏好，从而进一步优化产品特点和卖点的设计。

例： 如果目标客户群体的偏好价格较低，那么说明客户在意产品的价格。那么，卖家在产品详情中可以突出产品的性价比优势以及优质的质量保证等关键信息，以此吸引目标客户群体，提高购买转化率。

3. 优化产品定价

商家可以通过探索和分析客户的价格敏感区间，来优化产品定价策略。

（1）如果当前产品要在定价处于价格敏感区间的情况下增加订单量，则可以采用低价策略来拉拢客户。

（2）如果店铺准备打造品牌，吸引高收入的消费者，因为他们更加注重品牌形象等要素，价格敏感度相对较低，所以可以考虑采用中高档的价格策略。

三、竞品分析

正所谓知己知彼方能百战不殆，分析竞争对手的情况，可以让跨境电商卖家找到对手的强弱项，强项加以学习、弱项加以利用，并能跟踪本行业的技术与市场需求的变化，帮助卖家制定更有效的市场竞争策略。在实际操作中，分析竞争对手分三步走：首先要寻找对标的竞争对手，其次要通过多渠道调研竞争对手数据，最后运用 SWOT 分析法，综合考虑自己优劣势，制定市场竞争策略。

（一）对标竞争对手

按照竞争对手的类别划分，可以将竞争对手划分为三类，分别是直接竞争对手、间接竞争对手和行业头部企业。

1. 直接竞争对手：有相同销售产品、相似受众、体量相差不大。

2. 间接竞争对手：销售产品相似，但品牌定位和受众群体不直接冲突。

3. 行业头部企业：本行业中的头部卖家。

某个细分市场有 100 名卖家，从新秀到头部卖家都有分布，如此多的同行卖家，到底哪个卖家能作为自己的对标竞争对手呢？谈谈你的看法。

对标竞争对手的做法是找到同类目的阶段性竞争对手，同时确定一个模仿或学习的标杆店铺。阶段性竞争对手一定是稍稍领先自己的直接竞争对手，主要从销量和类目排名两个角度判断；而标杆店铺则是与自己店铺定位相同或相似的头部企业，如图 3-4 所示。

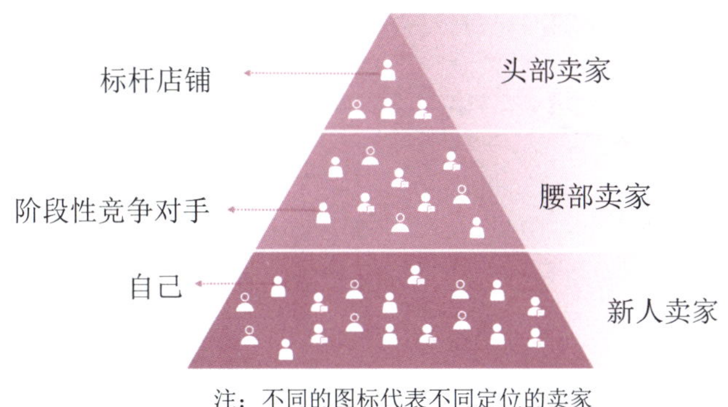

图 3-4 竞争对手划分

（二）采集竞品数据

确定竞争对手之后，卖家就要采集竞品的各项数据，并定期跟踪，做好竞争对手动向的监控。采集的数据主要有如下几个维度：

1. 产品描述

产品页面的描述越有吸引力，转化率就越高。要制作出优秀的产品页面，不能光靠自己闭门造车，要学会观察竞争对手店铺热销品的产品标题、主图与详情描述文案，挖掘对方产品描述的亮点和缺陷，取其精华、去其糟粕。

采集方法：卖家直接浏览竞争对手热销品详情页的产品描述，如图 3-5 所示。

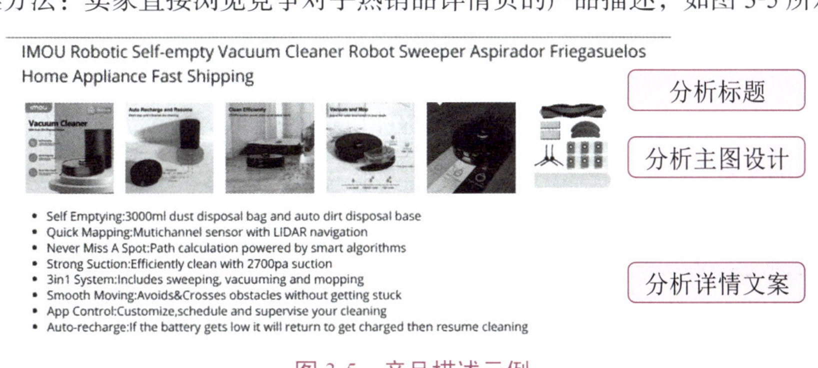

图 3-5 产品描述示例

2. 产品销量

监控同类目头部卖家和竞争对手的销量情况。头部卖家的销量反映着市场需求的变化，卖家得及时观察，根据竞争对手产品销量的走势变化，即可判断该产品的市场销售潜力，如果销量增长快，卖家就得考虑是否及时跟进。

采集方法：卖家借助第三方工具“卖家精灵”进行销量监控，如图 3-6 所示。

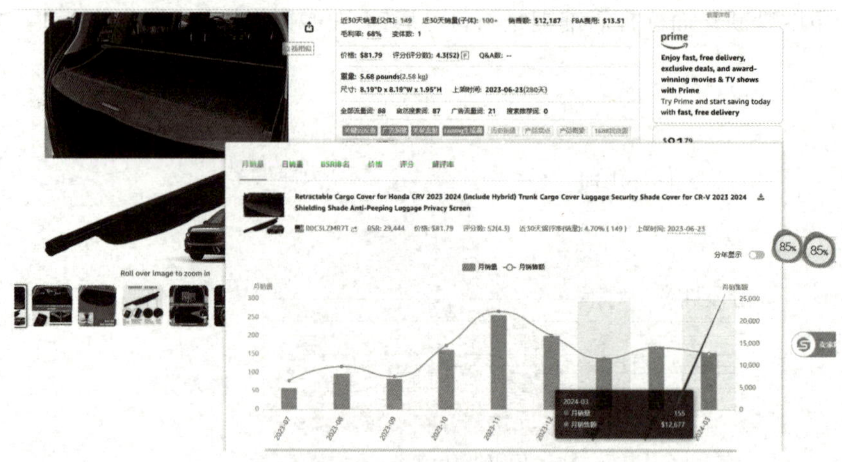

图 3-6　竞争对手销量监控

3. 价格区间

观察竞争对手店铺产品的定价策略，尤其是新品、热销品，看这些产品的价格处于什么区间，这有助于优化自己店铺的定价。

4. 产品评价

每个卖家对自己的产品都有极大的信心，但产品评价往往才反映了产品的真实质量，现在已经成为揭示竞争对手产品弱点的一个重要组成部分。

采集方法：卖家直接浏览竞争对手店铺热销品的产品评价。

以下是在采集竞争对手产品评价时，需要思考的四个要点：

（1）竞争对手产品存在的问题是什么？自己的产品是否存在类似问题？

（2）竞争对手是如何解决这些问题的？

（3）客户喜欢其产品的理由是什么？该如何效仿？

（4）如果可以效仿竞争对手，是否还有可以改善产品的方法？如果没有，自己的产品有何独特的卖点？

专家指导

分析竞争对手除了以上四点外，还可以分析对方的社交媒体账号、广告策略、产品线布局等，这有助于更深入地洞察竞争对手的经营策略。

（三）制定竞争策略

完成对竞争对手数据的采集后，卖家可以用 SWOT 分析法，将收集到的竞争对手情报进行综合分析，并形成分析结论和策略。

SWOT 分析也称为道斯矩阵，由美国旧金山大学的管理学教授韦里克提出，经常被用于企业战略制定、竞争对手分析等场合。S、W、O、T 分别代表优势、劣势、机会、威胁四个维度，如图 3-7 所示。

	积　极	消　极
内　部	优势（strengths） • 独特能力 • 特殊资源	劣势（weaknesses） • 资源劣势 • 经济劣势
外　部	机会（opportunities） • 优势条件 • 对手的劣势	威胁（threats） • 劣势条件 • 对手的不良影响

图 3-7　SWOT 分析法

制定计划的基本思路是：

1. 发挥优势因素，分析劣势因素并克服劣势因素。

2. 利用机会因素，识别威胁因素并规避或化解威胁因素。

3. 考虑过去，立足当前，着眼未来。

运用系统的综合分析方法，将考虑的各种因素匹配起来，得到未来发展的可选择战略，如图 3-8 所示。卖家需要确定战略优先顺序，并将战略对策转换成可执行的具体事项。

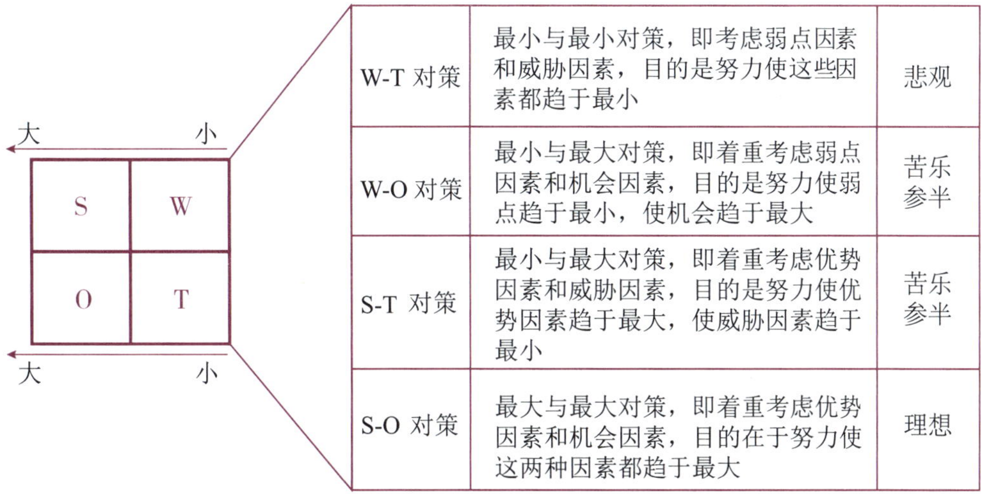

图 3-8　SWOT 战略对策

活动 2　跨境选品与定价

选品需要卖家依据一定的选品策略在多个渠道挖掘产品，再通过市场数据来进行产品分析，筛选出有销售潜力的产品，最后寻找货源建立合作，补充产品库。在确定选品后，还需要综合考虑多种因素进行定价。产品定价不仅关乎企业的销售收益，同时也直接影响消费者的购买意愿，定价过高或过低都会对销售造成影响。

一、选品思路

在选品过程中，卖家需要考虑多方面因素，如产品质量、市场需求、成本价格以及利润空间等，从而确定最终的销售产品。

（一）选品策略确定

为了制定合适的选品策略，跨境电商卖家需要明确两个关键点。首先，知道什么样的产品符合选品原则，应该被选入，而不符合选品原则的则应避免选用。其次，卖家需要找准选品的方向，寻找那些市场需求大、潜力大且与自身业务相关联的产品。

1. 遵守选品规则

选品是要找到符合预期的合格产品，在选品逻辑上，合格产品所具备的特点就代表了选品原则，如表 3-3 所示。

表 3-3　选品原则汇总

维　度	选品原则
产品方面	① 要有利润空间 ② 不涉及侵权 ③ 不属于敏感品或危险品，易于清关 ④ 不是易碎、易变质品
市场方面	① 需求大、竞争小 ② 没有品牌和销量垄断 ③ 产品要处于成长生命周期 ④ 消费者对产品的反馈好、好评率高
卖家方面	① 卖家资金可周转 ② 供应商寻找方便 ③ 最大限度地满足目标市场的需求 ④ 符合平台特色

2. 遵守选品方向

跨境电商卖家在新手阶段，可以选择从“自身优势领域”和“高需求、高适配”这两个选品方向着手。

（1）自身优势领域体现在以下几个方面：

① 对某类产品非常专业：对某类产品有深入研究，对该产品的消费群里也非常了解，可以找到目标客户。

② 供应链有优势：独特的供货渠道，能够获得比其他商家更为优惠的进货价，如自己有工厂、靠近产品原产地等。

③ 知名品牌优势：代理或生产的产品属于知名品牌。

④ 营销能力强：有很强的营销能力及商机洞察能力，能通过市场研究和数据分析找到蓝海产品。

（2）高需求、高适配：指那些市场需求量大，受众广泛，同时产品在使用上具有广泛适配性的产品，部分例子如图 3-9 所示。

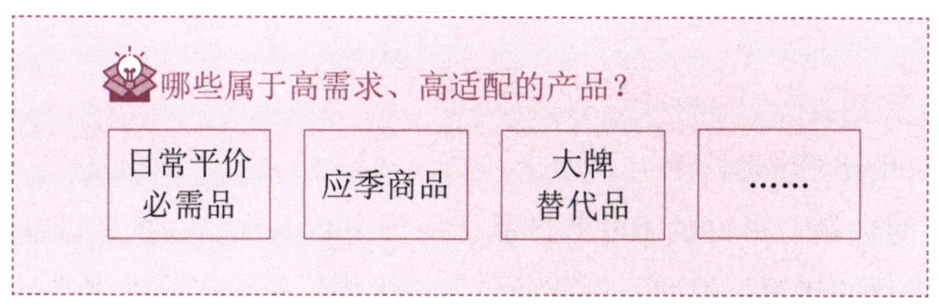

图 3-9　高需求、高适配产品举例

跨境电商卖家在成长阶段则应该选择“高曝光、高品质”的选品。此类产品主要是指产品质量、口碑和性价比等方面有较高要求，且在营销曝光上表现出色的产品，部分例子如 3-10 所示。同时跨境电商卖家应以提升流量、跟进热点、提升权重、提高口碑为主要转化目标。

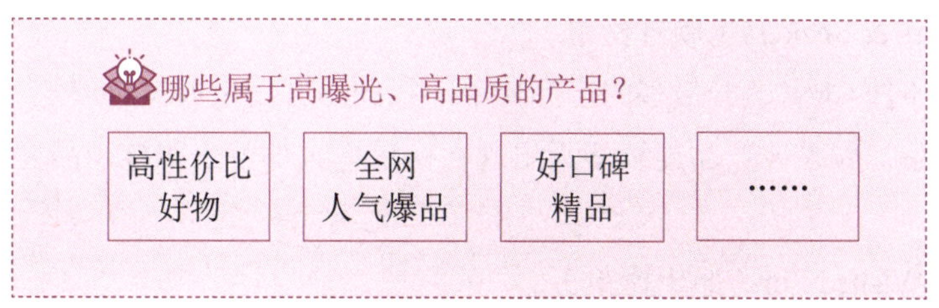

图 3-10　高曝光、高品质产品举例

（二）产品挖掘

产品挖掘就是寻找有销售潜力的优质产品。在当前市场上，比较具备代表性的产品挖掘方式有三种，接下来就针对这三种方式进行详细讲解：

1. 亚马逊榜单选品

亚马逊站内的五大榜单非常具有研究价值，它可以帮助卖家抓住平台销售趋势，挖掘有上升潜力的产品。打开榜单的方式：进入任意一款产品详情页面，下拉找到“Best Sellers Rank”，点击查看“See Top 100”，进入热销榜单；点击“Any Department”即可进入五大榜单页面，如图 3-11 所示。

图 3-11　亚马逊五大榜单

（1）Best Sellers（热卖榜单）

统计 24 小时内销量最好的 100 款产品，每天更新一次。在挖掘产品时，可以从此榜单中查看同类目的热销品类型，再结合自身的优势，从该榜单中挑选已有产品或相近的产品来做。

（2）New Releases（新品榜单）

基于过去 24 小时总体的曝光量、点击量以及订单转化量等综合数据的热门新品排名。新品榜反映着市场对新产品的需求趋势状况，选品时应重点关注那些 Review（留评）数量很少，但在新品榜单里且销量可观的产品。

（3）Movers & Shakers（飙升榜单）

过去 24 小时内排名上升最多的产品榜单。找到飙升榜里 Review 较少但销售数据增长比较快的产品，如果该产品连续多天出现在榜单里，那就表明该产品迎来了一个市场爆发期。

（4）Most Wished For（愿望榜单）

消费者想买的、被收藏最多的产品排名。当这个产品有打折降价的信息时，亚马逊会自动发邮件提醒买家，促进交易。对卖家来说，凡是此榜单上排名靠前的产品，其产品特点和 Listing（商品详情页面）都可以作为重点参考对象。

（5）Gift Ideas（礼品榜单）

被赠送最多的礼物排行。它主要针对适合节日赠送的产品，如果你的产品带有礼品、节日元素，可以在节日来临前更有针对性地备货。

2. 社交媒体选品

跨境电商卖家要着重关注终端消费者的购物习惯，现在最大的市场信息聚集地就是社交媒体，因此可以重点关注 TikTok、YouTube、Meta、Instagram 等海外社交媒体的潮流趋势，了解消费者的喜好，如图 3-12 所示。

图 3-12 海外主流社交媒体

卖家可以通过以下渠道了解社交媒体上的潮流趋势：

（1）查看近期热门视频

根据类目关键词在社交媒体上搜索相关视频，查看带产品标签的近期热门视频，尤其是近 7 天发布的视频，一旦发现点赞、评论、转发等各项数据都非常不错的商品视频，就要重点关注。

例：以 YouTube 为例，搜索产品关键词如 Shower products，查看近 7 天热门视频，浏览视频并挖掘潜力商品，如图 3-13 所示。

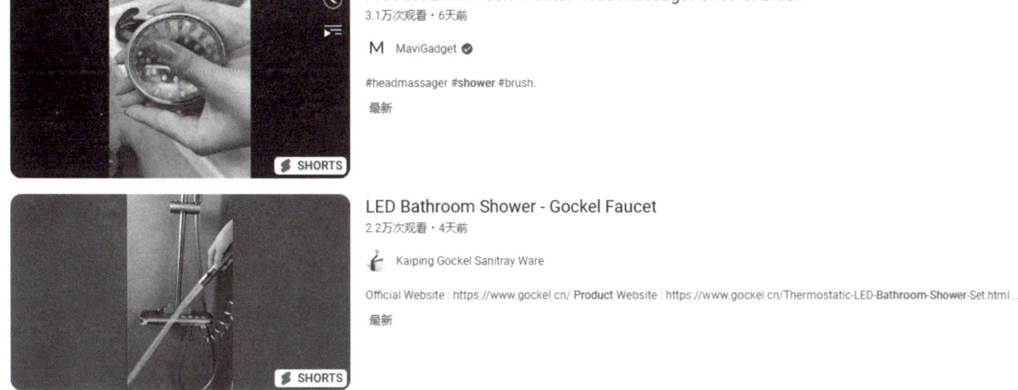

图 3-13 YouTube 商品视频

（2）查看热门标签

以 TikTok 平台为例，通过查看和分析 TikTok 热门标签，如 #tiktokmademebuyit、#fyp 等，如图 3-14 所示。在 TikTok 标签上不断做垂直、做深挖，从内容出发，了解消费人群的喜好和痛点，通过汇总和分析各个标签中出现的跨境电商好物，找到灵感和素材，从而更好地选择能够打动跨境电商用户的好产品。

图 3-14　TikTok 热门标签

（3）监测竞争对手广告

监测竞争对手投放在社交媒体上的信息流广告以及用户对广告的数据反馈，对数据表现好的广告产品要重点关注。

为了能更多地刷到同类广告，可以对广告视频进行点赞、收藏、评论，点击广告的访问落地页，把产品加入购物车，让系统认为你有购物倾向，后台算法就会推送更多的同类广告给你。

3. 跟进榜样店铺选品

对于选品没有方向的跨境电商卖家，不妨对自己的选品简而化之，首先确定几个可以学习和效仿的榜样店铺及直播间，持续关注他们的上新情况，这样可以很容易找到合适的产品。

对榜样店铺的要求如下：

（1）店铺里的产品保持在 10 ～ 30 款。

（2）评论数量多。

（3）店铺里的多个产品销量都很好。

对于新卖家来说，跟着榜样店铺来选品能少走很多弯路，但切记不能盲目模仿，一定要结合自己的实际情况，充分验证后再决定是否跟进。

（三）货源寻找与合作

对于有自己工厂的大卖家来说，选品后就是开模打样，生产小批量样品用来测试市场；而对于绝大部分无货源卖家来说，选品之后则需要寻找合适的货源，并与供应商建立合作。

1. 货源渠道

要找到合适的跨境货源，主要有两种渠道：一是线上货源，二是线下货源。在找到货源之后，还要进行货源对比，筛选出更优质的供应商。

（1）线上货源：指的就是线上批发网站，主要有 1688、义乌购、中国制造网、包牛牛、衣联网、鞋库网等。在线上批发网站通过搜索产品长尾关键词，或是用“以图搜图”的方式即可进行货源查找。

例：如图 3-15 所示，1688 平台有提供“跨境专供”频道，支持一件代发。

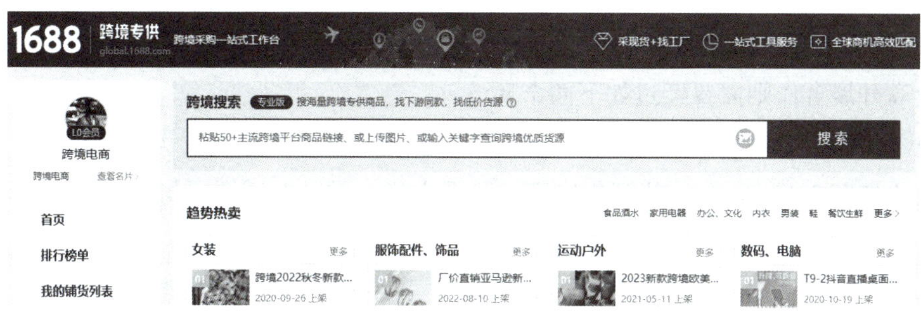

图 3-15　1688 跨境专供频道

（2）线下货源：包括可以提供货品的专业批发市场和工厂。专业批发市场可见实物、可议价，且比较稳定，合作比较方便；工厂直供价格更低，交付、售后有保障，还可以定款、定量、定价，但小批量拿货很难与工厂建立合作。

2. 货源对比

线下货源可以实地考察，所以主要对比产品质量、价格以及账期。线上货源由于其特性，在对比货源时需要考量更多的因素，主要对比维度有价格、质量和服务，如图 3-16 所示。

图 3-16　线上货源对比维度

（1）价格对比：单个产品售价和批发价。

（2）质量对比：销量、好评率。

（3）服务对比：发货时间、星级、复购率。

除了以上三点外，还要格外注意供应商的真实性，有些供应商并非厂家直供，而是中间商转卖，不仅价格更高，更无法保障发货时间。因此，在对比货源时，一定要仔细甄别供应商，方法如下：

（1）查看经营时间，经营时间越久，则说明实力越强。

（2）查看是否只经营一类产品，越专注的供应商真实性越高，如果存在大量铺货的情况，则说明该供应商为中间商。

3. 供应商合作

采用线下货源时，供需双方需要通过面谈确定合作事宜；而采用线上货源时，卖家与供应商开展合作则需要经过如下两个环节：

（1）与供应商建立联系：在供货网站上直接通过在线聊天进行沟通，或者点进供应商主页（如图 3-17 所示），找到供应商的联系方式，通过电话沟通与供应商建立联系。

图 3-17　供应商主页

（2）寄样与订货：跟供应商相关负责人洽谈，沟通合作事宜，并要求对方寄样，收到样品后，验收样品质量，确认无误后再进行小批量订货。

关于寄样，有两个关键点需要注意：一是要确定好样品的型号、尺寸、颜色等规格，最好附有图片，以避免寄错样品，造成麻烦和不必要的损失；二是寄样费用需要双方协商。

二、产品定价

产品定价对于跨境电商卖家来说至关重要。在制定产品定价策略时，卖家需要综合考虑采购价、物流费、平台佣金、仓储费用等成本，以确保产品定价足以覆盖这些开销。同时，卖家还需要确保产品有适当的利润空间，并考虑平台上其他竞争者的定价因素，以便在价格竞争中获得优势。

（一）计算产品成本

要计算产品成本，跨境电商卖家需要先了解产品成本的构成，包括采购成本、物流成本、营销成本等，再将这些成本代入产品成本的核算公式进行计算。

1. 产品成本构成

产品成本由进货成本、物流成本、平台佣金、营销成本和其他综合成本构成。综合成本中又包括售后费用、库存成本、人工成本、税费、仓储费用等等。

2. 成本核算技巧

总成本计算公式如下：

总成本 = 进货成本 + 物流成本 + 平台佣金 + 营销成本 + 其他综合成本

单品成本计算公式如下：

单品成本 = 总成本 ÷ 产品销售数量

例：假设某跨境电商卖家购买了一批进价为 100 元 / 件的商品，以 200 元的价格出售。物流成本为 5 元 / 每件，平台佣金为销售额的 10%。平均每售出一件产品要花费 10 元的营销费用。另外，售后服务费用、库存成本和税费等综合成本均摊到每件约为 20 元。该产品的单品成本计算如下：

已知进货成本 =100 元 / 件；物流成本 = 5 元 / 件；平台佣金 = 200 元 / 件 ×10%= 20 元 / 件；营销成本 = 10 元 / 件；综合成本 = 20 元 / 件。

单品成本 = 100 元 + 5 + 15 + 10 + 20 元 = 150 元 / 件

因此，该产品的单品成本为 155 元 / 件。

（二）明确定价策略

所有电商平台都是买方市场，定价不是根据产品的成本来定的，而是根据供需关系和市场来定的。

产品定价策略有很多种，但对于跨境电商直播卖家来说，最常用且最行之有效的定价策略主要有两种：一是撇脂定价，二是渗透定价。

1. 撇脂定价

撇脂定价也叫价格撇脂，是指在产品上市初期采用高价策略。

这种策略适用于高端市场，通过高价强调产品的独特性、高品牌价值和高质量，吸引高端消费者，以获取高额利润。但随着时间的推移，市场上会出现竞争性产品，消费市场会逐渐饱和，此时需要适当调整价格，以保证产品在市场上的持续销售。

2. 渗透定价

渗透定价又叫低价渗透，是指在产品上市时选择较低的定价，以获取更多的市场份额，增强产品在市场上的影响力。

这种策略适用于产品刚进入新市场或竞争激烈的市场、市场需求大但商品同质化严重等情况，它以低廉的价格来吸引更多的消费者，快速占领市场份额，在此基础上再逐步调整价格来获取利润。

专家指导

其他定价策略有沉没成本、比例偏见、心理账户、规避损失、价格锚点、组合定价法、价格歧视、消费者剩余等。

（三）制定产品价格

对于有自主品牌的跨境企业，产品定价需要经历以下三个阶段：

1. 了解供需关系

在制定产品价格时，需要先研究同款产品在不同价格段下的供需关系，了解产品的供给数量和其对应的销量。如果供给大于需求，市场会形成价格竞争，此时产品定价空间相对较小。相反，如果供不应求，企业就可以掌控产品的价格。对于卖家来说，要优先考虑供不应求的价格段。

了解供需关系的方法：以 TikTok Shop 为例，在 TikTok Shop 搜索该商品，打开“筛选”功能，即可查看当前该商品的价格段分布。另外，点击价格段分布，即可展示该价格段下的商家，由此可统计商家数量。

例： 一款樱花主题机械键盘的市场供需关系如表 3-4 所示：

表 3-4　樱花主题机械键盘的市场供需关系调研

价格段 / 美元	商家数量 / 个	商家平均销量 / 件	供需关系
0 ～ 22	13	>600+	供大于求
22 ～ 45（不含 22）	6	>1 000+（注：28 美元价位销量最好）	供不应求
45 ～ 74（不含 45）	2	<100	供大于求

2. 分析价格销量分布

定价低不代表销量好，定价高也不代表卖不掉，因此卖家要找到总利润最高的价格点位，从而确定最大利润的定价点位。操作方法如下：

第 1 步：卖家用“利润 = 销量 × 定价 – 成本”计算得出每个价格段产生的利润。

第 2 步：对比每个价格段的总利润，找出总利润最高的价格段。

第 3 步：在总利润最高的价格段中找到销量最大的价格，这个价格即总利润最高的价格。

例：　樱花主题机械键盘的价格销量分布如表 3-5 所示。

表 3-5　樱花主题机械键盘价格销量分布

价格段 / 美元	商家平均销量 / 件	单件平均成本 / 美元
0 ～ 22	>600	50
22 ～ 45（不含 22）	>1 000	120
45 ～ 74（不含 45）	<100	200

3. 设计 SKU 价格体系

基于市场供需关系与销量分布，制定产品的 SKU（Stock Keeping Unit，产品存货单位）价格体系。制定方法如下：

第 1 步：优先考虑供不应求与总利润最高的价格段。

第 2 步：当一款产品要设置多个 SKU 时，则考虑带入产品线布局，设置引流款、利润款和形象款，必要时再设置促销款。

第 3 步：运用撇脂或渗透定价策略，制定 SKU 价格体系。

例：　基于以上分析，设计樱花主题机械键盘的 SKU 价格体系如表 3-6 所示。

表 3-6　樱花主题机械键盘 SKU 价格体系

SKU	产品线	渗透定价 / 美元	撇脂定价 / 美元
标准版	引流款	16	22
套餐 1	利润款	22	28（总利润最高点）
套餐 2	形象款	29	45

需要注意的是，上文提到的制定产品价格方式只是一种典型的定价方法。在实际运营中，卖家还需综合考虑多方面因素，例如产品定位、目标客户群等，灵活运用各种定价策略来制定适合自己产品的价格。

任务 2　跨境采购流程

跨境采购流程是指企业在国际市场上寻找并选定供应商，通过协商签订合同，完成跨国支付，处理进口关税及物流，接收并验收商品，最后进行售后跟踪与服务的一系列跨国交易活动。这一过程需遵循多国法律，管理汇率风险，确保供应链安全与效率。

本任务的学习内容主要从以下三个方面展开讲解：

- 采购需求分析
- 采购流程规划
- 采购模式确定

活动1 采购需求分析

采购需求是指对采购标的的特征描述。识别和明确跨境电商采购需求，是跨境采购与供应过程的起点。要实施采购就一定要明确采购需求，好的采购需求能够合理、客观地反映采购标的的主要特征及要求供应商满足的条件。在采购活动中，采购需求既是供应商响应、报价的基准，也是采购人决策的依据，在很大程度上决定着采购活动的成败和项目执行的效果。合理、明确、翔实的采购需求能激励潜在供应商参与企业采购活动，提高采购成功率，实现采购绩效目标，并为后续采购提供经验。

采购需求分析就是分析该买什么、买多少、什么时候买、花多少钱买、什么时候得到商品及怎样得到商品等问题。正确的采购需求分析，不仅可以保证企业及时获得合格的生产物资，也是控制采购成本的一项重要工作。采购需求分析是采购工作的第一步，是制订采购计划的基础和前提。

一、跨境电商采购需求的主要内容

一旦确定对商品或服务的需求，就需要决定是利用现有设备和人员在内部满足这一需求，还是通过采购来满足这一需求。如果决定通过采购来满足这一需求，采购过程即开始。如果决定利用现有设备和人员在企业内部满足这一需求，则企业将启动内部生产流程。

采购需求主要包括以下内容：

1. 拟采购商品的名称、规格，即需要什么。
2. 拟采购商品的适用产品和生产单号，即什么地方需要，有什么功能要求。
3. 拟采购商品的用量，即需要的数量。
4. 拟采购商品的库存量，即供货企业目前拥有的商品情况。
5. 拟采购商品的订购量，即采购企业需要的商品数量。

企业相关部门申请购买时应填制请购单，示例如图 3-18 所示。

请购单

申请部门＿＿＿＿＿＿		统一编号＿＿＿＿＿＿	
请购日期＿＿＿＿＿＿		需用日期＿＿＿＿＿＿	
品名/规格/料号	单位	数量	备注（用途、厂牌及参考单价等）

预算额＿＿＿＿＿＿
遇有问题时通知到＿＿＿＿＿＿
特殊发送说明＿＿＿＿＿＿
申请人＿＿＿＿＿＿
说明：一式两份，原件送采购部门，申请者保留文件副本

图 3-18　请购单示例

二、确定跨境电商采购需求

跨境电商采购需求按性质可以分成相关需求和独立需求。

相关需求：指某种物资的需求量与另一种物资的需求量有直接的配套关系，当另一种物资的需求量确定后，就可直接推算出来该种物资的需求量。如企业内的各种在制品、零部件等的需求都属于相关需求。

独立需求：指某种物资的需求量是由外部市场决定的，与其他物资不存在直接的连带关系。

采购需求的确定有三方面内容：

（一）采购需求预测技术

跨境电商采购需求主要有三大类预测技术：定性预测、时间序列预测和因果关系预测。

1. 定性预测

基于主观判断和经验分析的预测方法，它依靠专业人员的经验和知识，结合市场、行业、产品等信息，对未来采购需求的趋势、规模、特点等进行预测。

2. 时间序列预测

利用历史销售数据的统计方法，这些历史销售数据应当具有相对清楚且稳定的联系和趋势。

（1）移动平均法。它是用分段逐点推移的平均方法对时间序列数据进行处理，找出预测对象的历史变动规律，并据此建立预测模型的一种时间序列预测方法。

（2）指数平滑法。它的基本思路是：在预测研究中时间离得越近的数据越应受到重

视，时间序列数据中各数据的重要程度由近及远呈指数式递减，对时间序列数据的平滑处理应采用加权平均的方法。

3. 因果关系预测

基于市场活动中存在的各种变量之间的因果联系而提出的预测方法，包括一元线性回归、多元线性回归、一元非线性回归等多种模型。

例：以跨境电商采购需求的定性预测为例，三名采购员对顾客未来需求量及出现概率等的估计如表 3-7 所示。

表 3-7　采购需求预测的定性预测

采购员	需求预测项目	需求量 / 件	出现概率	需求量 × 出现概率
甲	最高需求量	1 000	0.3	300
	最可能需求量	800	0.5	400
	最低需求量	500	0.2	100
	期望值	—	—	800
乙	最高需求量	1 000	0.2	200
	最可能需求量	700	0.5	350
	最低需求量	400	0.3	120
	期望值	—	—	670
丙	最高需求量	900	0.2	180
	最可能需求量	600	0.6	360
	最低需求量	400	0.2	80
	期望值	—	—	620

如果跨境电商企业对三位采购员意见的信赖程度是一样的，那么采购需求的平均预测值 =（800 + 670 + 620）÷ 3 ≈ 697（件），即采购需求的平均预测值约为 697 件。

（二）独立需求商品采购需求的确定

独立需求商品采购需求的确定是指在没有与其他商品相关联的情况下，根据预测的需求和企业实际情况，确定采购所需商品的具体数量、质量、交货时间等，以满足企业的生产和经营需要。

在确定独立需求商品的采购需求时需要注意，由于独立需求商品与其他商品没有关联，因此需求的预测和采购计划的制订必须基于充分的信息和数据分析，以确保采购的商品符合质量标准和交货期要求，同时确保能够控制采购成本，提高企业的采购效率和竞争力。

（三）相关需求商品采购需求的确定

相关需求商品采购需求的确定是指在确认所需商品的情况下，根据企业实际需求和供应链状况，确定采购所需商品的具体数量、质量、交货时间等，以满足企业的生产和经营需要。相关需求商品采购需求的确定是企业采购管理中的一个重要环节，可用下列公式来确定某种商品的采购数量：

某种商品的采购数量 = 该种商品的本期需要量 + 期末预计库存数量 − 期初库存量 − 企业内部可利用资源

上述公式中，期末预计库存数量主要是指商品的安全库存量，企业内部可利用资源是指企业内部可以进行改制、代用、修旧利废的，以及上期订货而本期到货未入库的在途商品。

活动 2　采购流程规划

企业的采购通常是指有生产需求的企业选择和购买生产所需的各种原材料、零部件等物料的全过程。同样，在跨境电商供应链采购过程中，企业需要同国外供应商联系、达成采购订单合同，最后通过运输、仓储、报关等活动让各种原材料、零部件等物料到达目的地。具体的采购流程可以分为 11 个步骤，如图 3-19 所示。

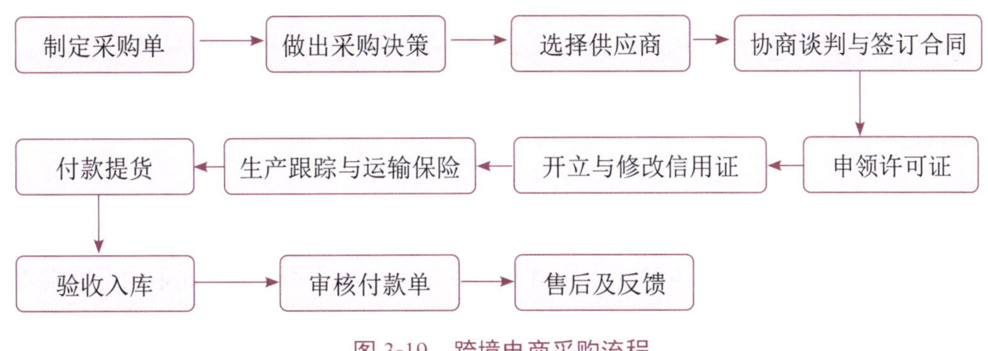

图 3-19　跨境电商采购流程

一、制定采购单

详细列出采购项目、数量、单价、交货期等，并设定采购目标和期望。

二、做出采购决策

综合考虑价格、质量、交货期、售后服务等因素，评估供应商的稳定性、合规性、潜在风险等。基于分析结果，选择最优供应商，并确定采购数量、价格等关键条款。

三、选择供应商

通过多种渠道广泛收集供应商信息，如参加行业展会、利用网络平台搜索、参考同行推荐等。依据供应商的生产能力、产品质量、价格水平、交货及时性、信誉口碑以及售后服务等多方面指标，对收集到的供应商进行初步筛选，剔除明显不符合要求的对象。针对剩余的潜在供应商，可实地考察其生产设施、工艺流程、质量管控体系等，或要求其提供样品进行检验评估。综合各项评估结果，选择在各方面表现最优、最能满足企业采购需求的供应商。

四、协商谈判与签订合同

与选定的供应商就价格、支付条款、交货期、包装标准、质量验收标准、违约责任、知识产权保护等关键条款展开深入谈判。在谈判过程中，充分沟通双方的利益诉求，寻求共赢的合作方案。根据谈判确定的内容，起草详细、严谨的采购合同，合同条款应涵盖交易的各个方面，确保表述清晰、准确，不存在歧义或漏洞。合同起草完成后，交由企业内部的法务部门或者外部聘请的专业律师进行审核，从法律专业角度审视合同的合法性、合规性。在审核通过后，双方代表签字盖章，使合同正式生效，为双方的合作提供坚实的法律保障。

五、申领许可证

采购商签订购货贸易合同后，根据要求准备必要的申请材料，如商品检验报告、原产地证明等。向相关部门提交申请，并跟踪审批进度。收到审批通过的通知后，领取相关许可证或证明文件。

六、开立与修改信用证

根据采购合同，向银行申请开立信用证，明确支付条件和要求。如采购合同发生变更，及时通知银行修改信用证条款。

七、生产跟踪与运输保险

定期与供应商沟通，了解生产进度，确保对方按时交货。选择合适的运输方式和承运商，安排货物运输。为货物投保运输保险，以应对可能的风险。

八、付款提货

开证行在收到议付行的全套议付单据进行付款后，向进口商发出进口信用证付款/承兑通知书，通知其审单付款。

九、验收入库

对到货商品进行质量检验、数量核对等，确保其符合采购要求。将验收合格的商品入库，并更新库存管理系统。

十、审核付款单

财务部门审核付款单，确保付款金额、对象、时间等准确无误。审核无误后，批准付款流程。

十一、售后及反馈

处理消费者退换货、投诉等售后问题，确保客户满意度。收集并分析供应商表现数据，如交货准时率、质量合格率等。根据售后反馈和供应商表现，不断优化采购流程，提升采购效率和质量。

素养课堂

跨境电商企业的采购需求应当符合法律法规以及政府采购政策规定的技术、服务、安全等要求。除因技术复杂或者性质特殊，不能确定详细规格或者具体要求的事项外，采购需求应当完整、明确，必要时应当征求相关供应商、专家的意见。

活动 3　采购模式确定

跨境电商供应链采购模式主要有品牌授权代理、经销商采购、散货采购、代理采购、OEM（original equipment manufacturer，原始设备制造，俗称“贴牌生产”）模式采购和分销平台采购 6 种，如图 3-20 所示。

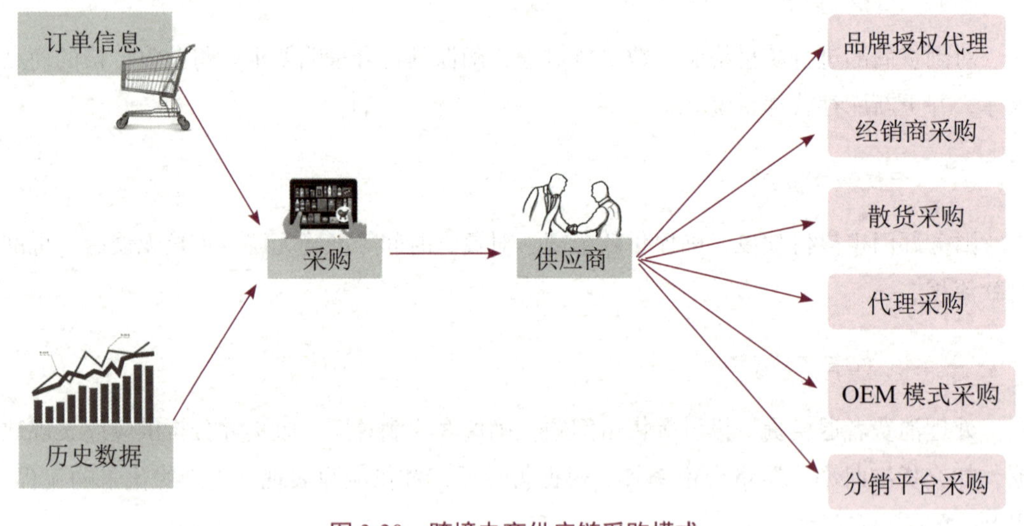

图 3-20　跨境电商供应链采购模式

一、品牌授权代理

品牌授权代理是跨境电商企业从拥有品牌所有权的公司获得授权，成为其代理商，并按照合同规定，由跨境电商团队代为运作线上市场的一种采购模式。品牌授权代理是跨境电商产业链上避免假货的一个有效途径。

例：美妆商品的渠道和货源问题一直是行业的隐忧，没有品牌的授权，即便直采直邮，仍屡次出现以次充好的现象。

二、经销商采购

跨境电商企业常通过与境外品牌经销 / 代理商合作，获取品牌授权难度较大的优质货源以进行线上销售。这种采购方式虽价格可能偏高，且面临货源不稳定、价格变动较大及正品资质存在争议等风险，但仍是可行的。为应对这些挑战，企业多采取聚焦策略，选择固定国家（地区）并锁定可靠采购渠道，或依赖品牌境内总代分销体系，以确保货源品质与稳定性。

三、散货采购

散货采购是跨境电商企业没有能力和国际品牌商直接合作，拿不到代理权限和上级渠道时，从境外小批发商或零售商处买货的采购模式。这种采购模式增加了成本，拉长了周期。通常在货物缺口较大或采取临时性采购时，跨境电商企业才会采用这种采购模式。

四、代理采购

代理采购又称跨境进口供应链 B2B 供货。这类采购模式多为上市公司、国际物流企业和转型的跨境电商企业所采用，集中体现为批量采购货物，要求采购方资金雄厚。在早期的传统贸易中，代理采购方熟悉贸易规则和境外渠道或货源，在为代购或电子商务平台转运供货中积累了资源。

五、OEM 模式采购

OEM 模式采购是指由采购方提供设备、技术和品牌授权，由制造方提供人力和场地，采购方负责销售、制造方负责生产的一种较为流行的生产方式。该模式对于品牌方的技术要求相当高，需要品牌方有自己的研发团队，能够给出设计方案。

例：OEM 模式采购的典型代表有苹果的全系列产品、微软的 Surface Pro 平板电脑、小米手机等，因为这些企业基本没有自己的工厂，但拥有较为强大的研发能力，所以将自己的设计方案交给代工厂，由代工厂依照设计方案生产，苹果代工厂如图 3-21 所示。

图 3-21　苹果代工厂

六、分销平台采购

分销平台采购通常为中小型跨境电商企业所采用，是在分销平台的支持下获得零库存、零成本的供应链支持，从而将跨境贸易的风险降到最低的一种采购模式。由于境外采购、入驻保税区门槛较高，规模较小的跨境电商企业虽然想发展跨境电子商务，但因自身渠道、资源等限制，难以开展此项业务。分销平台采购打破了时间、地域的限制，依托互联网建立销售渠道，不仅满足了中小型跨境电商企业追逐红利的需求，还能扩大分销渠道、丰富商品形态、对接境外市场。

任务 3　跨境供应商管理

供应商所提供的产品质量将直接影响到最终直播内容的质量。因此，对供应商进行管理是至关重要的，应确保其具备符合标准和要求的生产能力，从而保证产品整体品质水平。

针对供应商管理可以围绕以下两个方向进行思考：

➤ 供应商选择

➤ 供应商维护

活动 1　供应商选择

供应商选择是为了找出符合采购方在质量、成本、供应、服务等方面要求的优质供应商，其工作流程如图 3-22 所示：

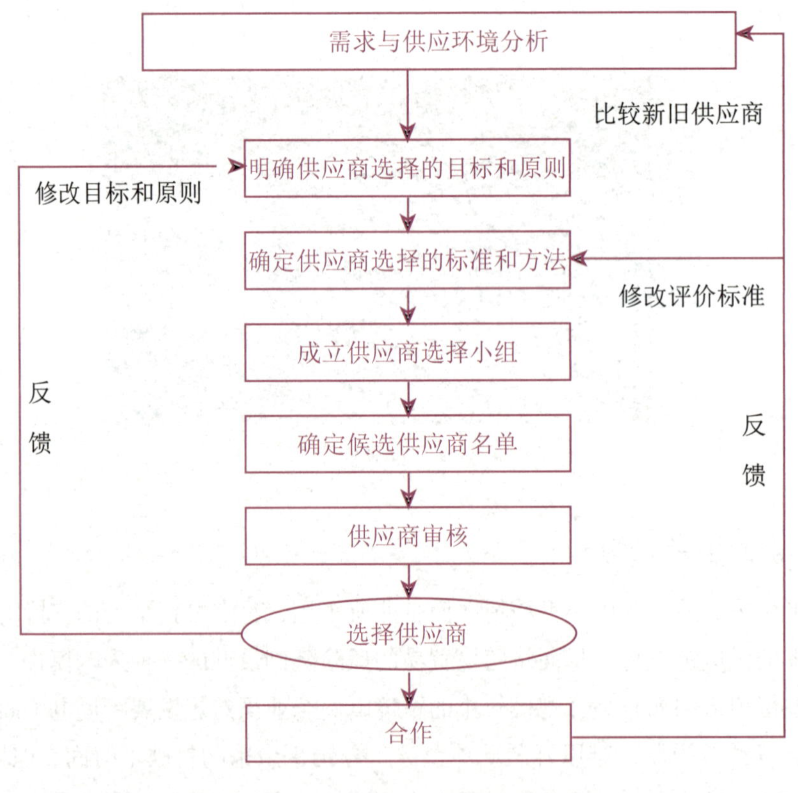

图 3-22　供应商选择流程

一、供应商选择标准

选择供应商有短期标准和长期标准，跨境企业应统筹兼顾。

（一）短期标准主要考察

1. 货物质量，质量合适即可，既不能过高，也不能过低。

2. 采购成本，采购成本一般包括售价、采购费用、运输费用等各项支出。

3. 交付能力，包括交货是否及时，且货物运输过程中质量是否有保证。

4. 整体服务水平，即配合购买者的能力与态度，如处理问题的速度，是否提供技术咨询与服务、代办运输和送货服务等。

（二）长期标准主要考察

1. 供应商信誉，如跨境企业在行业中的地位、履行合同的能力等。

2. 财务状况，一般通过财务报表等间接方式来观察。

3. 内部组织与管理，主要看组织机构设置和运行是否合理、员工的稳定性以及供应商所处的环境等。

二、供应商选择方法

选择供应商要根据具体的情况采用合适的方法。常用的方法主要有直观判断法、招标选择法、协商选择法和采购成本比较法。

（一）直观判断法

此方法主要依赖于经验丰富的采购人员的意见，或者由采购人员根据经验直接做出判断。它通常应用于选择企业非主要原材料的供应商。这种方法简单易行，但主观性较强，容易受到采购人员主观因素的影响，因此可靠性较差。

（二）招标选择法

采购企业采用招标方式，吸引多个有实力的供应商参与投标竞争。评标小组对投标书进行分析评估，最终选择最优供应商。当采购物资数量较大、市场竞争激烈时，招标选择法是较为合适的供应商选择方法。

（三）协商选择法

企业首先筛选出供应条件较为有利的几个供应商，与他们分别进行协商。根据协商结果，确定最合适的供应商。在采购时间紧迫、投标单位较少、竞争程度较低，以及订购物资规格和技术条件复杂的情况下，协商选择方法比招标法更为合适。

（四）采购成本比较法

此方法通过计算和分析各个质量和交货期都能满足要求的合作伙伴的采购成本，选择采购成本最低的合作伙伴。

在选择供应商时，我们应首先考虑现有的供应商群体，例如我们当前正在合作的供应商。如果现有的供应商无法满足我们的需求，我们应进一步在社会供应商群体中进行寻找。在选择供应商时，我们需要进行综合考虑，以确保我们能够获得高质量的货物并保证供应链的稳定性。

活动 2　供应商关系维护

供应商对企业生产效率、经营业绩乃至战略目标实现具有重大影响，因此供应商关系维护是供应链管理中的战略性问题。

一、供应商细分

对供应商进行细分是管理的基础，采购方依据供应商和企业对彼此的重要性，可以将供应商分成伙伴型、优先型、重点型、商业型四类，如图 3-23 所示。

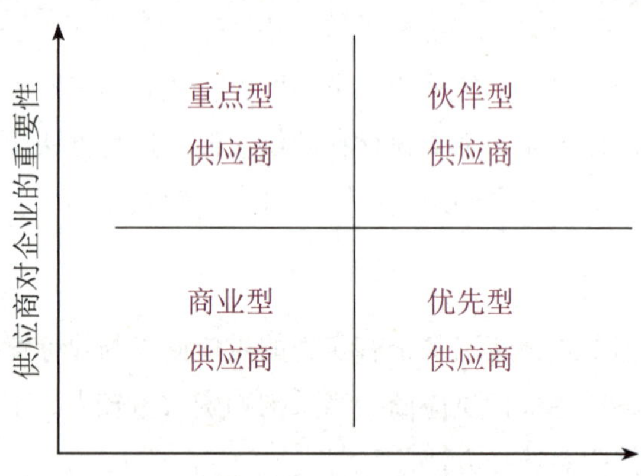

图 3-23　供应商细分

（一）伙伴型供应商

当企业评估供应商具备强大的产品供应能力，且采购的产品对企业的运营至关重要，同时供应商也认为企业的采购业务对其具有重大价值时，该供应商即被视为伙伴型供应商。

（二）优先型供应商

如果供应商认为企业的采购业务对其具有重大价值，但该项业务对企业的重要性一般，此类供应商通常对企业具有积极意义，是企业的优先选择。

（三）重点型供应商

当供应商认为企业的采购业务对其价值有限，但该采购业务对企业的运营至关重要时，企业需要给予这类供应商特别关注并进行改进。

（四）商业型供应商

对于那些对供应商和企业均不重要的采购业务，相应的供应商可以很容易地进行选择和替换，这些采购业务所对应的供应商即为普通的商业型供应商。

基于以上四种供应商细分类型，采购方可以根据具体情况制定不同的供应商关系维护策略。通常来说，对于伙伴型和优先型供应商，采购方需要投入更多的精力和资源进行管理和维护；对于重点型供应商，则视具体情况而定；而对于商业型供应商，则可采取一般的管理和维护方式。

二、供应商关系维护

供应商关系维护是为了供需双方实现共同的目标而采取的共担风险、共享利益的长期合作关系。供应商关系维护可以从以下几个方面入手：

• 合作之前签订必要的采购协议，并把相关流程告知供应商以得到供应商认可，这样可以使后续的合作有据可依，减少纠纷，避免关系恶化。

• 与供应商的沟通中尽量做到言简意赅但不失礼貌，这样不仅可以避免误会，也能让双方合作更有时效性，从而获得供应商好感，增强其服务意向。

• 对于长时间没有合作的供应商，要定期进行沟通，了解供应商的最新进展，掌握产品的最新信息，做到信息共享。

• 在货物通过验收交付后，对供应商有选择性地进行满意度调查，通过供应商的意见反馈，发现整个采购过程中出现的问题，以此来反思和改进工作中的不足，完善采购工作，提高工作效率。

对于有以下特征的供应商则应尽快淘汰：

• 送货无保障：送货不及时，缺品严重。

• 质量不稳定：良品率不足，货物出现大量残次品。

• 价格无竞争力：供应商产品定价高于市场正常水平，且促销活动频率低、优惠力度小，影响采购方成本控制与市场竞争力。

• 库存周转不合理的：经常出现滞销或库存过高、过低的情况。

• 联营供应商占比失衡且管控缺失：联营供应商在企业供应商体系中的占比超出合理范围，企业又缺乏针对其产品质量、交货时间、服务水平等方面的有效管理手段，进而给企业供应链的稳定运行和整体运营带来较大风险。

三、优化品质标准

选择质量有保障的供应商和产品可以降低供应链风险。低质量产品可能导致生产中断、库存积压以及与供应商的纠纷，而这些问题都可能对企业的稳健经营产生不利影响。通过优化品质标准，有助于建立企业声誉，提高用户满意度，从而促进销量和用户忠诚度的增长。优化品质标准需要注意以下几点：

- 加强对供应商的管理，提升采购管理水平。
- 聚焦产品的“三品”（品类、品质、品牌）与“三化”（规模化、标准化、信息化）。
- 建立严格的产品评审机制，升级质量指标，提高入选门槛，如图3-24所示。

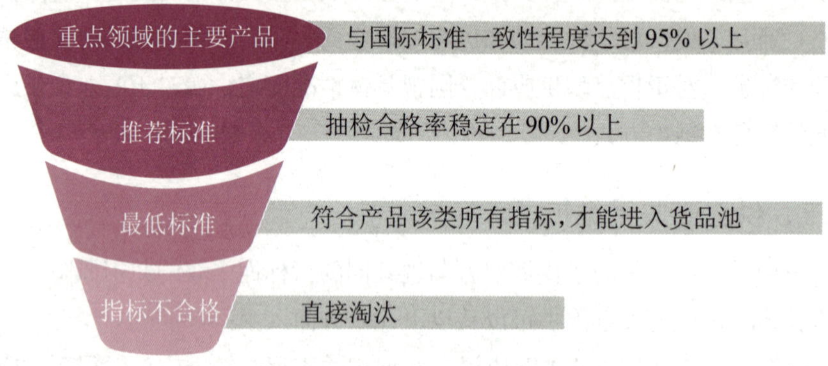

图3-24　产品评审机制

如何加强供应商质量管理

（1）供应商送货时，要求其附带该批产品出货检查报告书和原材料证明件，并做好检验记录。

（2）对供应商速度、态度及产品不良再发率进行评估，综合给出分数，并将其划分为ABCDE五个等级，连续多次出现C、D级的，约谈负责人，并进行现场检查；对突然等级下滑的，约谈对方品质担当并作出书面原因报告；处于E级直接淘汰。

（3）对供应商进行员工、设备、材料证明等方面的稽核。

（4）评价供应商对不良品的紧急处理是否有效且及时，因对策无效造成的售后费用将由供应商承担。

课程总结

本次课程主要围绕跨境电商采购管理来讲解，对跨境电商采购的选品分析、采购流程及供应商管理三个部分的采购管理进行全面分析。通过本次课的学习，学生将掌握跨境电商采购管理的方法和技巧，为日后走上工作岗位夯实基础。

延伸拓展

扫码获取以下学习资源，拓展自己的知识和视野。

1.《SHEIN 以创新供应链为核心，构建时尚产业的新生态》

2.《跨境无界，智造未来！ 2024 东莞跨境电商采购暨服务生态大会在虎门召开》

3.《巴黎奥运会 92% 是中国制造》

资源 1

资源 2

资源 3

课后思考

1. 跨境电商采购需求的主要内容有哪些？

2. 在进行跨境选品时，如何准确分析目标市场的需求和趋势？

3. 供应商开发和管理过程中，如何评估供应商的资质和绩效，以确保采购质量和供应链的稳定？

4. 如何通过优化采购流程和采购模式，提高跨境电商的运营效率和盈利能力？

思政园地

快速签发小额小批量出口检验违规

思政元素：诚信守法；责任担当。

2022 年 9 月 14 日，当事人义乌市 XX 贸易有限公司以市场采购贸易方式向金华海关申报出口眼影、塑料袋、塑料盒等一批货物，报关单号为 292020220000185586，申报总价 48 258.13 美元。

经查验发现，货物实际为眼影，申报数量为 140 件，实际数量为 1 404 件。该批眼影商品编码为 3304200091，属于法定检验的出口商品，申报货值为 990.23 美元，实际货值为 318 502 元人民币。当事人通过伪报数量、低报价格的方式，利用市场采购贸易方式下货值不超过 1 000 美元的货物可适用小额小批量出口检验快速签发电子底账政策，取得编号为“336200222---”的电子底账，并将其用于向海关申报 。

以上行为有查验记录单、报关单、归类认定材料、查问笔录、售货确认书、报检资料、电子底账、营业执照复印件、身份证复印件、授权委托书等证据为证。

当事人不如实提供出口货物真实情况，取得出入境检验检疫机构的有关证单的行为，违反了《中华人民共和国进出口商品检验法》第五条第二款和第十五条、《中华人民共和国进出口商品实施条例》第二十四条第一款之规定，依据《中华人民共和国进出口商品检验法实施条例》第四十五条第一款之规定，决定对当事人作出如下行政处罚：科处罚款人民币 22 290 元。

（案例来源：[1] 来源：市场采购那些事儿，从案例视角看 [EB/OL].（2023-06-28）[2024-11-13]. https://www.10100.com/article/140234）

思考并讨论

1. 企业应如何建立全面的供应商管理体系？
2. 如何进行采购流程规划，使整个交易过程更合规？

自我分析与总结

错题整理

学会的内容

总　结

Module 4

模块 4　跨境电商仓储管理

情境导入

小张，一名充满热情的电子商务专业学生，毕业后决定投身于跨境电商行业，立志打造一个专注于高品质家居用品的海外电商平台。随着业务的逐渐扩展，他意识到高效的仓储管理是保障商品快速流通、提升顾客满意度以及降低运营成本的关键所在。因此，小张决定将跨境电商仓储管理作为自己深入学习的领域，以期通过优化仓储流程，为公司的长远发展奠定坚实基础。

面对来自全球各地的订单，如何快速准确地完成拣选、打包、发货成为了一大难题。库存管理混乱，经常出现库存不准确导致的缺货或积压现象，影响了销售效率和客户体验。跨境物流的复杂性使得仓储管理需要同时处理不同国家的清关要求、运输限制及税费政策，这进一步加大了管理难度。

面对这些问题，小张开始了深入的学习和实践。他首先了解如何通过数字化手段实现库存的实时监控和智能调度。同时，他还学习了跨境物流的最新政策与趋势，以便更好地规划物流路径，降低物流成本。

经过一番努力，小张对仓库进行了重新布局，采用更科学的分区管理，减少了货物的搬运距离和时间。此外，他还与物流公司建立了更紧密的合作关系，共同优化了跨境物流方案，降低了运输成本和风险。

【思考】

认真思考以下问题，并带着问题进入课堂寻找答案吧。

- 如何确保跨境仓储选址合规并降低成本？
- 如何高效地进行仓储作业？
- 如何进行库存管理？

任务1　跨境仓储规划

跨境电商仓储系统规划是对仓储整体进行的预先设计和控制工作。本任务主要讲述仓储系统的整体规划，包括跨境电商仓库的选址方法与考虑因素、仓库的平面规划与立体规划以及货物在跨境电商仓库内的储存规划与货位管理。

本任务学习内容主要从以下三个方面展开讲解：

- ➤ 仓库选址
- ➤ 仓库布局
- ➤ 货品储存

活动 1　仓库选址

跨境电商仓库选址是指在一个具有若干供应点和需求点的经济区域内，选择一个地址设置跨境电商仓库（物流节点），其目标是能够让跨境电商卖家的商品通过各类型仓库集散、中转、分拨直到送达需求点的全过程实现最佳效益。

一、跨境电商仓库选址的原则

跨境电商仓库如何选址，取决于该仓库的种类与主要功能。以解决市内交通拥挤、缓解城市压力为重点考虑建立的仓库节点，可建在城乡接合处。以经济效益为重点考虑建立的仓库节点，则可以建在交通枢纽地区或产品生产与销售的集散地区。在进行跨境电商仓库选址工作时，应遵循以下原则：

（一）适应性原则

仓库的选址要与国家及地区的经济发展方针、政策相适应，与国家物流资源分布、物流中心节点分布、产业布局和需求分布相适应，与国民经济和社会发展相适应。

（二）协调性原则

仓库的选址应将区域物流网络作为一个大系统来考虑，使仓库、配送中心的设施设备在地域分布、物流作业生产力、技术水平等方面互相协调，与国际、国内物流网络相适应，有效融入物联网、区块链、供应链系统中。

（三）经济性原则

仓库在建设过程中，选址费用主要包括建设费用及物流费用（经营费用）两部分。仓库、配送中心选址定在市区、近郊区或远郊区，其未来物流辅助设施的建设规模和建设费用以及运费等物流费用是不同的。选址时，应把总费用最低作为选址的经济性原则。

（四）战略性原则

仓库的选址应具有战略眼光，要考虑全局，更要考虑长远规划。局部要服从全局，目前利益要服从长远利益，既要考虑目前的实际需要，又要考虑日后发展的可能，根据目前或未来可能出现的新技术、新趋势、新模式进行布局、选址。

（五）可行性原则

仓库的选址要充分考虑建设的可行性，在兼顾以上四条原则的同时考虑选址最终的可操作性。仓库、配送中心的选址一定要建立在现有的生产发展水平基础上，要考虑实际的需要，做到技术上可行、经济上合理，当前目标与长远目标兼顾，使规划最终能够顺利实现。

二、跨境电商仓库选址的影响因素

在进行选址决策时，需要考虑各种要求和影响因素，在此基础上预先确定仓库、配送中心的地址，列出多个可供选择的可行方案，借助科学评价方法，对可行方案进行技术经济分析，从多个可行方案中选定理想的位置。

影响仓库选址的因素可以分为成本因素与非成本因素。成本因素是指那些与成本直接有关的、可以用货币单位直接度量的因素；非成本因素主要是指与成本无直接关系，但能够影响成本和企业未来发展的因素。

（一）成本因素

1. 运输成本

在跨境电商物流环节中，参与方较多，物流过程较复杂，转运多，因此运输成本居高不下，这一直是困扰电商卖家和物流企业的难题。运输成本占物流成本的 50% 以上，因此，需要通过多种方式来降低运输成本，具体包括：合理选址；调整运输结构，提高铁路和水路运输量比例；做好运输接驳，实现多种运输方式之间有效衔接，有效开展多式联运；分析地域经济与运输流向，与当地企业合作共享运输需求，规划返程载货方案以提高满载率；参与行业标准制定活动，统一企业内部物流操作与数据标准以提升物流效率等。

2. 原材料供应成本

将仓库、配送中心地址定在原材料附近，不仅能够保证原材料的安全及时供应，还能够降低运输费用，实现较低的采购成本。

3. 人力资源成本

在跨境电商交易中，不同国家地区的劳资水平差异较大，在选址决策时需要考虑人力资源成本在物流费用中所占的比重。

4. 建筑成本和土地成本

不同地址的土地价格差异较大，对土地的征用、建筑等方面的要求不同，从而导致不同的成本开支。因此，在选址过程中，应尽量避免占用农业用地和环保用地，以减少拆迁费、安置费和建设成本。

（二）非成本因素

1. 目标用户画像

对于跨境电商卖家来说，构建用户画像非常必要，因为它可以有助于卖家进行人群细分，明确核心受众，从而使其运营策略更具有针对性。

2. 经营环境

选址时应考虑当地经营环境、商业氛围、政府为企业服务的意识和行动、经济发展水平等因素，还应该注重选址周围的社区环境、客流量、人们的购买力水平、交通运输状况和公用设施条件、医疗卫生、购物休闲场所等因素。

3. 当地政府政策法规

由于跨境电商物流涉及不同国家和地区，仓库自然会分布得比较广，因此，在进行选址决策时，要充分考虑当地政府的政策法规。

4. 自然环境因素

有些商品的仓储与运输要求保持一定温度和湿度，需要特定的地理环境条件，这样才能确保商品质量。因此，在选址过程中，要考虑自然环境因素。此外，仓库是大量商品的集结地，某些大型的建筑材料堆码起来会对地面造成很大的压力，因此选址还需考虑地质条件，如果仓库地面以下存在淤泥层、流沙层、松土层等不良地质，常会在受压地段造成沦陷、翻浆等严重后果。

5. 时间影响因素

快速响应、快速送达是物流服务竞争的重要因素之一。建立综合物流中心，就是既要使整个供应链的成本趋向最小，又要对跨境电商客户的需求做出有效的快速响应。而且由于有些产品时效性强，因此选址时必须考虑时间因素。

（三）跨境电商仓库选址步骤

仓库的选址可分为两个步骤进行，第一步为分析阶段，具体有需求分析、费用分析、约束条件分析；第二步为筛选及评价阶段，即根据所分析的情况，选定具体地点，并对所选地点进行评价；第三步为复查及确定阶段，对筛选及评价阶段选定的地点进行实地复查，确认其是否满足仓库运营的各项要求，最终确定最优选址方案。一般情况下的跨境电商仓库选址流程如图 4-1 所示。

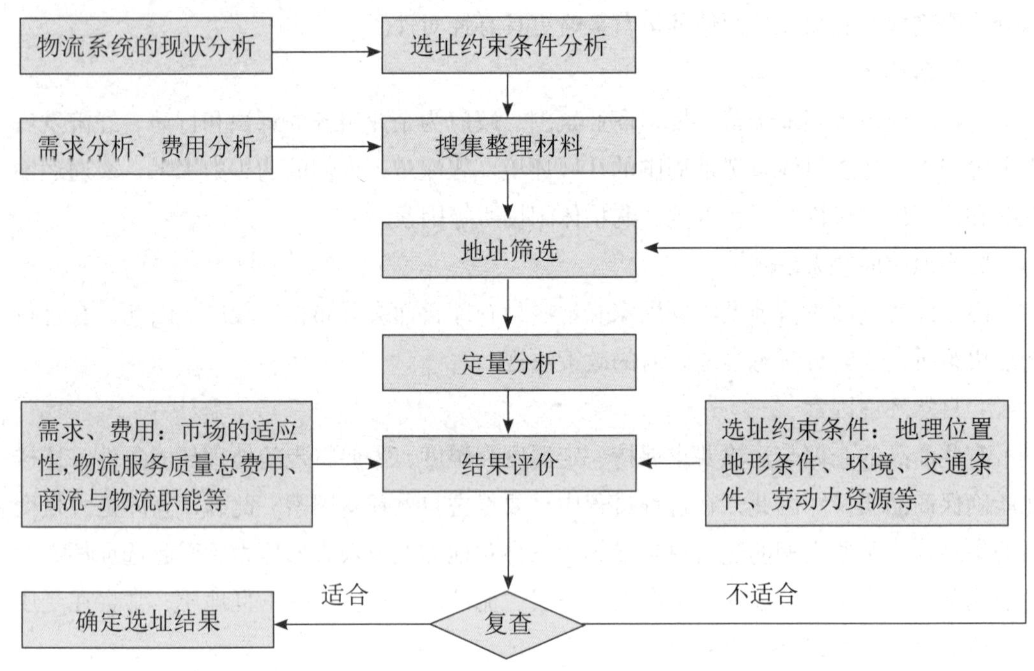

图 4-1　跨境电商仓库选址流程

1. 分析阶段

（1）需求分析：根据物流产业的发展战略和产业布局、某一地区的顾客及潜在顾客的分布分析供应商的情况，具体包括工厂到仓库的运输量、向顾客配送的货物数量（客户需求）、仓库预计最大容量、运输路线的最大业务量等。

（2）费用分析：费用主要包括工厂到仓库之间的运输费、仓库到顾客之间的配送费、与设施和土地有关的费用及人工费等。运输费随着距离的变化而变化，而设施费用、土地费是固定的，人工费则是根据业务量的大小确定的。以上费用必须综合考虑，进行成本分析。

（3）约束条件分析：约束条件主要包括地理位置是否合适，是否靠近铁路货运站、港口、公路主干道，道路是否通畅，是否符合城市或地区的规划，是否符合政府的产业布局，有没有法律制度约束，地价情况如何等。

2. 筛选及评价阶段

分析活动结束后，得出综合报告，根据分析结果在本地区内初选几个仓库地址，然后对初选的几个地址进行评价，确定一个可行的地址，最后编写选址报告，报送主管领导审核评价。评价方法有以下几种：

（1）量本利分析法：任何选址方案都有一定的固定成本和变动成本，不同选址方案的成本和收入都会随仓库储量变化而变化。利用量本利分析法，可采用作图或计算比较数值进行分析。计算比较数值时要求计算各方案盈亏平衡点对应的储量及总成本相等时各方案的储量。在同一储量上选择利润最大的方案，或在成本相等时，选择储量最大的方案。

（2）加权评分法：对影响选址的因素进行评分时，需把每一地址各因素的得分按权重累计，通过比较各地址的累计得分来判断其优劣。步骤是：确定有关因素→确定每一因素得分的权重→为每一因素确定统一的数值范围→确定每一地址各因素的得分→累计各地点每一因素得分与权重相乘的和，得到各地点的总评分→选择总评分值最大的方案。

（3）重心法：重心法是一种选择重心位置，从而使成本降低的方法。它把成本看成运输距离和运输数量的线性函数。此种方法利用地图确定各点的位置，并使用坐标系重叠在地图上确定各点的位置，设定坐标后，再计算出重心。复查通过后，确定选址结果。

活动 2　仓库布局

仓库布局是指在一定区域或库区内，对仓库的数量、规模、地理位置和仓库设施、道路等要素进行科学规划和总体设计。对于跨境电商平台及其卖家而言，仓库是其商品在整个物流环节中滞留的主要空间，是仓库员工及管理者的活动区域和工作场所，通过对跨境电商仓库内有限空间的合理规划，不仅能够增加仓库的存储容量，还能改善工作人员的作业环境，同时也有利于提高仓储管理工作的水平，保证无论是在销售平缓期还是在高峰期，跨境电商商品的仓储作业都能够协调、高效地进行。

一、仓库系统的平面规划

（一）仓库区域的划分

跨境电商物流仓库的区域可以划分为仓储作业区、辅助生产区和行政生活区。除此之外，有些具有一定规模的物流企业的区域还可能包括铁路专用线和库内道路。仓库平面布置是指对一个仓库的各个组成部分，如库房、货、货场、辅助建筑物、铁路专用线、库内道路、附属固定设备等，在规定的标准范围内进行的合理安排。现代仓库为适应商品快速周转的需要，在总体布置时往往会适当增大仓储作业区中收发货作业区面积和检验区面积。

在跨境电商仓库的区域构成中，主要介绍的是仓储作业区的规划。仓库内部一般划分为几个工作区域：入库区（入库月台、入库办公室、入库暂存区）、货架区、拣货备货区（拆零区、流通加工区、分货区、备货区等）、返品处理区及出库区（出库暂存区、出库月台、出库办公室）等，如图 4-2 所示。

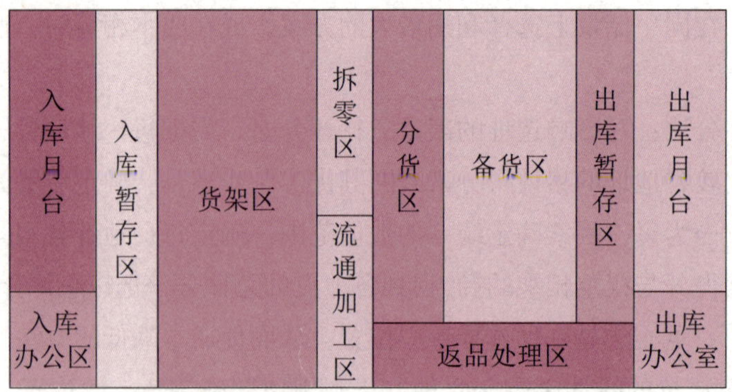

图 4-2 跨境电商仓储区域布局示意图

1. 仓储作业区

仓储作业区是仓库的主体部分，是跨境电商商品储运活动的场所，除图 4-2 包含的跨境电商仓储区域外，还包括铁路专用线、道路、装卸台区域等。

其中，跨境电商仓储区域是储存保管、收发整理商品的场所，是仓储作业区的主体区域。该区域主要由保管区和非保管区两大部分组成。保管区主要用于储存商品，非保管区主要包括各种设备装卸通道、待检区、出入库作业区、拣货备货区等。跨境电商仓库已由传统的储存型仓库转变为以出入库作业为主的流通型仓库，其各组成部分的构成比例通常为：合格品货架区面积占 40% ~ 50%，通道占 8% ~ 12%，出入库作业区占 20% ~ 30%，拣货备货区占 10% ~ 15%，待处理区和不合格品隔离区等暂存区占 5% ~ 10%。

2. 辅助生产区

辅助生产区是为跨境电商商品储运保管工作服务的辅助车间或服务站，包括设备维修车间、车库、工具设备库、油库、变电室等。需要注意，易燃易爆品等特殊物品应设置在远离维修车间、流通加工、食堂、宿舍等易出现明火的场所，周围需配备相应的消防设施。

3. 行政生活区

行政生活区是跨境电商仓库行政管理机构和生活区域。为便于跨境业务的接洽和管理，行政管理机构一般设在仓库的主要出入口，大型配送中心因为要有进货、退货、出货的单据处理，所以通常将行政管理机构设在进货和出货作业区中间，以减少驾驶员的行走距离。此外，跨境电商仓库的消防水道应以环形系统布置于仓库全部区域，在消防系统管道上须装有室内外消防栓。

（二）仓库动线规划布置

布置仓储的功能区域时，需要分析各区域业务流程的关联度，根据关联度高低确定各个功能区的位置，从而形成合理的平面布局。在配送型仓库平面布置中，动线规划是至关重要的，动线决定了卸货的验收区、储存保管区、配货出库区等各个区域的设置和安排。常见的动线布局有以下几种：

1. I 形动线布局

I 形动线布局如图 4-3 所示，根据作业顺序，从入库到出库，跨境电商商品流动的路线为 I 形。该动线布局可以应对出入库高峰同时发生的情况。

例：在跨境电商平台大促期间，出入库频率较高、存储时间短，需使用不同类型车辆进行发运。

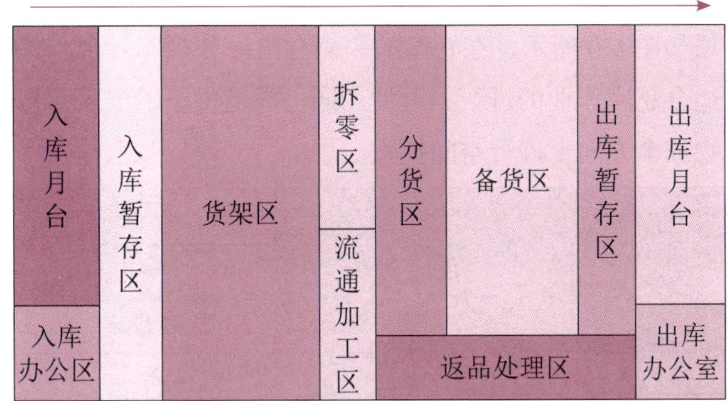

图 4-3　I 形动线布局

2. S 形动线布局

S 形动线布局如图 4-4 所示，需要经过多步骤处理的货品一般采取此种动线。S 形动线布局可以满足多种流通加工等处理工序的需要，且能在宽度不足的仓库中作业，同时，也可与 I 形动线结合在一起使用。

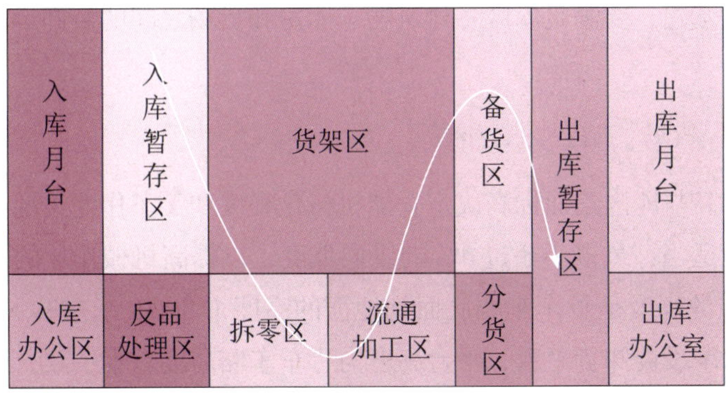

图 4-4　S 形动线布局

3. L 形动线布局

L 形动线布局如图 4-5 所示，需要处理快速货物的仓库通常采用 L 形动线，可使货物出入仓库的途径缩至最短，其特点是可以应对出入库高峰同时发生的情况、适合越库作业的进行、可同时处理“快流”及“慢流”的货物。

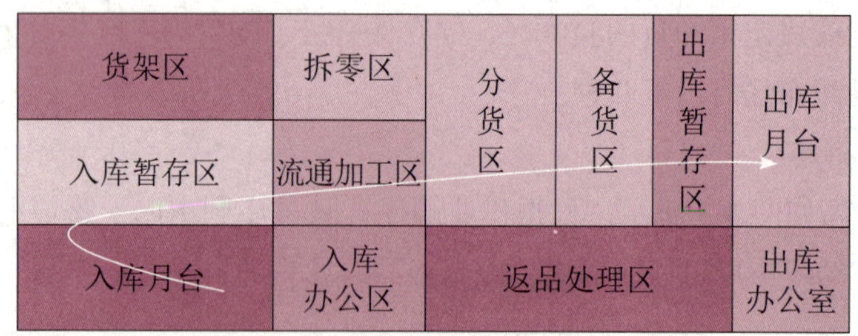

图 4-5　L 形动线布局

4.U 形动线布局

U 形动线布局如图 4-6 所示，在仓库的一侧有出库和入库月台，其特点是能够充分运用码头资源、适合越库作业的进行、可使用同一通道供车辆出入、易于控制和安全防范、可以在建筑物三个方向上进行空间扩张。

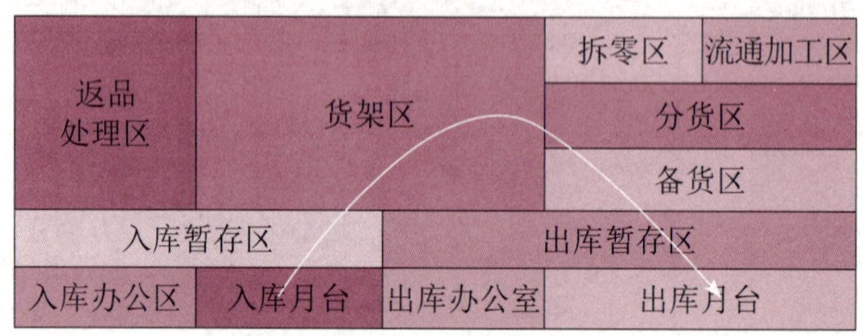

图 4-6　U 形动线布局

二、仓库系统的立体规划

跨境电商仓库的立体规划是指跨境电商仓库在立体空间上的布置，即仓库建筑高度的规划。仓库的基建，要满足库区各建筑物、库房和货场之间的装卸运输要求，以提高运作效率。

（一）库房、货场、站台标高布局

库房地坪标高与库区路面标高决定仓储机械化程度和叉车作业情况。库房地坪与路面之间的高差要适当，最多不超过 4% 的纵向坡度，以提高机械作业的效率。许多仓库地坪与路面相差的高度是货车车厢底面到地面的高度（为 0.9 米左右），这样便于装卸货物。也有库房增设装卸货平台，平台高度与货车车厢高度基本一致，通过一个斜坡把平台与库房地面相连。此外，还有一种可升降站台，可根据需要调节高度，使站台与货车车厢高度一致。

（二）多层仓库平面布局原则

多层仓库平面布局除必须符合单层仓库布局原则的要求外，还必须满足下列要求：

1. 多层仓库最大占地面积、防火隔间面积、层数要根据储存物品类别和建筑耐火等级，遵照现行建筑设计防火规范来确定。

2. 一座多层库房占地面积小于 30 平方米时，应设一个疏散楼梯；面积小于 100 平方米的防火隔间，应设置一扇门。

3. 多层仓库建筑高度超过 24 米时，应按高层库房处理。

4. 多层仓库存放物品时应遵守“上轻下重、周转快的物品分布在低层”的原则。

（三）地面承载力要求

地面承载力必须根据承载货物的种类或堆码高度来确定。一般平房普通仓库地面承载力常见取值范围有两种，一种是每平方米 2.5 ~ 3 吨，另一种是每平方米 3 ~ 3.5 吨。而多层仓库随着层数的增加，地面承载力会逐渐减小，具体为：一层是 2.5 ~ 3 吨，二层是 2 ~ 2.5 吨，三层是 2 ~ 2.5 吨，四层是 1.5 ~ 2 吨，五层是 1 ~ 1.5 吨，甚至更小。地面承载力是由保管货物的质量、所使用的装卸机械的总质量、楼板骨架的跨度等因素所决定的。流通仓库的地面还必须要保证能够承载重型叉车作业。

（四）立柱间隔要求

库房内的立柱是出入库作业的障碍，会导致效率降低，因而立柱应尽可能少。但当平房仓库梁的长度超过 25 米时，建立无柱仓库会有困难，因此可设中间的梁间柱，使仓库成为有柱结构。在开间方向上的壁柱可以每隔 5 ~ 10 米设一根，由于这个距离仅和门的宽度有关，库内又不显露出柱子，因此和梁间柱相比，在设柱方面比较简单。但是在开间方向上的柱间距必须和隔墙、防火墙的位置，门、库内通道的位置，天花板的宽度或是库内开间方向上设置的货车停车站台的长度等相匹配。

活动 3　货品储存

跨境电商仓库对储存的货物进行科学且高效管理的重要方法之一就是对库区进行分区、分类，并且对货位进行科学的编号。其中，分区是按照仓库的建筑、设备条件等因素，将库房划分为若干保管区域，以满足跨境电商货物的存储需要；分类则是根据商品的自然属性与销售特点，将其划分为若干大类，方便仓库人员集中保管。

一、跨境电商仓库的分区分类

（一）跨境电商仓库分区分类的原则

跨境电商仓库货物的分区分类储存依据“四一致”原则，把仓库划分为若干保管区域，把储存货物划分为若干类别，以便统一规划、储存和保管。“四一致”原则具体如下：

1. 货物的自然属性、性能应一致

在分区分类的仓储管理中，货物的自然属性和性能应该保持一致，性质互有影响或抵触的货物不能存放在一起。

2. 货物的保管条件应一致

在仓储管理中，考虑到不同类货物所要求的温度、湿度、光照度等保管条件不同，应该将货物分区分类存放，将保管条件相同的货物存放在一起。

3. 货物的作业手段应一致

在货物仓储的分区分类过程中，同一分区的货物在作业手段上需要保持一致，作业手段不同的货物不能存放在一起。

4. 货物的消防方法应一致

在货物仓储的分区分类过程中，需要考虑到存储货物消防方法的差异，注意消防灭火方法不同的货物不能存放在一起。

（二）跨境电商仓库分区分类的方法

可采用下列四种方法进行分区分类：

1. 按货物种类和性质分区分类

这是当前跨境电商仓库较多采用的一种方法。它是按商品的自然属性，把具有怕热、怕冷、怕潮、怕干、怕光、怕风等属性的货物分别归类，集中存放。

例：将货物分为干货区、冷藏区等。

2. 按不同货主分区分类

这通常是综合性跨境电商仓库采用的方法。当仓库为几个订单量较多的货主服务时，为便于货物存取和与货主工作的衔接，防止不同货主的货物混淆，往往采用这种方式。在具体存放时，还应按货物种类和性能划分为若干货区，以保证货物储存安全。

例：配货区里可按快递货主分为顺丰货区、圆通货区等。

3. 按货物危险性质分区分类

这种方法主要适用于危险品（如化学品）的存放。储存时可根据货品易燃、易爆、有毒等性质的不同以及采用的灭火方法来分区分类。以这种方法存放时应注意不同性质的危险品之间是否会相互引发危险。

4. 按仓储作业特点分区分类

对出入库频繁、笨重的货物，要安排在靠近库门处，不宜放在库房深处；易碎货物应避免与笨重货物存放在一起，以免在搬运时影响易碎货物的安全。

二、跨境电商仓库货架的布置

为了提高跨境电商仓库的运作效率，要根据所存储商品的特点，为其确定具体的位置。安排货物储存位置的方法可以概括为垂直式布局和倾斜式布局。

（一）垂直式布局

垂直式布局是指货垛或货架的排列与仓库的侧墙互相垂直或平行的布局。

1. 横列式布局

横列式布局是指货垛或者货架的长边方向与仓库长边方向的侧墙互相垂直，如图 4-7 所示。这种布局的优点是主通道长且宽，副通道短，整齐美观，便于物品的存取与查点，如果用于库房布局，还有利于通风和采光。其缺点是通道占用面积较多，仓库的面积利用率较低。

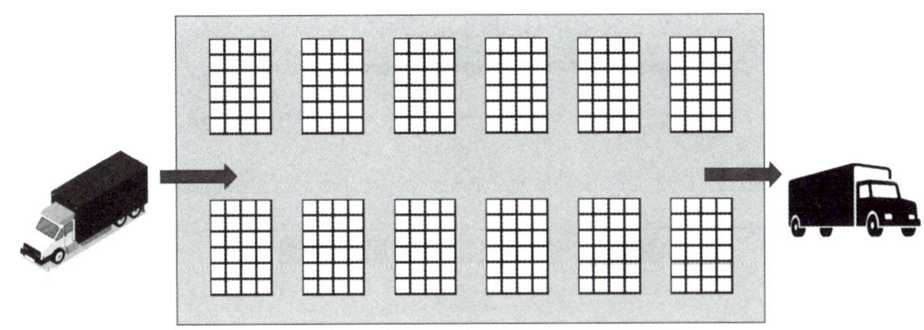

图 4-7　横列式布局示意图

2. 纵列式布局

纵列式布局是指货垛或者货架的长边方向与仓库长边方向的侧墙平行，如图 4-8 所示。这种布局的优点是可以根据跨境电商商品的在库时间和进出频率安排货位：在库时间短、进出频繁的商品放置在主通道两侧；在库时间长、进出不频繁的商品放置在仓库两侧。

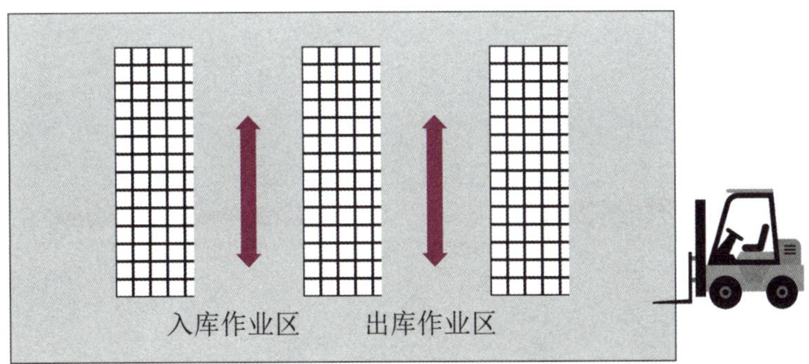

图 4-8　纵列式布局示意图

3. 纵横交错式布局

纵横交错式布局是指在同一保管场所内，将横列式布局和纵列式布局结合运用，综合两种布局的优点，是较为折中的布局方式，如图 4-9 所示。

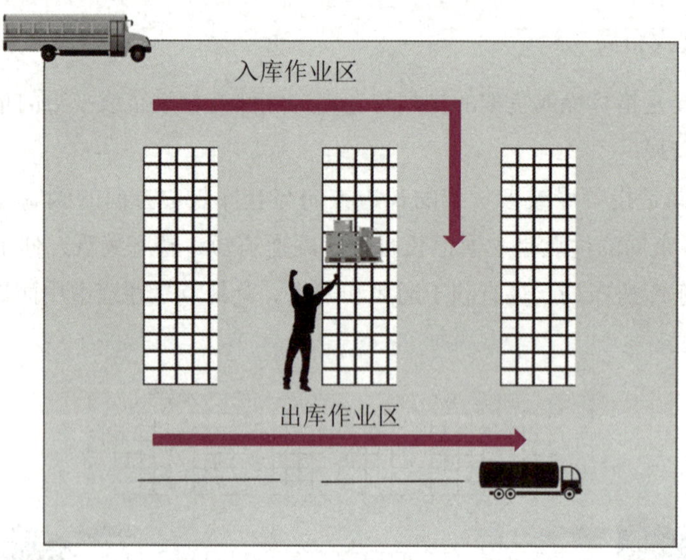

图 4-9　纵横交错式布局示意图

（二）倾斜式布局

倾斜式布局是指货垛或货架与仓库侧墙或主通道成一定夹角，具体包括货垛倾斜式布局和通道倾斜式布局。

1. 货垛倾斜式布局

货垛倾斜式布局是横列式布局的变形，它是为了便于叉车作业，缩小叉车的回转角度，以提高作业效率而采用的布局形式，如图 4-10 所示。

图 4-10　货垛倾斜式布局示意图

2. 通道倾斜式布局

通道倾斜式布局是指针对仓库的通道斜穿保管区，把仓库划分为具有不同作业特点（如大量短期储存和少量长期储存）的保管区，进行综合利用。在这种布局形式下，仓库内形式复杂，货位和进出库路径较多，如图 4-11 所示。

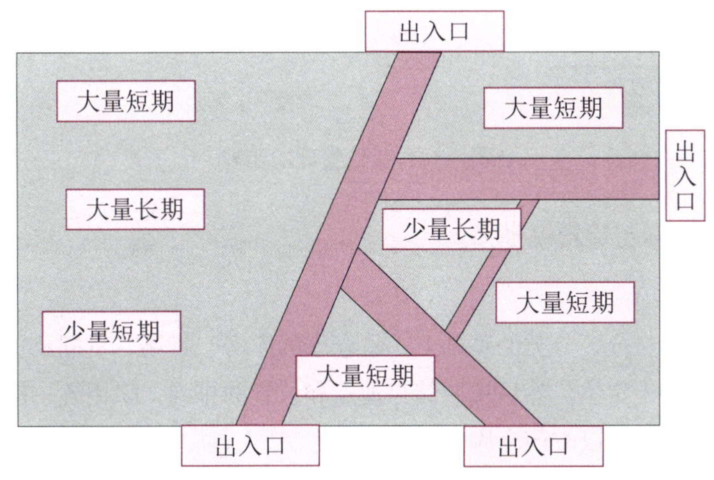

图 4-11　通道倾斜式布局示意图

三、跨境电商仓库货位管理

货位管理为仓管人员提供了便捷的管理方式，从而能够加强跨境电商货物在仓库的具体位置的管理。货位单据分为出库货位分配单、入库货位分配单、货位调拨单、货位分布表。通过货位单据，可统计物流单据的货品的货位分布情况，查询关联的物流单据。同时，也可以通过所有物流单据查询货位单据，并且支持一个仓库中货位之间的调拨，统计货品在仓库中的具体位置。

（一）货位管理的注意事项

1. 仓库的操作系统要支持货位的管理。

2. 要对仓库进行二维或者三维的规划，科学规划每个区域各个品类的存放位置和存放的品类数、单品数，并合理制定库存。

3. 做到品类管理，在不断引进商品的同时，应及时淘汰更新。货位管理可以根据 ABC 管理法进行分类，ABC 管理法是一种根据事物技术或经济主要特征分类，区分重点和一般事物以确定不同管理方式的方法。按照该方法，主力货品，即销售额高、周转快、利润贡献大的少数关键商品，进行单品库位管理；非主力货品，也就是销售额、周转速度和利润贡献处于中等及较低水平的商品，进行品类库位设定，具体依实际情况而定，详细步骤如图 4-12 所示。

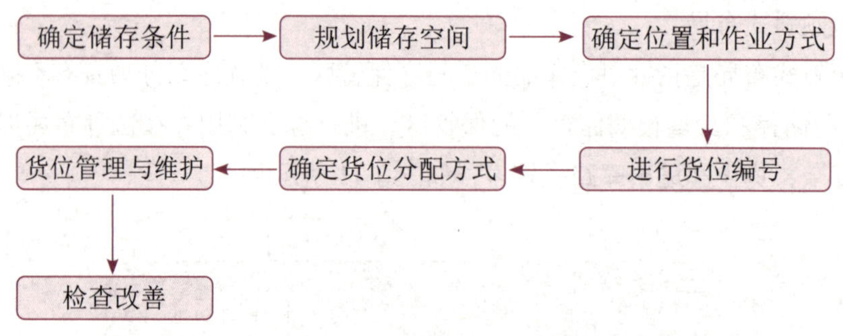

图 4-12　货位管理的步骤

（二）货位编号与货物编号

1. 货位编号

货位编号就是在分区分类的基础上，将仓库的库房、货场、货棚及货架等存放货物的场所，划分为若干货位，然后按照储存地点和位置的排列，采用统一标记编上顺序号码，并做出明显标志，以方便仓库作业的管理方法。

货位编号类似商品的住址，而商品编号就如同商品的姓名一样，在地址和姓名都准确的条件下，商品才能被迅速、正确地找到。每种商品都要有唯一的地址和姓名，才能在需要时被马上找到。

货位编号的方法有多种，但无论采用何种方式，货位的摆放都需要与主作业通道垂直，以便于存取。仓库中货位编号常用的方法有以下三种：

（1）地址法

地址法即利用保管区域中现成的参考单位，如栋（建筑物）、区段、排、行、层、格等，按相关顺序编号，常用的有四号定位法。“四号定位”就是采用四个数字号码对库房（货场）、货架（货区）、层次（排次）、货位（垛位）进行统一编号。如图 4-13 所示，NO.2-4-2-32 编号就是指 2 号库区 4 号库房 2 号货架 32 号货位。

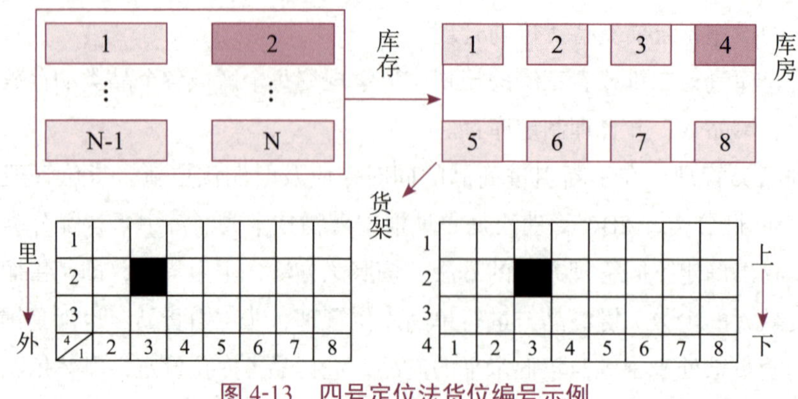

图 4-13　四号定位法货位编号示例

（2）区段法

区段法是把保管区分成几个区段，再对每个区段进行编码，如图 4-14 所示。这种方法适用于单位化货品和量大而保管期短的货品，区域大小根据物流量的大小而定。

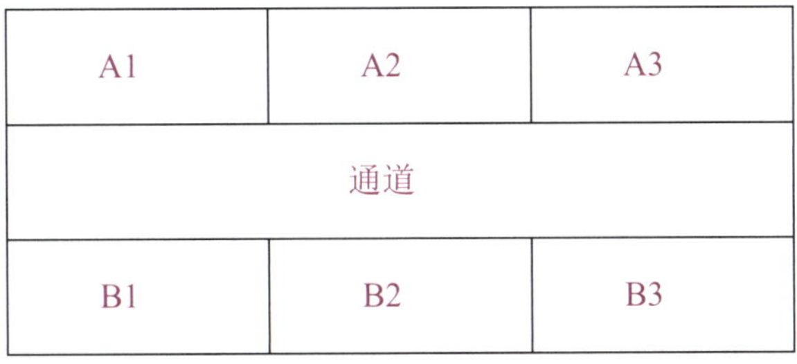

图 4-14　区段法货位编号示例

（3）品类法

品类法是把一些相关商品进行集合以后，区分成几个品类群，再对每个品类群进行编码。这种方法适用于容易按商品群保管的场所和品牌差距大的商品。

例： 商品可以分为食品群、服饰群、五金群。

2. 货物编号

进入仓库的货物要按照一定的规则进行编号，以提高货物管理的效率和货物管理的准确性。货物编号的方法主要有三种。

（1）数字法：指以阿拉伯数字为编号工具，按照商品的特点、流水方式等进行编号的一种方法。这种方法须有编号索引，否则将无法直接了解编号意义。

例： 203-00023，表示罗技牌鼠标 23 个，前段代表货物名称（也可以反映出货物类别），后段代表货物数量。

（2）字母法是指以英文字母为编号工具，按照各种方式进行编号的一种方法。

例： A 代表饮品；B 代表服装；C 代表日化等。

（3）实际意义法：指按照货物的名称、质量、尺寸、分区、储位、保存区等实际情况来编号的方法。

例： FO 24 20 15 A5-20，其中 FO 表示食物，即食品类，24 20 15 表示包装尺寸是 24 厘米 ×20 厘米 ×15 厘米，A5 表示 A 区的第 5 排货架，20 表示保质期是 20 天。

3. 货位分配

（1）货位分配原则

跨境电商仓库进行货位分配时，需要参照以下原则进行货位规划：

① 以周转率为基础原则。按照跨境电商商品在仓库的周转率（或进出频率）来安排储位。跨境电商平台货物的销量越高、周转率越高，则应离库房出入口越近。

② 产品相关性原则。跨境电商卖家的产品相关性越大，被同时订购的概率就越大，应尽可能放在相邻的位置，以缩短提取路程，减少拣货人员工作量，同时也能简化清点的工作流程。商品相关性的大小可利用历史订单数据进行分析。

③ 商品同一性原则。该原则是指把同一商品尽量存放于同一保管位置。若同一商品储存于多个位置，则会造成商品存取不便，对商品库存状态的掌握和盘点都比较困难。

④ 产品相容性原则。在众多的跨境电商产品中，相容性低的产品不可放置在一起，以免损害货物品质。

例：烟、香皂、茶不可放在一起。

⑤先进先出原则。为了确保跨境电商卖家的货物质量，避免货物存储时间超过保质期，应采取“先进先出”原则，这对于生命周期短的货物尤为重要。

（2）货位分配策略

针对跨境电商仓储环节的特点，货位分配策略包括定位存储、分类存储、随机存储、分类随机存储以及共享存储等。每一种分配策略并没有绝对的优势或劣势，适用范围也有所不同，应依据不同情况进行决策。

① 定位存储策略

定义：每一种储存货物都有固定储位，各种货物不能互用储位。

优点：每种货物都有固定的储放位置，拣货人员容易熟悉各种货物的储位；货物的储位可按周转率大小或出货频率来安排，以缩短出入库搬运距离；可针对各种货物的特性做储位的安排调整，将不同货物间的相互影响减至最小。

缺点：储位必须按各种货物之最大在库量设计，因此存储区空间日常的使用效率低。

适用范围：仓库空间大；商品种类多或数量少。

② 分类存储策略

定义：所有的储存货物（货品）按照一定的特性加以分类，每一类货物都有固定存放的位置，而同属一类的不同货物又按一定的法则来指派储位。

优点；便于畅销品的存取，具有定位储放的各项优点；各分类的储存区域可根据货物特性再做设计，有助于货物的储存管理。

缺点：储位必须按各项货物最大在库量设计，因此存储区空间平均使用效率低。

适用范围：产品相关性程度大、经常被同时订购；产品周转率差别大；产品尺寸相差大。

③ 随机存储策略

定义：每一个货物（货品）被指派储存的位置都是经由随机的过程产生的，而且可经常改变。在实际执行中，储存人员往往按习惯来储放，且通常按货物（货品）入库的时间顺序储放于靠近出入口的储位。

优点：只需按所有库存货物最大在库量设计即可，存储区空间的使用效率较高。

缺点：货物的出入库管理及盘点工作的难度较大；周转率高的货物可能被储放在离出入口较远的位置，增加了出入库的搬运距离；具有相互影响特性的货物若相邻储放，会造成对货物的损伤或易发生危险。

适用范围：仓库空间有限，需尽量利用储存空间；货物种类少或体积较大。

④ 分类随机存储策略

定义：每一类货物有固定存放位置，但在各类的储区内，每个储位的指派是随机的。

优点：既可吸收分类储放的部分优点，又可节省储位数量，提高储区利用率。

缺点：货物出入库管理及盘点工作的难度较高。

适用范围：分类随机储放兼具分类储放及随机储放的特点，需要的储存空间介于两者之间。

⑤ 共享存储策略

定义：根据各货物的进出仓库时间，使不同的货物共享相同储位的方式。

优点：所需的储存空间及搬运符合经济性要求。

缺点：在管理上较复杂。

适用范围：仓库空间有限，且商品的出入库时间相差较大。

任务 2　跨境仓储作业管理

跨境电商仓储作业管理是仓储管理工作的一个组成部分，主要是针对仓储作业中的入库、在库和出库作业进行管理。

本任务的学习内容主要从以下三个方面展开讲解：

- 入库作业
- 在库作业
- 出库作业

活动1 入库作业

入库作业是仓储作业管理的组成部分之一，为了提高跨境电商仓库的运作效率并降低成本，企业需要对作业流程进行详细的分析，科学合理地计划、组织，以使跨境电商仓储系统达到整体最优。跨境电商仓储的入库作业流程大致相同，如图 4-15 所示。

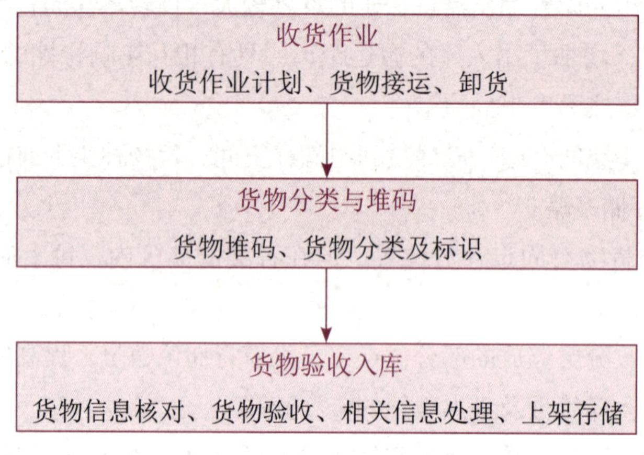

图 4-15 跨境电商仓储的入库作业流程

一、收货作业计划

制订跨境电商仓库收货作业计划时，其基础和依据是跨境电商平台的销售计划与实际的进货单据，供应商的送货规律、送货数量、送货方式，以及仓库接货能力、运输能力及方式等。收货作业计划的制订必须依据订单所反映的信息，掌握货物到达的时间、品种、数量及到货方式，尽可能准确地预测出到货时间，以尽早做出卸货、储位、人力、物力等方面的计划和安排。收货作业计划的制订有利于保证整个入库流程的顺利进行，同时也有利于提高作业效率，降低作业成本。

二、货物接运与卸货

有些商品通过铁路、公路、水路等公共运输方式转运到达，需要仓库从相应站港接运商品，对直接送达仓库的商品，必须及时组织卸货入库。

（一）货物接运

除少数货物由供货商直接送达仓库交货外，大部分货物需要经过铁路、公路、水路、航空等不同的运输方式转运。货物的接运方式主要有四种，包括到车站及码头接货、自提货、铁路专用线接货和送货上门。

1. 到车站、码头接货

负责接货的仓库管理人员到车站、码头接货，一般步骤如图 4-16 所示。

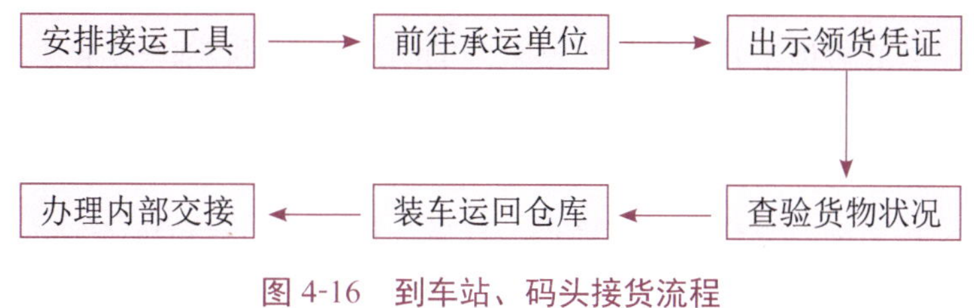

图 4-16　到车站、码头接货流程

2. 自提货接货

自提货是指负责接货的仓管人员到供货单位处提货、自行运回的接货方式，此时验货与提货是同时进行的，其步骤如图 4-17 所示。

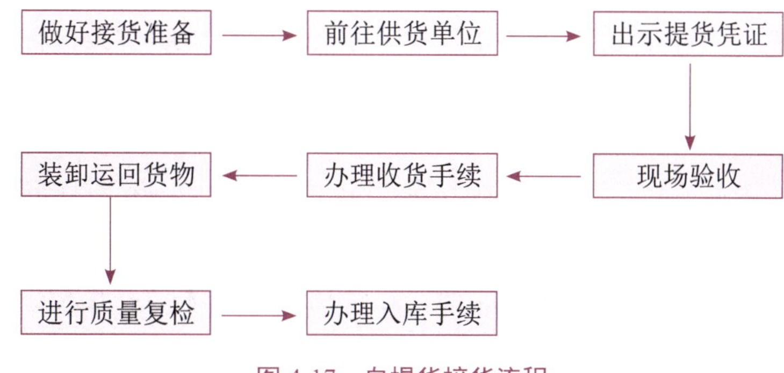

图 4-17　自提货接货流程

3. 铁路专用线接货

铁路专用线接货是铁路部门将转运的物品直接运送到仓库内部专用线的一种接运方式，如图 4-18 所示。

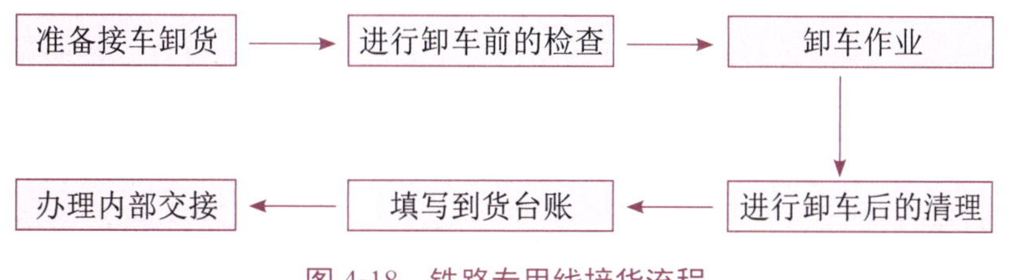

图 4-18　铁路专用线接货流程

4. 送货到库

送货到库是指供货单位或其委托的承运单位将物品直接送达跨境电商仓库的一种供货方式。当货物到达后，接货人员及验收人员应直接与送货人员办理交接工作，当面验收并办理交接手续。若货物正常，接货人员应在送货回单上盖章表示货物收讫。如发现异常情况，需要与送货人员核实确认，并在送货单上详细注明并签章确认。

（二）卸货作业

办理完接运手续后，要进行卸货作业。卸货通常是指将货物由车辆搬至站台（或称平台、月台）的作业，是一项系统工程。影响卸货效率与质量的因素主要有装载方式、运输工具结构、装卸搬运工具、车辆与站台间的间隙、车厢底部与站台平台高度差等。

三、堆码作业

物品堆码是指根据商品的包装、外形、性质、特点、种类和数量，结合仓库储存条件、气候情况以及储存时间的长短，将商品按一定的规律码成各种形状的货垛的作业。堆码的主要目的是便于对商品进行维护、查点等管理和提高仓库利用率。堆码直接影响商品的安全、数量清点的效率以及仓库容量的利用率。

（一）货垛“五距”要求

货垛“五距”应符合安全规范要求。货垛的“五距”指的是垛距、墙距、柱距、顶距和灯距。货垛与货垛之间必要的距离被称为垛距，库房垛距一般为 0.3 ~ 0.5 米。为了防止库房墙壁和货场围墙上的潮气对商品的影响，墙距一般不少于 0.5 米。为了防止库房柱子的潮气影响货物，也为了保护仓库建筑物的安全，必须留有柱距。柱距一般为 0.1 ~ 0.3 米。货垛堆放的最大高度与库房、货棚屋顶横梁间的距离被称为顶距，适当的顶距能方便装卸搬运作业，能通风散热，有利于消防工作和货物收发、查点。顶距一般为 0.5 ~ 0.9 米，具体视情况而定。货垛与照明灯之间的必要距离被称为灯距，为了确保储存商品的安全，防止照明灯发出的热量引起附近商品燃烧而发生火灾，货垛必须留有足够的安全灯距。灯距按规定应不小于 0.5 米。

（二）堆码设计

为了达到堆码的基本要求，必须根据保管场所的实际情况、物品本身的特点、装卸搬运条件和技术作业过程的要求，对物品堆垛进行总体设计。设计的内容包括货垛垛基、垛形参数、堆码方式以及货垛苫盖、货垛加固方式等。

四、分类与标识

在对商品进行初步清点的基础上，需按储放地点、货物标识进行分类并做出标记。分类是为了有条理地管理和存放货物，可按货物的特点，依据分类原则和方法（如货物的特性、形状等）对货物进行分类。

五、核对单据

入库商品通常应具备下列单据或相关信息：送货单，采购订单，采购进货通知，供应方开具的出仓单、发票、磅码单、发货明细表等；除此之外，有些商品还有随货同行的商品质量保证说明书、检疫合格证、装箱单等；对于由承运企业转运的货物，接运时还有运单，需审核运单，核对货物与单据的信息是否相符，以保证进库货物准确无误。

六、入库验收

入库验收是对即将入库的跨境电商商品按规定的程序和手续进行数量、质量和包装的检验，即验收复核货物数量是否与入库凭证相符、货物质量是否符合规定的要求、货物包装能否保证在储存和运输过程中货物的安全。这是保证库存质量第一个重要的工作环节。商品的检验方式有全检和抽检两种。全检主要在重要的商品批量到货或抽检发现问题时进行。对于大批量到货的商品、规格尺寸和包装整齐的商品，多采用抽检的方式进行检查。商品检验方式、抽检方案（如抽检样本大小、判断接受标准等）一般由供货方和接货方双方签订协议。

活动 2　在库作业

在库作业管理是仓储与配送作业的核心环节，也是仓库货物能够快速进行出库作业的基础。货物在库养护是指仓库针对货物的特性，采取科学手段对货物进行保管，防止和延缓货物质量变化的行为。物流企业存储管理的主要任务就是能够针对不同货物的性质、状态，运用相应的养护方法，制定有针对性的养护措施，确保货物质量完好无损。

一、跨境电商货物的保管与保养

（一）影响跨境电商库存商品质量的因素

1. 温度

温度过高、过低或急剧变化，都会对某些商品产生不良影响，促使其产生各种变化。

例： 易燃品、自燃品，温度过高容易引起燃烧；含有水分的物质，在低温下容易结冰失效；精密仪器仪表在温度急剧变化的情况下，其准确性会受到影响。

2. 湿度

大气湿度对库存商品的变化影响很大。大部分商品怕潮湿，但也有少部分商品怕过分潮湿或干燥，这会促使商品发生变化。

例： 金属受潮后锈蚀；水泥受潮后结块硬化；木材、竹材及其制品在过于干燥的环境中易开裂变形。

3. 光照

日光实际上是太阳辐射的电磁波，按其波长，可分为紫外线、可见光和红外线。紫外线能量最强，对商品的影响最大，它可促使高分子材料老化、油脂酸败、着色物质褪色等。可见光与红外线能量较弱，它被物质吸收后变为热能，可加速商品发生物理和化学变化。

4. 大气

大气是由清洁空气、水汽、固体杂质等组成的。空气中的氧、二氧化碳、二氧化硫等，对商品都会产生不良影响，大气中的水汽会使湿度增大，大气中的固体杂质，特别是其中的烟尘对商品危害很大。

5. 生物及微生物

影响商品变化的生物，主要是指仓库害虫、鸟类、微生物等，其中以害虫蚀咬危害最大。微生物主要是霉菌、木腐菌、酵母菌、细菌等。

例： 霉菌会使很多有机物质发霉；木霉菌会使木材、木制品腐朽。

（二）跨境电商仓库温湿度的管理与控制

仓库外的自然气候经常变化，一天之中，凌晨时气温最低，到午后气温最高。一年之中较炎热的月份，内陆一般在 7 月，沿海出现在 8 月。最冷的月份，内陆一般在 1 月，沿海在 2 月。仓库内温、湿度变化规律和库外基本一致，但是，库外气温对库内的影响，存在一定的延迟，并且会有一定程度的减弱。因此，一般是库内温度变化落后于库外，夜间库内温度比库外高，白天库内温度比库外低。从气温变化的规律来分析，夏季降低库房内温度的适宜时间一般是夜间 10 点至次日清晨 6 点。当然，降温时还要考虑商品特性、库房条件、气候等因素。

二、跨境电商仓库 5S 管理

5S 管理起源于日本，最早是指在生产现场中对人员、机器、材料、方法等生产要素进行的有效管理，是日本企业独特的一种管理办法。5S 就是整理（seiri）、整顿（seiton）、清扫（seiso）、清洁（seiketsu）、素养（shitsuke）五个项目，因日语的罗马拼音均以“S”开头，简称“5S”。

对于跨境电商仓库来说，除以上的 5S 外，还有一个“S”也同样重要，就是安全（Safe）。安全仓储是一种物流企业的行为，是指在组织物流相关活动的过程中为避免发生人员伤害和财产损失而采取相应的事故预防和控制措施，其目的是营造安全的仓储环境，以能保证我们的人身安全和生产经营活动的顺利进行。因此，企业应该重视成员安全教育，每时每刻都有“安全第一”的观念，所有的工作应在安全的前提下开展，防患于未然。

活动 3　出库作业

出库作业，也称发货作业，是仓库根据业务部门或存货单位开出的发货凭证（如提货单、调拨单），按其所列货物名称、规格、型号、数量等项目，组织货物出库登账、配货、复核、包装、分发出库等一系列作业的总称。作为跨境电商仓储作业中的核心环节，出库作业必须建立严格的商品出库和发运程序，严格遵循“先进先出”的原则，同时尽量一次完成，防止出现差错。

一、跨境电商货物出库要求

一般货物出库要做到“三不三核五检查”，跨境电商货物出库也不例外。“三不”，一是没接单据不翻账，二是没经审单不备货，三是没经复核不出库；“三核”，即在发货时，一核凭证，二核账卡，三核实物；“五检查”，即对单据和实物要一查品名，二查规格，三查包装，四查件数，五查质量。

跨境电商仓储出货作业的管理要做到准确（出货的物品型号、数量、时间和客户要准确）、及时（实施准时制生产、按规定时间出货）、安全（确保出货作业及物品安全）、高效和低耗（追求出货作业效率高、成本低、服务质量好）。商品出库要求严格执行各项规章制度，提高服务质量，为用户创造便利条件，杜绝差错事故。

二、跨境电商出库作业流程

跨境电商货物出库作业的流程如图 4-19 所示。

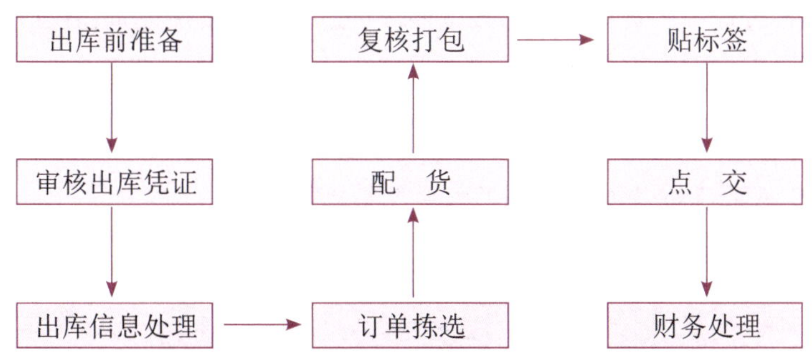

图 4-19　跨境电商货物出库作业流程

为保证出库工作顺利进行，防止出现失误、差错，在进行出库作业时必须严格履行规定的出库业务工作程序，使出库能够有序、高效地进行。不同的企业针对不同的客户货物出库的程序略有不同，但区别不明显。

任务 3 跨境电商库存管理

库存管理是指根据市场需求、销售历史和预测数据等信息，制定库存规划策略，包括确定哪些产品需要备货、备货数量以及备货的时间点。

本任务学习内容主要从以下两个方面展开讲解：

➤ 库存分析及跟踪

➤ 库存风险管理

活动 1 库存分析及跟踪

通过库存分析及跟踪，企业可以更好地了解供应链的运作情况，找到潜在的瓶颈和改进点，优化供应链管理，提高供应链的效率和响应速度。在库存分析及跟踪环节可以围绕库存水平分析和库存控制两个方向进行思考。

一、库存水平分析

库存水平是指一定时期的库存量，可以用计量单位表示，也可用金额表示，它是了解供需状况的一个较为直接的指标。在做库存水平分析时，重点要了解库存数量，另外，库存占比、库存天数和库存结构等也是分析的重点。

（一）库存数量分析

在货物销售过程中，货物的库存数量要保持适中，既要保证货物供应充足，满足日常销售所需，又不能有太多库存积压，产生较多的仓储成本，因此需要对库存数量进行分析，为下次入库数量提供数据支持。

例： A 企业的货物出入库记录如表 4-1 所示。

表 4-1 A 企业货物出入库记录表 单位：吨

货品编号	入库时间	期初数量	入库数量	出库数量	结存数量	库存标准量
B2-101	2023-01-10	22	30	40	12	10
B2-102	2023-01-10	20	30	33	17	15
B2-103	2023-01-10	27	30	48	9	15
B2-104	2023-01-10	25	30	50	5	10
B2-105	2023-01-10	35	30	50	15	10
B2-106	2023-01-10	35	30	50	15	10
B2-107	2023-01-10	35	30	50	15	10

为了直观地判断是否需要补货，可以将表 4-1 中“结存数量”与“库存标准量”的数据转化为柱形图进行对比，如图 4-20 所示。

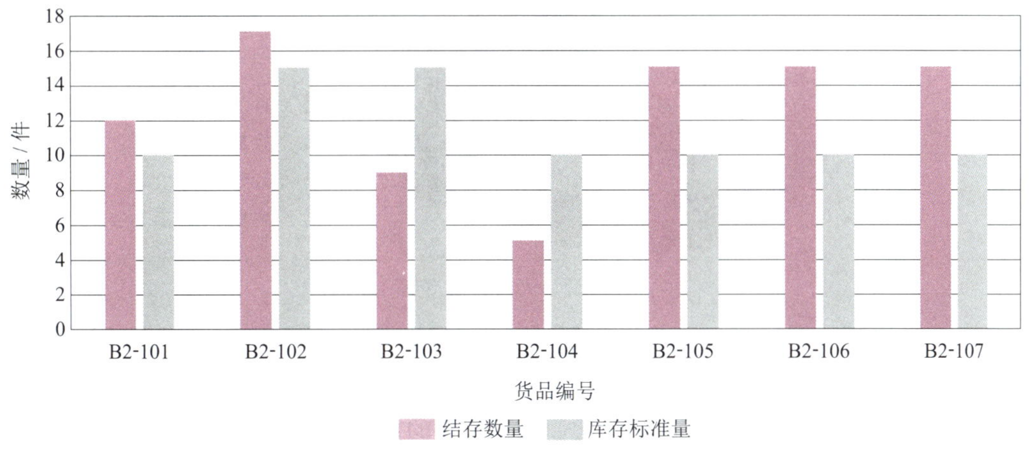

图 4-20　结存数量与库存标准量对比

注：库存标准量为企业自行设定的日常定额库存量，即库存的标准线。

通过图 4-20 可以清晰地观察到，编号 B2-101 和 B2-102 的结存数量和库存标准量差距不大，库存量适中；其余 5 款货物则差距较大，其中 B2-103 和 B2-104 需要补货，而 B2-105、B2-106 和 B2-107 的库存量过多。

（二）库存占比分析

库存占比分析主要是通过统计库存商品的占比情况，让企业管理人员能直观地了解库存占比现状，从而及时调整销售策略。

例： B 企业上半年的货物库存数量如表 4-2 所示。

表 4-2　B 企业货物库存数量　　单位：吨

月　份	产品 A	产品 B	产品 C	产品 D
1 月	11	14	18	17
2 月	13	12	21	13
3 月	8	16	25	14
4 月	15	12	19	16
5 月	12	9	24	21
6 月	17	7	17	11

为了直观地表现出各货物的占比关系，可以将表 4-2 中的数据转化为三维饼状图，设置数据标签格式为百分比，再通过控件设置，即可在表格中选择不同的月份，图表就能显示相应的库存商品数据，如图 4-21 所示。

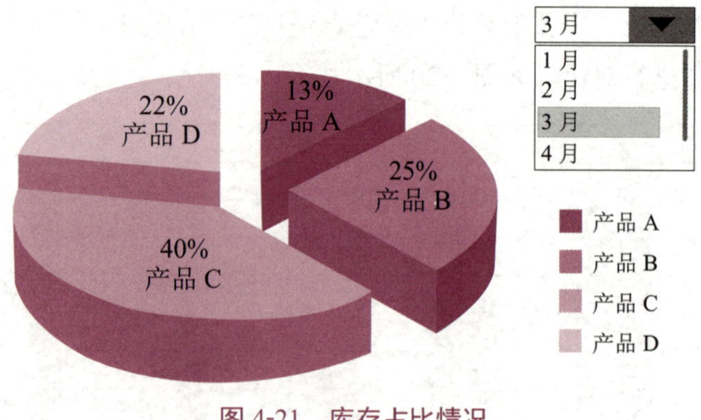

图 4-21 库存占比情况

（三）在库时间分析

在库时间是反映库存货物是否老化、质量好坏的重要指标。库存老化，就会导致企业货物资金周转慢，利润低，投资回报率低，对于“大龄”库存应该加大清理力度，防止库存呆滞造成损失。

例：某店铺货物在库天数占比分析，如图 4-22 所示。

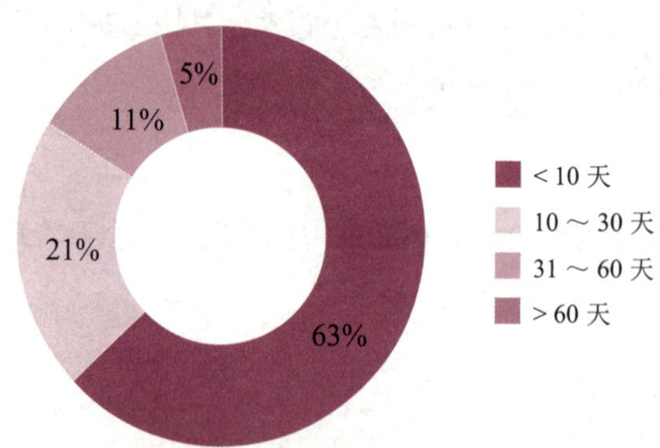

图 4-22 货物在库天数占比分析

许多企业在做库存分析时，都会对不同天数的库存贴上“标签”，并会根据实际情况制定内部的库存等级标准，因此不同企业存在差异。

例：某企业将在库超过 1 个月的库存定义为“老货”，不足 1 个月的为“新货”，并制定了企业内部的新货占比等级标准，如表 4-3 所示。

表 4-3 新货占比等级标准

等　级	一个月内新货占比
优秀	≥ 80%
良好	75% < x < 80%
差	≤ 75%

(四)库存存销比分析

存销比,也称为库销比,是指在一个周期内,商品库存与之前一定时期内销量的比值,用来反映商品的即时库存状况的相对数。存销比的计算公式如下:

$$存储比 = \frac{月末库存}{本月销售}$$

需要注意的是,库存和销量的计算单位可以是数量,也可以是金额。

计算存销比的意义在于,它反映的是资金使用效率,可以让企业知道一单位的销售量需要多少倍的库存来支持。

例: 某企业 1-2 月的存销比数据,如表 4-4 所示。

表 4-4 某企业 1-2 月存销比数据

月 份	库 存	销 量	库销比
1 月	200	67	2.98
2 月	180	45	4.00

越是畅销的商品,存销比值越小,说明商品的周转率越高;越是滞销的商品,存销比值就越大,说明商品的周转率越低。

1. 存销比过高(一般是大于 4),意味着库存总量过大或结构不合理,货品资金周转慢,资金效率低。

2. 存销比适中(一般在 3 到 4 之间,即 3 ≤存销比≤ 4),意味着库存处于相对合理的水平,既能满足一定时期内的市场销售需求,又不会因库存积压导致资金占用过多,此时货品资金周转和资金效率较为平衡。

3. 存销比过高(一般是小于 3),意味着库存不足,利润难以实现最大化。

二、库存控制

库存控制是指将货物的库存量保持在适当的标准之内,以免库存量过多造成资金积压,增加保管困难,或过少导致浪费仓容、供不应求的情况。

(一)库存控制过程

由库存过程可知,为了达到控制库存量的目的,可控制订货过程,也可控制销售出库过程。但是,控制销售出库过程限制了用户需求,所以最好通过控制订货过程来控制库存量,这样不但可以主动控制库存量,而且不影响企业发展和社会效益。库存过程主要包括以下环节:

1. 订货过程:从发出订货到订货成交为止。这是商流过程,库存增加。

2. 进货过程:从订货成交到货物入库为止。这是物流过程,库存增加。

3. 保管过程：从货物入库到货物出库为止。这是物流过程，库存不变。

4. 领料、销售出库过程：从货物点交到货物领料出库或销售出库发运为止。这是商流、物流过程，该环节结束，库存减少。

货物的特殊性决定了库存控制的复杂性，要做好货物库存控制，应重点把握好以下三个问题：

1. 何时必须补充库存？这是订购点的问题，订购点指货物库存量降至某一数量时，应即刻请购补充的水平线。

2. 必须补充多少库存？这是订购量的问题。

3. 应维持多少库存？这是库存基准的问题，库存基准包括最低库存量和最高库存量。

（二）库存控制方法

在控制库存时，使用最广泛也最具代表性的方法就是 ABC 分类管理法。它将库存物品按品种和占用资金的多少分为三种：特别重要的库存（A 类）、一般重要的库存（B 类）和不重要的库存（C 类），如图 4-23 所示。

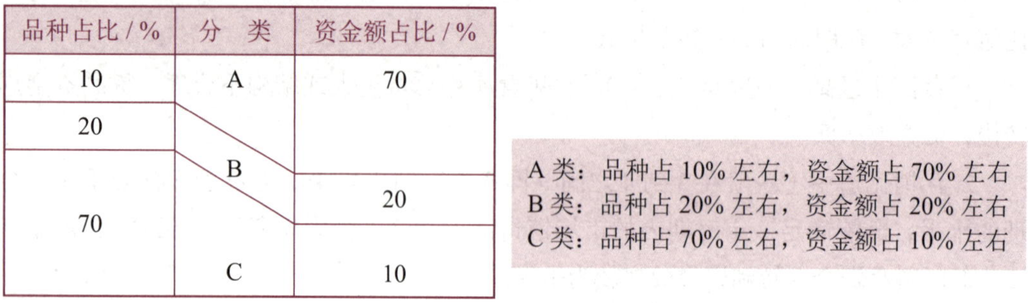

品种占比 / %	分　类	资金额占比 / %
10	A	70
20	B	20
70	C	10

A 类：品种占 10% 左右，资金额占 70% 左右
B 类：品种占 20% 左右，资金额占 20% 左右
C 类：品种占 70% 左右，资金额占 10% 左右

图 4-23　ABC 分类管理法

该方法针对不同等级分别进行管理与控制，其核心是“抓住重点，分清主次”，以 A 类作为重点管理对象，这样就可以达到事半功倍的效果。

三类库存采用的库存控制方法如下：

1. A 类：定期订货法。

2. B 类：以定量订货法为主，辅以定期订货法。

3. C 类：定量订货法。

定期订货法是指按预先确定的订货时间间隔进行订货补充的库存管理方法。定量订货法指当库存量下降到预定的最低库存量时，按规定数量进行订货补充的一种库存控制方法。

活动 2　库存风险管理

库存风险管理是针对库存的实际情况，以一定的指标进行测验，以判断库存是否处于健康水平、是否存在经济损失的风险。要衡量库存的健康程度，主要是通过以下三个指标进行分析：

一、库存周转率

库存周转率是反映库存周转快慢程度的一个指标，是指在一定周期内的出库总金额（数量）与库存平均金额（数量）的比率。与之相对应的是库存周转天数，库存周转天数是库存周转一次需要的天数。库存周转率通常以月或年为周期来统计。

计算公式如下：

$$库存周转率=\frac{周期内出库总金额（数量）}{周期内平均库存金额（数量）}\times100\%$$

$$周期内平均库存=\frac{期初库存+期末库存}{2}$$

$$库存周转天数=\frac{计算周期}{周期内库存周转率}$$

例：某跨境直播企业在一季度的库存价值为 200 万元，其季度初的库存价值为 30 万元，该季度末的库存价值为 50 万元。

则库存周转率 = 周期内出库总数量 ÷ 周期内平均库存量 ×100%

$$=200\div\frac{30+50}{2}\times100\%$$

$$=500\%$$

库存周转天数 = 计算周期 ÷ 周期内库存周转率

$$\approx 90\div500\%$$

$$=18（天）$$

相当于该企业用平均 40 万的库存资金在一个季度里面周转了 5 次，赚了 5 次利润，库存周转天数约为 18 天。

库存周转率是从库存流动的速度来衡量库存健康水平的。库存周转率越高，表明销售情况越好；反之，当库存周转率较低时，库存占用资金较多，库存费用相应增加，资金运用效率差，经营销售水平较低。因此，提高库存周转率对于加快资金周转、提高资金利用率和变现能力具有积极的作用。

例：如表 4-5 所示为某跨境直播企业的库存周转率与周转天数统计，该企业对良好与较差的周转数据做了标记。

表 4-5　某企业库存周转率与周转天数统计

月份	本月天数	日平均销售量 / 千克			月平均库存 / 千克			库存周转率 / %			库存周转天数		
		土豆	玉米	高粱	土豆	玉米	高粱	土豆	玉米	高粱	土豆	玉米	高粱
1 月	31	521	356	425	14 050	18 000	26 000	115	61	51	✔ 27	51	61
2 月	28	689	427	367	30 090	26 000	8 900	64	⊗46	115	44	61	✔ 24
3 月	31	781	425	542	28 900	25 660	16 500	84	51	102	37	60	30
4 月	30	650	359	346	56 800	69 800	25 630	⊗34	⊗17	⊗40	⊗ 87	⊗179	74
5 月	31	480	378	289	32 400	46 350	13 660	⊗46	⊗25	66	68	⊗123	47
6 月	30	320	580	156	10 900	19 600	10 720	88	89	⊗44	34	34	69

二、库存动销率

动销率，原是销售指标，指店铺销售的商品品种数与本店经营商品总品种数的比率。因其能很好地反映库存结构变化，故经常与呆滞率、库存周转率一起用于衡量库存健康程度。

动销率计算公式如下：

$$\text{周期内库存动销率}=\frac{\text{动销 SKU 数}}{\text{实际 SKU 数}}\times 100\%$$

其中，SKU 指最小存货单位，泛指商品的品种数。动销 SKU 指统计周期内有销售出库的 SKU 数，但不包括呆滞报废等非正常出库。实际 SKU 是期末的实际库存 SKU 数。

例： 某跨境直播企业一季度库存实际 SKU 数量总计为 290 种，一季度有产生销售的 SKU 数为 285 种。

则该企业一季度库存动销率 = 动销 SKU 数 ÷ 实际 SKU 数 ×100%

$$=(285\div 290)\times 100\%$$

$$\approx 98.28\%$$

库存动销率的高低，直接影响到库存周转。一般来说，动销率越高，库存周转越快；动销率越低，库存周转会越慢。库存动销率还和呆滞率有一定的负相关，库存动销率低，呆滞率高；动销率高，则呆滞率低。

三、库存呆滞率

库存呆滞率，顾名思义就是呆滞库存金额（数量）占总库存金额（数量）的比率。呆滞库存，是指一个企业中存放时间较长，但是可以正常使用的库存，或者使用价值已经大幅降低甚至不能使用的库存。也就是说，库存呆滞率反馈的是企业现有的库存里面，有多少是有风险的库存。多数企业把 3 个月内无异动（无进料也无发料）的库存定义为呆滞库存。

库存呆滞率计算公式如下：

$$库存呆滞率=\frac{呆滞库存金额（数量）}{总库存金额（数量）}\times100\%$$

库存呆滞率是衡量库存健康的一个时间点的指标，而库存周转率及库存动销率均是衡量库存健康的一个时间段的指标。比如，可以说 8 月的库存周转率是多少，但说呆滞率时必须精确到 8 月的某一天。

例：截至 10 月 31 日，A 企业的货物呆滞库存金额达到 45 万元，总库存金额为 876 万元。

则该企业的库存呆滞率 = 呆滞库存金额 ÷ 总库存金额 ×100%

=45 ÷ 876×100%

≈ 5.14%

企业为了更好地进行库存管理，会将总库存划分为三类，分别是周转库存、安全库存和风险呆滞库存，如图 4-24 所示：

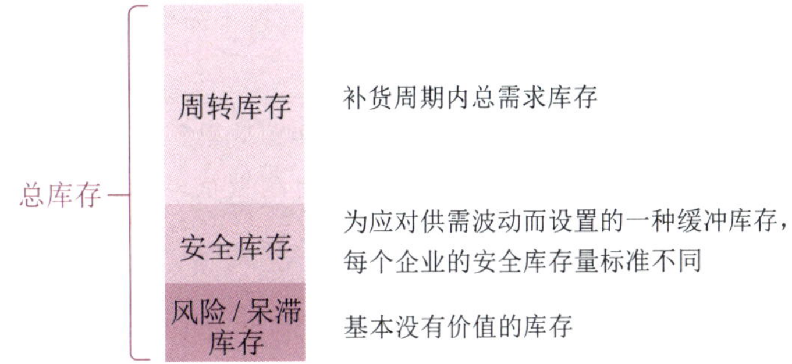

图 4-24 库存结构划分

1. 风险 / 呆滞库存占总库存的比例越高，库存越不健康。

2. 安全库存占总库存的比例太高，对企业也不好，因为安全库存在存量过多的情况下，很容易随着时间推移变成风险 / 呆滞库存。

3. 周转库存占总库存的比例越高，企业的库存整体健康度越高。

课程总结

本模块主要阐述了跨境仓储规划、跨境仓储作业管理及跨境电商库存管理三个部分，分别介绍了仓库的选址、仓库布局、货品储存、出入库作业以及库存分析及跟踪、库存风险管理等内容。

延伸拓展

扫码获取以下学习资源，拓展自己的知识和视野。

1.《跨境电商海外仓（OMS）：仓储模块之入库功能设计》

2.《仓储自动化，乐歌海外仓的独家秘方是？》

3.《跨境电商海外仓：WMS 的出库功能设计》

资源 1

资源 2

资源 3

课后思考

1. 在进行仓库平面规划时，如何确保其与立体规划（如货架布局、自动化系统等）的协调一致？

2. 智能化仓储系统如何帮助提升库存准确性和作业效率？

3. 出库作业流程中，哪些环节可以通过自动化或信息化手段进行优化？

4. 如何实现库存水平的实时监控和预警，避免缺货或库存过剩的情况发生？

思政园地

香港魔速达公司诉广州念菲公司仓储合同纠纷案

思政元素：诚信守法；责任担当。

2016 年 8 月 25 日，香港魔速达公司、广州念菲公司在广州签订《仓储服务合同》，主要约定：广州念菲公司向香港魔速达公司提供仓储服务，标的仓库在广州南沙国际物流园开发有限公司内（为广州念菲公司向物流园公司租得），合同期限为 2016 年 9 月 1 日至 2017 年 2 月 28 日，香港魔速达公司须交纳保证金 86 000 元及仓储服务费 86 000 元 / 月，如广州念菲公司违约则赔偿一个月仓储服务费用，任何一方提前解除合同，应提前 30 天通知对方且解除方应向对方赔偿一个月仓储服务费。

合同签订后，香港魔速达公司已经按期向广州念菲公司交纳保证金及 2016 年 9 至 10 月的仓储服务费。至 11 月 7 日，标的仓库被物流园公司封仓，香港魔速达公司才得知广州念菲公司拖欠物流园公司租金。同年 11 月 14 日，香港魔速达公司向广州念菲公司发出通知，要求广州念菲公司作出整改，2017 年 1 月 16 日，香港魔速达公司向广州念菲公司通知解除仓储服务合同并要求退还保证金。香港魔速达公司一直未收到退款且认为广州念菲公司存在违约情形，遂起诉至南沙法院。

法院经审理认为香港魔速达公司、广州念菲公司《仓储服务合同》依法订立，香港魔速达公司已履行按时足额交纳保证金及仓储服务费的义务，却在 11 月得不到仓储服务，广州念菲公司构成违约。又因广州念菲公司向物流园公司承租标的仓库的租赁合同已解除，广州念菲公司已不具备提供仓储服务的客观条件，导致仓储服务合同无法实现合同目的，构成根本违约。

（案例来源：南法案例 | 仓储合同纠纷案中，该如何行使解除权？［EB/OL］.（2019-07-23）［2024-11-13］. https://m.thepaper.cn/baijiahao_3999697）

思考并讨论

1. 签订转租仓储合同前，次承租方（如香港魔速达公司）如何有效识别并规避可能因转租方（如广州念菲公司）违规而产生的风险？

2. 仓库被封后，如何应对其对库存及出入库作业的影响？

自我分析与总结

错题整理

学会的内容

总 结

Module 5

模块 5　跨境电商运输管理

情境导入

跨境电商专业的小慧加入了一家跨境物流公司实习，最近接到了部门主管的任务：公司即将运送一批货物到美国，这需要对跨境运输方式进行精心选择，并在运输成本上进行有效管理。同时，必须认真规避潜在的运输风险，确保货物安全到达目的地。这个任务对小慧来说是一次宝贵的实践机会，将考验她的专业能力和应对挑战的能力。

现在请你根据跨境运输方式的分类以及跨境运输作业管理帮助小慧完成物流方式选择及运输作业管理。

【思考】

认真思考以下问题，并带着问题进入课堂寻找答案吧。

- 海上运输的优缺点有哪些？
- 航空运输的主要组织方式是什么？
- 国际铁路运输的组织方式是什么？
- 国际公路运输的优缺点是什么？
- 不同运输方式的成本特征是什么？

任务 1　跨境运输方式选择

跨境运输方式的选择对于公司的国际贸易和物流运营具有重要意义，会直接影响到企业的运营成本、客户满意度、货物安全性以及整体供应链效率，是公司在国际贸易中需要认真考虑和权衡的关键决策之一。

本任务的学习内容主要从以下四个方面展开讲解：

- 国际公路运输
- 国际铁路运输
- 国际海上运输
- 国际航空运输

活动 1　国际公路运输

国际公路运输是指利用各种交通工具（例如卡车、大巴、货车等）通过国际公路跨越两个或两个以上的国家或地区，进行货物物流运输的方式，如图 5-1 所示。

图 5-1 国际公路运输

一、国际公路运输的优缺点

（一）国际公路运输的优点

国际公路运输的优点主要包括两点：

1. 灵活性好，直达性好

公路运输可随时起运，非常方便灵活。与其他运输方式相比，公路运输的直达性最好，是唯一能真正实现门到门服务的运输方式。

2. 便于国际多式联运

公路运输可以为其他运输方式的货物集散、中转提供必不可少的衔接和补充，可以广泛地参与到同其他运输方式的多式联运中。

（二）国际公路运输的缺点

国际公路运输的缺点主要包括三点：

1. 运载量小

公路运输的运输装载能力低，不适合大批量货物的运输。一般而言，公路运输的经济作业半径在 300 千米以内，主要适用于小批量、短距离的货物运输。

2. 运输能耗高

公路运输能耗是铁路运输能耗的 10.6 ~ 15.1 倍，是海上运输能耗的 11.2 ~ 15.9 倍，仅比航空运输能耗低。

3. 运输成本高

公路运输的成本高于海上运输、铁路运输，仅低于航空运输。

专家指导

公路运输主要适合小批量、短距离内的货物运输。但在跨境电商物流中，公路运输占重要地位，因为随着“一带一路”建设的不断推进，我国与邻国跨境电商贸易飞速发展，我国与俄罗斯、东盟国家、中亚国家之间的公路跨境运输货运量会不断上升。此外，在跨境电商国际多式联运中，公路运输在末端和中间环节的接驳作用也十分重要。

二、国际公路运输的主要组织方式

（一）整批货物运输

整批货物运输是指一次托运货物的重量、体积或者性质需要用一整辆汽车载运的公路运输组织方式。依据当前行业普遍采用的规范与实际操作标准，若托运人一次托运货物计费重量 3 吨以上或不足 3 吨，但其性质、体积、形状需要一辆汽车运输的，为整批货物运输。

（二）零担货物运输

凡托运人一次托运货物的重量、体积或者性质，不需要用一整辆汽车载运的，就属于零担货物运输。

（三）公路集装箱运输

公路集装箱运输是指将货物装在标准集装箱内，使用集装箱卡车进行运输的货运组织方式，是近年来流行的现代化运输方式。截至目前，国际贸易中以集装箱运输的件杂货物已达到 80% 以上，在发达国家和主要航线已基本实现了件杂货物的集装箱化。

集装箱的类型

活动 2　国际铁路运输

国际铁路运输是指起运地点、目的地点或约定的经停地点位于不同国家或地区的铁路货物运输，如图 5-2 所示。

图 5-2　国际铁路运输

一、国际铁路运输的优缺点

（一）国际铁路运输的优点

国际铁路运输的优点主要有四点：

1. 准确性、持续性、可靠性强

铁路运输在专用线路上行驶，几乎不受气候影响，一年四季可以不停歇、有规律、准确地运行，运输风险低于海上运输。

2. 速度比较快

一般货车速度可达 100 千米 / 时，仅次于航空运输，远高于海上运输。

3. 运载量大

一列货运列车一般能运送 3 000 ~ 5 000 吨货物，远高于航空运输和公路运输。

4. 成本较低

铁路运输费用仅为公路运输费用的几分之一甚至十几分之一。

（二）国际铁路运输的缺点

国际铁路运输的缺点主要有两点：

1. 前期投资大

铁路运输需要铺设轨道、建造桥梁和隧道，建路工程艰巨复杂，需要消耗大量钢材、木材，占用土地多，前期投资远远超过其他运输方式。

2. 灵活性较低，直达性较差

由于铁路运输受铁路线路和列车运输时刻表限制，不能做到随时随地起运，灵活性较低。铁路运输一般也无法实现门到门服务，需要依靠公路运输进行衔接和末端集散，很多时候也不能实现“站到站”之间的直达运输，需进行中转作业，而中转作业会延长运输时间，中转装卸环节还可能造成货损货差。

由于铁路运输具有速度较快，运输的持续性、可靠性强，运载能力大、运输成本较低等优点，因此尤其适用于大量、中长距离、时效性要求较高的货物运输。

二、国际铁路运输的组织方式

国际铁路运输的组织方式主要有以下四种，如图 5-3 所示。

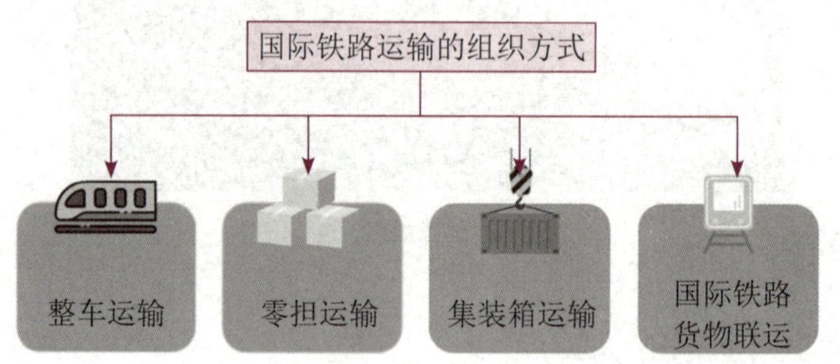

图 5-3　国际铁路运输的组织方式

（一）整车运输

整车运输是指一批货物因重量、体积、性质或形状需要用一辆或一辆以上铁路货车装运（用集装箱装运除外）的铁路运输组织方式。如果一批货物自身的重量和体积不够装满一整车，但按其性质、形状需要单独使用一辆货车时，也属于整车运输。

下列货物除按集装箱运输外，还应按整车运输办理：

1. 需要冷藏、保温或加温运输的货物；
2. 根据规定应按整车运输的危险货物；
3. 易于污染其他货物的物品；
4. 蜜蜂；
5. 不易计算件数的货物；
6. 未装容器的活动物；
7. 单件重量超过 2 吨、体积超过 3 立方米或长度超过 9 米的货物。

（二）零担运输

零担运输是指一批货物的重量、体积、性质或形状不需要用一辆铁路货车装运（用集装箱装运除外）的铁路运输组织方式。

我国《铁路货物运输规程》规定：按零担托运的货物，一件体积最小不得小于 0.02 立方米（一件重量在 10 千克以上的除外），每批不得超过 300 件。

根据《国际铁路货物联运协定》的相关规定，在国际铁路货物联运中，如果一批货物重量小于 5 000 千克且按其体积又不需要单独用一辆货车运送的货物，即可认定为零担货物。

（三）集装箱运输

集装箱运输是指使用集装箱装载货物并利用铁路进行运输的铁路运输组织方式。该方式适用于运输精密、贵重、易损的货物。铁路集装箱运输使用铁路专用集装箱（主要有 1 吨箱、5 吨箱和 10 吨箱）和国际标准集装箱（主要是 20 英尺国际标准集装箱和 40 英尺国际标准集装箱，1 英尺 = 0.3048 米）进行运输。

为便于在国际运输中识别、管理和交接集装箱，国际标准化组织于 1981 年制定了国际标准《集装箱的代号、识别和标记》（ISO 6346:1981），该标准现已被《货运集装箱编码、识别和标记》（ISO 6346:2022）取代。我国根据国际标准，制定了国家标准《集装箱代码、识别和标记》（GB/T 1836-2017），规定了集装箱标记的内容、标记字体的尺寸、标记的位置等。集装箱标记有必备标记和自选标记，两者又都包括识别标记和作业标记。

（四）国际铁路货物联运

国际铁路货物联运是指在两个或两个以上国家（地区）之间，采用铁路运输的形式进行国际物流运输，全程只使用一份运送票据，并以连带责任办理货物的全程运送，在由一国（地区）铁路向另一国（地区）铁路移交货物的时候，也无须发货人、收货人在场的铁路货物运输组织方式。目前，国际铁路联运班列已经成为跨境电商物流运输的重要方式之一。

从时间角度看，中国到欧洲之间的平均海运时间为 28 天；而采用中欧班列，中国到欧洲的物流运输时间可节约 14 天。

从运输成本看，通过国际铁路集装箱运输，整箱货物的全程运费与同等运输量的国际空运方式相比，平均可以节约 70% 左右，但比国际海运高 130% 左右。在跨境电商贸易中，如果综合考虑时效与成本的话，国际铁路货物联运则是理想的跨境物流运输方式。

活动 3　国际海上运输

国际海上运输是指使用船舶通过海上航道在不同国家和地区的港口之间运送货物的一种运输方式，如图 5-4 所示。国际海运是国际商品交换的重要运输方式之一，货运量占全部国际货物运输量的 80% 以上。

图 5-4　国际海上运输

一、国际海上运输的优缺点

（一）国际海上运输的优点

国际海上运输的优点主要有以下四点：

1. 天然航道，通过能力大

海上运输借助天然航道运行，不受道路、轨道的限制，通过能力更强。随着政治、经贸环境以及自然条件的变化，可随时调整和改变航线完成运输任务。

2. 载运量大

随着国际航运业的发展，现代化造船技术日益精湛，船舶日趋大型化。超巨型油轮载运量已达 60 多万吨，第五代集装箱船的载箱能力已超过 5 000TEU（twenty-foot equivalent unit，国际标准箱单位）。

3. 运费低廉

海上运输航道为天然形成，港口设施一般为政府所建，经营海运业务的公司可以大量节省用于基础设施的投资。海上运输具有明显的成本优势，其运费在各种运输方式中是最低廉的。

4. 对货物的适应性强

海上运输的货物种类受限制少，对单个货物的体积、重量限制也较少，尤其是对大型货物的运输，是其他运输方式无法替代的。

（二）国际海上运输的缺点

海上运输的缺点主要有速度慢、风险大。例如商船体积大，水流阻力大，航行速度比较慢。此外，海上运输容易受到台风、暴雨、雷电等恶劣天气的影响，还可能被海盗袭击，风险较大。

遭遇暴风，
集装箱船堆垛倒塌

二、国际海上运输的组织方式

海上运输的组织方式主要有班轮运输和租船运输两大类。

（一）班轮运输

班轮运输（liner shipping）又称定期船运输，是指船舶按事先制定的船期表（又称班期表），在特定的航线上，按照既定的挂靠港口顺序，经常往返于航线上各港口间的运输方式。班轮运输最基本的特点是“四固定”，即固定的航线、固定的停泊港口、固定的船期和相对固定的费率。

练一练

在中远海运集装箱运输有限公司网站分别查询主要的跨太平洋航线、欧洲航线、亚太航线、东南亚航线及南亚航线，列出各航线途经港口、航线路线表、运输时间表。

（二）租船运输

租船运输（tramp shipping），又称不定期船运输，是相对于班轮运输的另一种海上运输组织方式。

租船运输是指船舶营运没有固定的船期表，也没有固定的航线、挂靠港口以及事先制定的运费费率表等，而是由船舶所有人（出租人）按照货主（承租人）的运输要求和双方签订租船的合同来安排船舶的运输。

租船运输又可以分为以下 3 种常见的租船方式：

1. 航次租船

航次租船又称航程租船或定程租船，是指船舶所有人提供一艘特定的船舶，然后在指定港口之间安排一个或数个航次来运输指定货物的租船业务。根据运作要求，航次租船又可分为单航次租船、往返航次租船、连续航次租船等形式。

2. 定期租船

定期租船又称期租船，是指由船舶所有人按照租船合同的约定，将一艘特定的船舶在约定的期间交给承租人使用一段时期的租船方式。这种租船方式不以完成航次为依据，而以约定使用的一段时间为限。在这个期限内，承租人可以利用船舶的运载能力安排运输货物，也可以用来从事班轮运输，以弥补暂时的运力不足。

3. 光船租船

光船租船又称船壳租船或净船期租船。光船租船是指船舶所有人将船舶出租给承租人使用一定期限，但船舶所有人提供的是空船，承租人要自己任命船长、配备船员，并负责船员的给养和船舶经营管理所需的一切费用。也就是说，船舶所有人在租期内除了收取租金外，不再承担任何责任和费用。

海运快船是海上运输中的专线运输形式，停靠的港口数量少，一般中途不卸货，航程时间短，时效快，是一种非常适合跨境电商物流需求的海运组织方式。目前，海运市场主流的海运快船有 Matson（美森）快船、ZIM（以星）快船、CMA CGM（达飞轮船）快船、WHL（万海）快船、EMC（长荣）快船等。

活动 4　国际航空运输

航空运输是指以航空器作为运输工具，根据当事人订立的航空运输合同，将货物运送至目的地点的运输方式，其运输的出发地点、目的地点或者约定的经停地点之一不在中华人民共和国境内。全货机货运如图 5-5 所示，客机腹舱货运如图 5-6 所示。

图 5-5　全货机货运示意图

图 5-6　客机腹舱货运

一、国际航空运输的优缺点

（一）国际航空运输的优点

国际航空运输的优点主要有以下四点：

1. 运输速度快

航空运输以航空器作为运输工具，普通飞机飞行速度为 700 ~ 1 000 千米 / 时，超音速飞机能达到 1 278 千米 / 时。就跨境电商对物流运输服务的时效性要求而言，航空运输方式具有明显的速度优势。

2. 破损率低、安全性好

航空运输方式作业管理完善，地面操作环节要求严格，货物破损的情况相对较少。同时，货物在途时间短，在空中很难导致货物损坏，因此在整个航空运输过程中，货物的破损率低、安全性好。

3. 空间跨度大

在有限的时间内，飞机的空间跨度是最大的。通常情况下，现有的宽体飞机一次可以飞行 7 000 千米左右，进行跨洋飞行完全没有问题，这对于跨境电商物流运输来说是非常大的优势。

4. 覆盖面广，机动性强

航空运输受地面地形条件限制少，覆盖面广，机动性强，有利于开展直达运输。货主可以利用纯货机运输，也可以利用丰富的客机腹舱资源和发达的航线网络资源等优势，高效率地完成两地间的跨境电商物流运输业务。

（二）航空运输的缺点

国际航空运输的缺点主要有以下三点：

1. 运价高

航空运输的运价相对较高，例如，从中国到美国西海岸，空运价格至少是海运价格的 10 倍。价值比较低、时间要求不严格的货物比较注重运输成本问题，货主应该采用航空运输以外的其他运输方式。

2. 载量小

航空运输一次性载量相对于海上运输要少得多。飞机一般载重为数百千克到数十吨，多数情况下不超过 100 吨，只有极少数货机具有 100 吨以上的运输能力。受机舱限制，航空运输不适合运送大件货物或体积形状比较特殊的货物。

3. 易受天气影响

航空运输受天气的影响非常大，如遇大雾、雷电等恶劣天气，航班就不能得到有效保障，这对航空运输造成的影响比较大。

二、航空运输的主要组织方式

航空运输的组织方式有以下四种：

（一）班机运输

班机运输（scheduled flight transport），是指在固定航线上的固定机场之间，按照事先制定的航班时刻表进行定期航行的航空运输方式。班机运输具有以下几个方面的特点：

1. 班机运输具有固定的航线、固定的起降机场、固定的航期和相对固定的收费标准，跨境电商物流多使用班机运输方式。

2. 班机运输“四固定”的特点，使货主能够确切地掌握起运和到达时间，并以此进行相关业务安排，适合运送时效性要求高的食品、鲜活易腐货物及贵重物品。

3. 班机运输一般是客货混载，因此舱位有限，不能保证能随时获得舱位，大批量的货物可能需要分期分批运输。

（二）包机运输

包机运输是指包租飞机进行货物运输的一种航空货运组织形式。通常情况下，包机运输又可以分为整机包机和部分包机两种形式。

1. 整机包机

整机包机就是包租整架飞机，是指航空公司按照与租机人事先约定的条件及费用，将整架飞机租给包机人，从一个或几个航空港装运货物至目的地。这种方式运费比较低，适合运输大批量货物。

2. 部分包机

部分包机是指由多个租用人联合包租一整架飞机，或者由航空公司把一架飞机的舱位分别租给不同的租用人以进行航空运输的作业组织形式。部分包机适用于不足整机但货量较大（一般为 1 吨以上）的货物运输。

（三）集中托运

集中托运是指由一个集中托运人将若干票单独发运的、发往同一方向的货物集中为一批，向航空公司办理托运手续，填写一份总运单，将货物发运到同一目的站的做法。集中托运是一种十分普遍的航空运输方式，也是航空货运代理的主要业务之一。集中托运可采用协议运价，运费一般要低于航空公司公布的直达运价，小货主使用集中托运可以降低物流成本。集中托运的步骤如下：

1. 发货人将货物交给集中托运人，集中托运人以自己的名义为每一票货物签发航空分运单（house air waybill，HAWB），即出具货运代理的运单。

2. 集中托运人将所有货物按发运方向和路线进行分类，再按照同一线路和目的地集中放置货物，制定向航空公司办理托运手续的主运单。主运单的发货人和收货人均为集中托运人。

3. 集中托运人打印出主运单项下的货运清单，内容包括主运单项下的分运单号、件数、重量等，用于后期的通关、分货作业。

4. 集中托运人把主运单和货运清单作为一整票货物交给航空公司办理托运，一个主运单可随附多份分运单。例如，一个主运单内有十个分运单，说明此主运单内有十票货，发给十个不同的收货人。

5. 货物到达目的地机场后，集中托运人在当地的代理作为主运单的收货人，负责接货、分拨，按不同的分运单制作各自的报关单据并代为报关，并为实际收货人办理接货相关事宜。

6. 实际收货人在分运单上签收以后，目的站货运代理公司向发货的货运代理公司反馈到货信息，至此集中托运完成。

（四）航空快递

航空快递是指快递企业采用航空运输的形式，将收取的快件按照承诺的时间送达指定地点或送达给收件人的快递服务。例如，DHL、FedEx、UPS、中国邮政、顺丰速运、圆通速运等快递企业利用自有货机或与航空公司合作，利用客机腹舱运输国际快件，其特点是末端揽收网点覆盖广，提供门到门服务、境内和目的地清关代理服务。

任务 2　跨境运输作业管理

跨境运输作业管理是指跨国企业对国际货物运输的流程，包括货物的装载、运输、卸载和交付等环节的有效管理。通过有效的跨境运输作业管理，企业可以提高国际货物运输的效率和可靠性，降低运输成本，确保货物顺利、安全地运抵目的地，从而提升企业的国际竞争力和客户满意度。

本任务的学习内容主要从以下两个方面展开讲解：

- 运输成本管理
- 运输风险规避

活动 1　运输成本管理

运输成本是企业经营管理工作质量的一项综合性指标，在很大程度上反映了企业运输经营活动的经济成果。成本管理是企业对生产经营过程中发生的费用和产品成本进行预测与计划、控制与核算、分析与考核工作的总称。

一、运输成本与运费和运价的关系

运输成本管理是一项综合性管理，是对整个物流运输经济绩效的全面反映。

（一）运输成本和运费

运输成本是运输生产者（供给者）完成指定条件下的运输所需的费用，而运费则是运输消费者完成特定条件下的运输所需的费用。

运费 = 运输成本 + 运输生产利润 + 运输需求方支付的资金成本

= （1+ 利润率）× 运输成本 + 运输需求方支付的资金成本

例：某跨境物流公司在国际公路运输领域运营，他们需要计算一次货物的总运费。该公司的运输成本为 1 000 美元，利润率为 20%，资金成本为 200 美元。

将数值代入公式运费 =（1+ 利润率）× 运输成本 + 运输需求方支付的资金：

运费 =（1 + 0.2）×1000 + 200

=1.2×1000 + 200

=1200 + 200

=1400（美元）

因此，货物的总运费为 1 400 美元。

（二）运输成本和运价

运输成本是为完成运输活动所发生的一切费用，主要是从运输供给的角度来考虑的。运价即运输价格，是运输价值的货币表现，需要从运输供给和运输需求两个方面进行考虑。运输价值量的大小取决于生产运输产品所消耗的劳动量，购买劳动量的支出就是运输生产费用，构成了运输成本。运输劳动创造了新的价值，就是运输盈利。运价由运输成本和运输盈利（利润和税金）这两个部分组成。

二、不同运输方式的成本特征

（一）国际铁路运输

国际铁路运输的固定成本高，变动成本相对较低。这是因为铁路线路、车站、机车车辆、通信等基础设施的投资大，提高了固定成本。国际铁路运输的变动成本（工资、燃油、维护成本等）会随着运距的变化和运量的增减而产生相应改变，且这种改变呈现出一定的规律性。通常情况下，运距越长、运量越大，变动成本越高；反之，运距越短、运量越小，变动成本越低。一般认为，变动成本在总成本中所占的比例为 1/2 或 1/3。当一个系统有很高的固定成本费用时，有利于实现规模经济和距离经济。

规模经济的特点是随着运量的增长，每单位运量的运输成本呈下降趋势。距离经济的特点是每单位距离的运输成本随运输距离的增加而减少。规模经济和距离经济使得货物的批量运输显得更加合理，运输距离越长、运量越大，运输成本就会越低。

（二）国际公路运输

国际公路运输的固定成本是所有运输方式中最低的，但公路运输的变动成本很高。国际公路运输的变动成本既包括用于车辆营运的燃料、轮胎、车辆折旧、维修费用等，又包括为了公路建设和公路维护而向车辆征收的燃油税、路桥费、养护费等。变动成本随运输车辆行驶里程或运输周转量呈正比例变化。

国际公路运输也存在规模经济，当运输批量较大时，单位运输成本会随运量和运距的增加而降低，但是这一趋势不如铁路运输明显。

（三）国际海上运输

国际海上运输除必须投资建造新船、建设港口之外，航道投资极少。以中国为例，港口和航道由国家通过管理体制进行管理，船舶所属的航运企业则是水路运输的承运人。大部分港口是服务港，即港务当局不仅提供港口的基础设施，还提供诸如货物装卸及货物港内搬运和处理等服务；不仅从事港政和航政，还从事港内各项业务活动。因此，水运承运人的固定成本除船舶本身的折旧费等外，还和港口作业有关。水路的运输能力大、变动成本低，所以水运是最廉价的大宗货物运输方式之一。

（四）国际航空运输

航空运输与水运和公路运输的成本特征有很多相同之处。航空运输的机场和空中通道一般不属于航空公司，航空公司根据需要以燃料、仓储、场地租赁和飞机起降等形式购买机场服务。同时，地面的搬运装卸、取货和送货也属于机场提供的航空货运服务的一部分，这些成本就成为使用机场需要支出的固定成本。此外，航空公司还拥有（或租赁）运输设备飞机等，在经济寿命周期内每年都有固定的折旧费。航空公司的变动成本主要是燃料和原材料费用，受运距的影响较大。固定成本和变动成本合在一起通常使航空运输成为最贵的运输方式，短途运输尤其如此。但是，随着机场费用和其他固定成本费用支出分摊在更大的运量上，其单位成本会有所降低。

三、运输成本管理措施

运输成本管理的目的是要通过对成本的预测、计划、控制、核算、分析和考核，挖掘企业内部降低成本的潜力，寻找降低成本的途径和方法，以增加企业盈利。运输成本管理的措施主要有以下几项：

（一）加强运输成本管理的基础工作

1. 加强定额管理

在进行跨境电商物流运输时企业应对各种原材料、燃料、轮胎、配件、电力、航油、航材、高价周转件、工具等制定和完善各项技术经济定额，并结合技术改进、工艺变动及时修订。不能制定定额的各项支出，要定期编制预算，纳入成本、费用计划，实行预算管理。

2. 建立严格的计量、验收制度

企业要配备符合国家标准、满足本企业需要的各种计量工具、仪器、仪表，并经常检验校正，保证其准确无误。物资进库要核实数量、检验质量，交接、出库、消耗都要计量，收发、领退都要按规定手续办理，经过有关人员审核、签证，并建立定期和不定期的盘点制度，保证账物完全相符。旧料要按质估价，物资报废要经过鉴定，变质、短缺、毁损要查明原因，责任性事故要追究责任。

3. 不断完善成本、费用信息系统

企业各部门应广泛搜集、积累企业营运生产活动中各项与成本、费用有关的统计资料，搜集、积累国内外有关的成本、费用资料，并及时记录、整理，建立完整的成本、费用信息系统。企业内部各部门、各单位应加强联系，及时相互提供成本、费用信息，以充分发挥成本、费用信息在经营决策中的作用。

（二）严格控制成本开支范围

要严格控制成本开支范围，区分营业费用与基建费用的界限及营业开支与营业外支出的界限，同时监督各项燃料、材料、低值易耗品消耗定额的执行情况，执行劳动定额和各项费用定额，促使企业在营运生产过程的各个环节厉行节约，降低成本。

（三）落实成本管理责任制

企业要根据全员管理的原则，将成本、费用计划及各支出项目指标归口、分级落实到有关部门。要建立和健全成本管理责任制，使各职能部门、各单位在成本管理中做到分工明确、职责清楚、赏罚分明。

以下是管理运输成本时需要注意的几个关键点：

（1）成本分类与分析。需要对运输成本进行分类和详细分析，了解各项成本的构成和比重，以便有针对性地管理和控制成本。

（2）成本控制策略。制定明确的成本控制策略，包括设定成本预算、制定成本控制目标、建立成本控制制度等，确保成本在可控范围内。

（3）运输路线优化。缩短运输距离和时间，降低运输成本和能耗。

活动 2　运输风险规避

在货物运输中，无论是国内运输还是国际运输，都存在着一系列的潜在风险，如货物损坏、丢失、延误等。为了规避这些风险，保障货物安全运输，以下是一些有效的方法和措施。

一、选择可靠的物流服务提供商

货主在选择物流服务提供商时应注重其信誉和实力。可以通过咨询其他企业的合作经验、查阅物流供应商的历史记录和口碑等方式来了解其服务质量。选择有资质、有经验的物流公司能降低货物损失的概率。

二、进行合理的包装和装载

货物的包装和装载是货物运输中非常重要的环节。货主应根据货物的性质、重量和运输方式选择适合的包装材料，并按照运输要求正确进行包装。对于易碎、易损物品、危险品等特殊货物，更需要注意进行专门的包装和标识，以免运输中发生意外。

三、购买运输保险

货主应及时购买货物运输保险，将货物的运输风险转嫁给保险公司。运输保险可以根据货物的性质和价值进行选择，确保在货物损失或损坏时能获得相应的赔偿。同时，在保险事故发生后，应及时向保险公司报案，并提供必要的证据和材料。

四、选择合理的运输路线

货主可以通过选择合理的运输路线来降低运输风险。对于国内运输，可以优先选择具备良好交通条件和安全可靠的路线。对于跨国运输，可以参考主要国际运输通道和贸易规则，选择相对安全和便捷的路线。

五、合理安排运输时间

货主应提前了解货物运输所需的时间，并根据货物的紧急程度和运输特点进行合理的运输时间安排。对于重要或敏感货物，可以选择加急运输或空运等方式，减少货物暴露在风险环境中的时间。

六、追踪和跟踪货物

现代物流有许多货物追踪和跟踪系统，可以实时监控货物的运输过程和状态。货主可以利用这些系统，随时了解货物的位置和状态，及时发现和处理潜在的问题，以避免风险和损失的扩大。

七、加强沟通和合作

货主、物流公司、承运人和收货方之间的沟通和合作是规避风险的重要环节。及时、准确的信息传递和共享有助于减少误解和纠纷。建立良好的合作关系和交流机制，将有助于各方共同应对风险。

素养课堂

《中华人民共和国海关风险管理办法》第十六条规定“因科学认识、评估方法、信息等具有局限性，评估结论未能准确反映危害因素及其发生的原因，或者评估结论不能完全反映风险水平的，海关可以基于当前评估结论采取相应的处置措施。海关根据前款规定采取处置措施的，应当积极收集风险信息、改进评估方法，减少风险评估结论的不确定性，调整风险处置措施。”

课程总结

本任务主要阐述了跨境运输方式选择及跨境运输作业管理两个部分，分别介绍了国际公路运输、国际铁路运输、国际海上运输、国际航空运输的优缺点及组织方式，介绍了运输成本管理的内容和运输风险规避的方法。通过这些内容的阐述，学生可以深入探讨国际货物运输在全球化背景下的重要性和复杂性，从而了解到不同的运输方式各有优缺点，需要根据具体情况选择最适合的方式，以确保货物安全、快速、经济地到达目的地。

延伸拓展

扫码获取以下学习资源，拓展自己的知识和视野。

1.《跨境电商带动下的全球航空货运转型与中国的机遇挑战》

2.《中欧班列有力维护全球产业链供应链稳定》

3.《海运成为国际贸易的支柱》

资源 1

资源 2

资源 3

课后思考

1. 国际公路运输的主要组织方式是什么？
2. 整车运输的概念是什么？
3. 租船运输可以分为哪几种常见的租船方式？
4. 运输成本的内容有哪些？
5. 如何进行运输风险规避？

思政园地

中国邮政南京直飞日本的首条全货机国际航线开通

思政元素：民族自豪；爱国主义。

中国邮政航空有限责任公司一架 B737 全货机满载江苏省内邮件，于 2021 年 4 月 27 日上午 10 点 30 分从南京禄口国际机场起飞，于中午 12 点 40 分落地大阪关西国际机场，这标志着南京至大阪邮政航空全货机国际航线成功首航。该航线执飞周二、周四、周六，每周 3 班，主要装载国际 EMS 和跨境电商邮件，预计全年运输货邮量超 1 500 吨。

在南京至日本直达邮航航线开通前，江苏地区发往日本的邮件主要从上海口岸出境，从收寄到出境平均时限约 6 天。现在从南京口岸出境，收寄到出境平均时限为 3 ~ 4 天，节省了 2 ~ 3 天。江苏是对日跨境贸易大省，该航线的开通将促进江苏对日贸易发展。

中国邮政寄递事业部网络运行处负责人介绍，此次南京首条直飞日本国际货邮航线的开通，是中国邮政集团有限公司主动服务国家“双循环”战略的重要举措，是全面推进快递业“两进一出”工程、扩大“出海”通道的务实之举。当前，中国邮政集团有限公司正在加快推进南京国际货邮综合核心口岸建设，立足南京构建中国邮政自主的国际物流网络体系。下阶段，中国邮政集团有限公司还将开通南京至俄罗斯、美国东海岸、欧洲、澳大利亚、南美洲等多条国际货邮航线，全面打造跨境电商最优产业生态圈，全力助推南京都市圈建设。

（案例来源：中国邮政南京直飞日本的首条全货机国际航线开通 [EB/OL].（2021-04-28）[2024-11-13]. https://jsnews.jschina.com.cn/nj/a/202104/t20210428_2772648.shtml）

思考并讨论

1. 通过本案例的学习，你对快递物流企业主动服务国家双循环战略有什么感想？
2. 目前全球物流市场对于国际快递服务的需求如何？

自我分析与总结

错题整理

学会的内容

总　结

Module 6

模块 6　跨境电商进出口物流通关

情境导入

小王在大四下半年进入某外贸公司实习，他所在的部门负责公司的进出口物流通关工作。最近，小王接到一个任务，需要将一批高价值的电子产品运送到德国，并回收德国客户的一批瑕疵货品进行售后处理。为了确保货物能够按时、安全地到达，并顺利回收瑕疵货品，小林需要先了解境内出境通关和境外入境清关，以此来顺利完成境内出境通关和境外入境清关。

现在请你根据境内出境通关和境外入境清关的相关知识来帮助小林完成这批电子货品的发货并回收瑕疵货品。

【思考】

认真思考以下问题，并带着问题进入课堂寻找答案吧。

- 什么是通关？
- 通关有哪些流程？
- B2B 出口通关和 B2C 出口通关有什么区别？
- 海关扣关的原因有哪些？
- 海关扣关后的解决办法有哪些，如何避免海关扣关？

任务 1　境内出境通关

国际贸易是通过运输工具、货物、物品的进出境来实现的，在进出境活动中，通关是必不可少的环节。跨境电商企业在开展出口业务时，为了确保货物能够顺利通过海关，需要了解并掌握境内出境通关的相关知识和流程。

本任务的学习内容主要从以下三个方面展开讲解：

➤ 通关的含义

➤ 跨境 B2B 出口通关

➤ 跨境 B2C 出口通关

活动 1　通关的含义

在国际贸易的广阔领域中，跨境物流作为核心驱动力，依赖运输工具的调度、货物及物品的跨境流转来实现其经济价值。此过程中，通关作为不可或缺的环节，扮演着至关重要的角色。

一、通关的概念

通关是指进出境运输工具负责人、货物的收发货人及其代理人、物品的所有人向海关申请办理货物的进出境手续，海关对其呈交的单证和实际进出口货物依法进行审核、查验、征收税费、批准进口或出口的全部过程。

二、通关相关企业

跨境电商通关相关企业共有 5 种类型，如图 6-1 所示，分别是跨境电商企业、跨境电商企业境内代理人、跨境电商平台企业、支付企业、物流企业。参与跨境电商零售出口业务的企业应当向所在地海关办理信息登记，如需办理报关业务，还应向所在地海关办理备案登记。

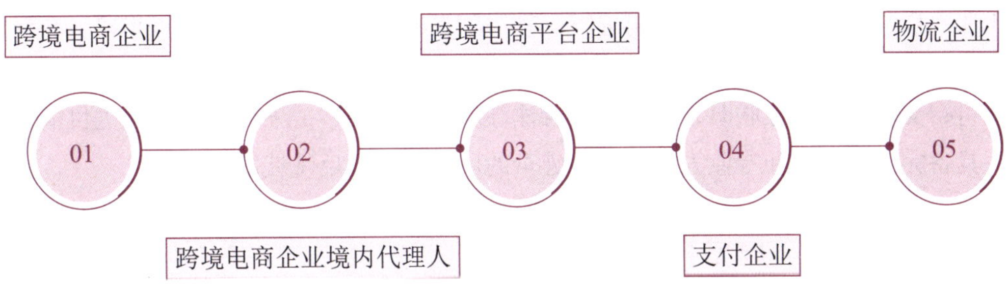

图 6-1　跨境电商通关相关企业

（一）跨境电商企业

跨境电商企业是指自境外向境内消费者销售跨境电商零售进口商品的境外注册企业（不包括在海关特殊监管区域或保税物流中心内注册的企业），或者境内向境外消费者销售跨境电商零售出口商品的企业，是商品的货权所有人。

（二）跨境电商企业境内代理人

跨境电商企业境内代理人指开展跨境电商零售进口业务的境外注册企业所委托的境内代理企业。

（三）跨境电商平台企业

跨境电商平台企业是指在境内办理工商登记，为交易双方（消费者和跨境电商企业）提供网页空间、虚拟交易场所和交易规则、信息发布等服务，设立供交易双方独立开展交易活动的信息网络系统的经营者，如速卖通、亚马逊、阿里巴巴国际站等第三方平台运营方。

小贴士

阿里巴巴提供的智能通关服务涵盖了多场景的一站式数字智能通关服务，包括智慧税则、智能制单、智能报关平台、商事单证等。这些服务通过AI技术提升了报关的效率和准确性，显著缩短了通关时间。

（四）支付企业

支付企业是指在境内办理工商登记，接受跨境电商平台企业或跨境电商企业境内代理人委托为其提供跨境电商零售进出口支付服务的银行、非银行支付机构及银联等。支付企业为银行的，应具备国家金融监督管理总局颁发的金融许可证；支付企业为非银行支付机构的，应具备中国人民银行颁发的支付业务许可证，支付业务范围应当包括互联网支付；支付企业为银联时，需在境内合法注册登记，拥有成熟广泛的全球支付清算网络，具备完善的内控和专业人员配置、健全的风控体系及反洗钱能力等。

（五）物流企业

物流企业是指在境内办理工商登记，接受跨境电商平台企业、跨境电商企业或其境内代理人委托为其提供跨境电商零售进出口物流服务的企业。参与跨境电商业务的物流企业应获得国家邮政管理部门颁发的快递业务经营许可证。直购进口模式下，物流企业应为邮政企业或者已向海关办理代理报关登记手续的进出境快件运营人。

三、通关平台

通关平台是国际贸易中货物进出口通关流程里，用于处理各类通关业务、实现信息交互和业务协同的信息化平台。它涵盖了报关、报检、税费缴纳、查验放行等多个关键环节，连接了海关、企业、检验检疫机构、税务部门等众多相关主体，借助信息化手段提升通关效率、降低贸易成本。

国际贸易单一窗口作为国际贸易便利化措施，极大地优化了传统通关流程。它允许参与国际贸易和运输的各相关方通过单一平台一次性提交标准化信息和单证，以满足相关法律法规和监管的要求。如果是电子报文，可一次性提交各项数据。

国际贸易单一窗口主要分为三种模式，如图 6-2 所示：

01

瑞典的“单一机构”模式

由一个机构来处理进出口业务，机构在收到企业申报数据后直接进行处理。

02

美国的“单一系统”模式

系统只负责电子数据的收集和分发，政府各部门负责业务处理。

03

新加坡的“公共平台”模式

企业只需填制一张电子表格就可以向不同的政府部门申报数据，政府部门处理后会将结果自动反馈给企业。

图 6-2　国际贸易单一窗口的主要模式

目前我国跨境电商通关平台是中国国际贸易单一窗口平台，具有一点接入、一次提交、一次查检、一键跟踪、一站办理的“五个一”功能特色，能够提高国际贸易供应链各参与方系统间的交互性，优化通关业务流程，提高申报效率，缩短通关时间，降低企业成本，促进贸易便利化。

四、通关流程

一般出口货物通关分为 4 个基本环节，即申报、查验、征税、放行，具体如下，而加工贸易进出口货物通关基本环节则是在一般货物通关环节中多出结关和后期核销两个环节。

（一）申报

申报是指出境运输工具负责人、出口货物的发货人或者他们的代理人、物品所有人在进出口货物时，在海关规定的期限内以书面或者 EDI 的方式向海关申报其进出口货物的情况，随附相关货运和商业单证，申请海关审查放行，并对所申报内容的真实性、准确性承担法律责任的行为。

进出口企业向海关申报时必须提供包括但不限于以下单证，如图 6-3 所示。出口货物的发货人除海关特许的外，应当在货物运抵海关监管区后、装货的 24 小时之前，向海关申报。

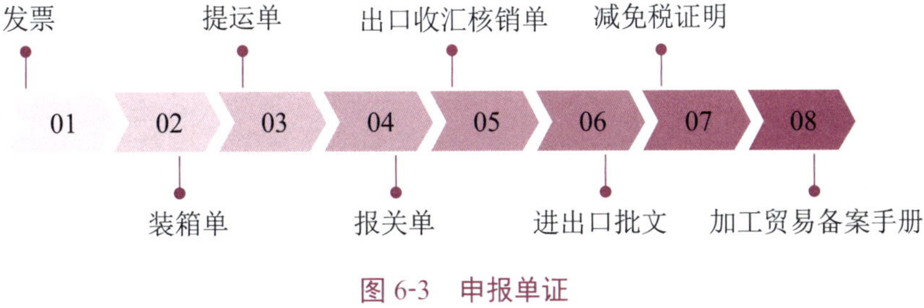

图 6-3　申报单证

（二）查验

查验是指海关在接受申报后，依法为确定出境货物的性质、原产地、货物状况、数量和价值是否与货物申报单上已填报的内容相符，对货物进行实际检查的行政执法行为。海关查验进出口货物时，报关人员必须在场，并按照海关的要求搬移货物、开拆和重封货物的包装等。

（三）征税

征税是指海关根据国家（地区）的有关政策、法规对出口货物征收关税及进口环节税费的行为。

（四）放行

放行是指海关接受申报，并审核报关单据、查验货物、依法征收税款后，对出口货物做出结束海关现场监管决定的工作程序。

卖家可以通过中国国际贸易单一窗口（https://app.singlewindow.cn）查询货物出境的申报情况。

活动 2　跨境 B2B 出口通关

跨境电子商务企业对企业（business-to-business）出口，简称“跨境电商 B2B 出口”，是指境内企业通过跨境物流将货物运送至境外企业或海外仓，并通过跨境电商平台完成交易的贸易形式。

一、B2B 出口通关概念

B2B 出口通关是指参与跨境电商 B2B 出口业务的境内企业，在将商品通过跨境物流运送至境外企业或海外仓的过程中，依照《中华人民共和国海关法》及相关法律法规的规定，向海关申报出口货物、提交所需单证、接受海关查验、办理征（免、退）税及海关放行等一系列法定手续的过程。这个过程是确保 B2B 出口货物合法合规跨越关境的关键环节，对于保障贸易安全、提升贸易效率以及享受相关贸易便利政策具有重要意义。

二、B2B 出口业务模式

B2B 出口包括直接出口和海外仓两种业务模式。

（一）跨境电商 B2B 直接出口

跨境电商 B2B 直接出口是指境内的跨境电商企业通过跨境电商平台与境外企业达

成交易后，通过跨境电商物流将货物直接发给境外企业的贸易形式。跨境电商 B2B 直接出口也称为“9710”出口。

“9710”是海关总署 2020 年第 75 号公告增列的海关监管方式代码，全称“跨境电子商务企业对企业直接出口”，简称“跨境电商 B2B 直接出口”，适用于跨境电商 B2B 直接出口的货物。“9710”跨境电商 B2B 直接出口业务模式如图 6-4 所示。

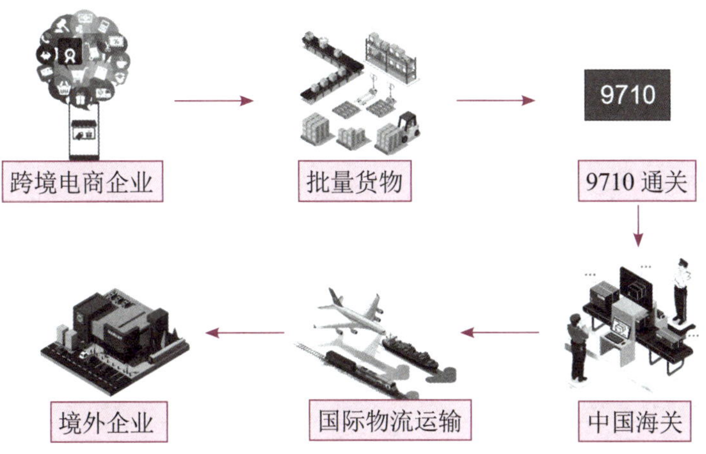

图 6-4　“9710”跨境电商 B2B 直接出口业务模式

（二）跨境电商出口海外仓

跨境电商出口海外仓是指境内的跨境电商企业将要销售的货物批量出口至海外仓，当境外消费者网购下单后，再从海外仓将商品发送给消费者。跨境电商出口海外仓也称为“9810”出口。

“9810”是海关总署 2020 年第 75 号公告增列的海关监管方式代码，全称“跨境电子商务出口海外仓”，简称“跨境电商出口海外仓”，适用于跨境电商出口海外仓的货物。“9810”跨境电商出口海外仓业务模式如图 6-5 所示。

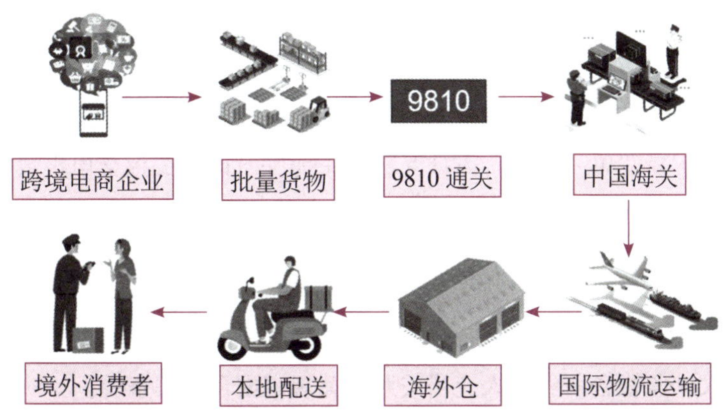

图 6-5　“9810”跨境电商出口海外仓业务模式

（三）B2B 与一般贸易出口方式的对比

跨境电商 B2B 出口（9710、9810）与一般贸易出口（0110）的对比如表 6-1 所示。

表 6-1　跨境电商 B2B 出口与一般贸易出口方式的对比

	跨境电商 B2B 出口（9710、9810）	一般贸易出口（0110）
随附单证	9710：订单、物流单（低值） 9810：定仓单、物流单（低值）（报关时委托书第一次提供即可）	委托书、合同、发票、提单、装箱单等
通关系统	H2018 系统（单票在 5 000 元人民币以内且不涉证不涉税不涉检的，可通过 H2018 系统或跨境电商出口统一版通关）	H2018 系统
简化申报	在综试区所在地海关通过出口统一版申报，符合条件的清单可申请按 6 位 HS 编码简化申报	—
物流	可适用转关或直接口岸出口，通过 H2018 申报的可适用全国通关一体化	直接口岸出口或全国通关一体化
查验	可优先安排查验	—

三、B2B 出口通关管理

B2B 出口通关管理主要涉及以下五点：

（一）注册登记

跨境电商企业、跨境电商平台企业、跨境电商物流企业等参与跨境电商 B2B 出口业务的境内企业，应当依据海关报关单位注册登记管理有关规定，向所在地海关办理注册登记。

（二）备案要求

开展出口海外仓业务的跨境电商企业，应当在海关开展出口海外仓业务模式备案。

（三）数据传输

跨境电商企业或其委托的代理报关企业、境内跨境电商平台企业、跨境电商物流企业应当通过国际贸易“单一窗口”或“互联网 + 海关”向海关提交申报数据、传输电子信息，并对数据真实性承担相应法律责任。

（四）检验检疫

跨境电商 B2B 出口货物应当符合检验检疫相关规定。海关实施查验时，跨境电商企业或其代理人、监管场所经营人应当按照有关规定配合海关查验。

（五）监管试点

目前，跨境电商 B2B 出口在北京海关、天津海关、南京海关、杭州海关、宁波海关、厦门海关、郑州海关、广州海关、深圳海关、黄埔海关开展跨境电商 B2B 出口监管试点，将根据试点情况及时在全国海关复制推广。

跨境电商 B2B 出口注意事项：

（1）货物符合检验检疫规定：跨境电商 B2B 出口货物需符合检验检疫相关规定。

（2）配合海关查验：企业或其代理人、监管作业场所经营人在提前预约查验时间，且能确保按海关要求提供完整、准确的货物信息及相关单证，并积极配合海关查验工作的前提下，海关可优先安排查验。企业或其代理人、监管作业场所经营人需积极配合海关查验。

（3）单据准确性：在报关单申报环节，企业需多次核对税号、品名、价格、收发货人等信息，确保填写正确。如有疑问，可参考相关规范申报目录及释义，或咨询业内人士。

四、B2B 出口通关模式

（一）报关单申报模式

若货物单票货值高于 5 000 元人民币，或涉证、涉检、涉税，企业必须采用报关单申报模式，如图 6-6 所示。

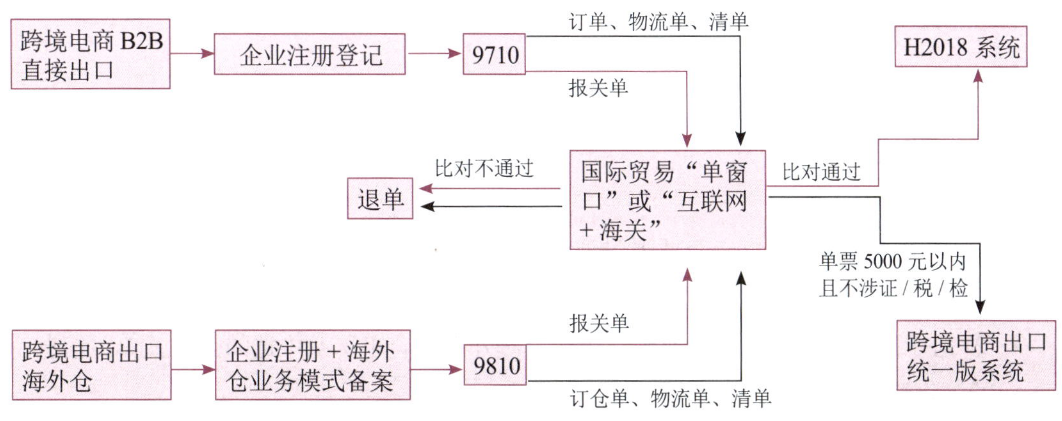

图 6-6　B2B 出口报关单申报模式

“9710”监管方式需要申报“交易订单和报关单”，“9810”监管方式需要申报“海外仓订仓单和报关单”。具体步骤如下：

（1）跨境电商企业通过通关服务平台向海关传输“9710”出口模式下的订单或“9810”出口模式下的“订仓单”信息。

（2）由报关企业通过通关服务平台向海关申报“报关单”信息。

（3）比对通过后，“订单 / 订仓单”信息进入海关的跨境电商出口统一版系统，“报关单”信息则进入海关的 H2018 系统，办理通关手续。比对不通过，则退单。

（二）清单申报模式

若货物单票货值在人民币 5 000 元以内，且不涉及许可证、税收及检验检疫要求，则企业可灵活选择清单申报模式或传统报关单申报模式。

B2B 出口清单申报模式如图 6-7 所示，以下是对清单申报模式下“9710”与“9810”两种出口方式的详细解析：

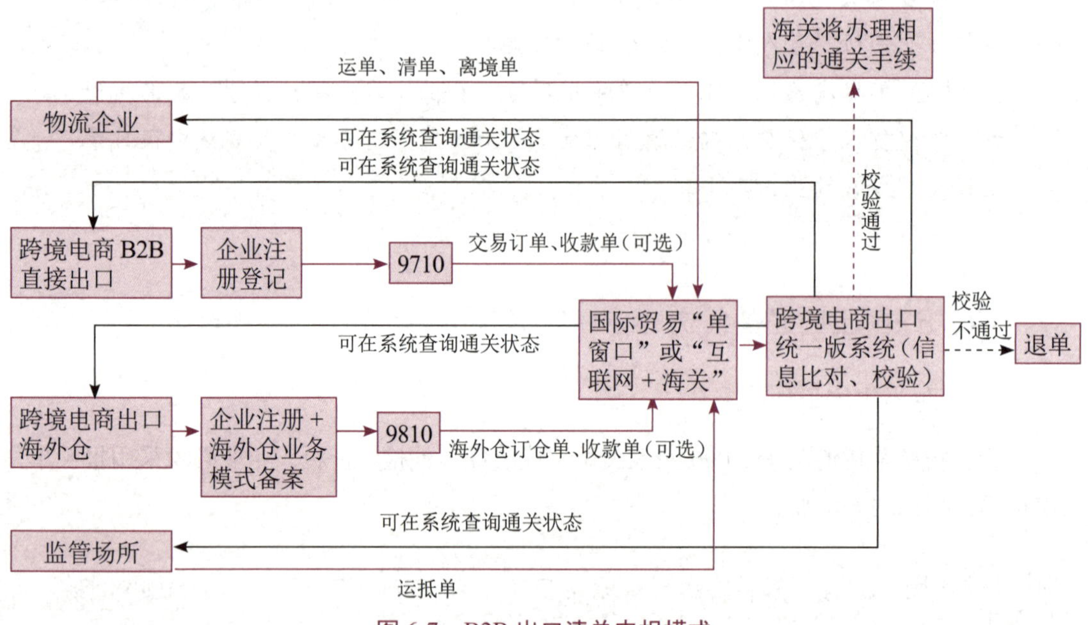

图 6-7　B2B 出口清单申报模式

1. 信息报送

（1）跨境电商企业。

① 对于“9710”出口，企业通过通关服务平台向海关报送“交易订单”信息及可选的“收款单”信息（若企业选择不报送收款单，则无须提供）。

② 对于“9810”出口，企业则需报送“海外仓订仓单”及可选的“收款单”信息。

（2）物流企业

物流企业通过同一通关服务平台，向海关报送“运单”“清单”“离境单”信息。这些信息对于海关掌握货物的物流动态至关重要。

（3）监管场所

监管场所（如机场、港口等）也需通过通关服务平台，向海关报送“运抵单”信息，确认货物已实际运抵监管区域，准备进行后续的出口操作。

2. 系统处理与通关

（1）所有申报信息被汇总并传输至海关的跨境电商出口统一版系统。该系统将自动进行信息的比对、校验，确保数据的准确性、一致性和合规性。

（2）一旦信息通过校验，海关将办理相应的通关手续，包括但不限于放行指令的发送。

（3）跨境电商企业、物流企业和监管场所均可通过系统查询通关状态，以便及时调整物流计划或处理异常情况。

活动 3　跨境 B2C 出口通关

跨境电商零售（business-to-consumer）出口，简称“跨境电商 B2C 出口”，是指企业通过跨境电商平台直接向境外消费者销售商品，借助跨境物流送达客户，并通过跨境电商平台完成交易的贸易形式。B2C 出口能推动跨境电商行业发展、提升国际竞争力、促进就业和经济增长。这为中小企业提供了更多进入跨境电商市场的机会，促进了整个行业的繁荣。

一、B2C 出口通关概念

B2C 出口通关是指境内企业通过跨境电商平台与境外个人消费者达成交易后，将商品以邮件、快件等方式直接运送出境时，依据海关为跨境电商零售出口业务所设定的监管方式，通过跨境电商通关服务平台，向海关提交电子订单、支付单、物流单等交易信息，并办理出口商品清单申报、查验、放行等一系列海关监管手续的过程。其特点是适应 B2C 模式下小批量、多批次的出口需求，能够实现高效便捷、规范合法的货物出境。

二、B2C 出口通关模式

跨境电商 B2C 出口通关有“9610”出口通关和“1210”出口通关两种模式。

（一）“9610”出口通关

1.“9610”出口通关概念

“9610”是专为跨境电商零售进出口业务通关设置的海关监管方式代码，全称“跨境贸易电子商务”。

“9610”出口通关是指跨境电商企业根据境外消费者的网购订单，直接从境内起运订单商品，在跨境电商零售出口监管场所完成申报、查验、放行等海关监管手续后，将商品以邮件、快件方式运送出境的模式。该模式又称一般出口，或直购出口。

专家指导

为促进跨境电商零售进出口业务发展，方便企业通关，规范海关管理，实现贸易统计，2014年1月海关总署发布2014年第12号公告，主要内容如下：

（1）增列海关监管方式代码“9610”，适用于境内个人或电子商务企业通过电子商务交易平台实现交易，并采用“清单核放、汇总申报”模式办理通关手续的电子商务零售进出口商品（通过海关特殊监管区域或保税监管场所一线的电子商务零售进出口商品除外）。

（2）以“9610”海关监管方式开展电子商务零售进出口业务的电子商务企业、监管场所经营企业、支付企业和物流企业应当按照规定向海关备案，并通过跨境电子商务通关服务平台实时传送交易、支付、仓储和物流等数据。

2.“9610”出口通关的优势

“9610”出口通关的核心是采用“清单核放、汇总申报”模式办理通关手续，该模式具有以下几个优势：

（1）高效便捷的清单核放机制

此模式下，海关对跨境电商企业预先提交的出口商品清单进行快速审核，一旦通过即可放行。这一变革极大地简化了传统一般贸易模式下逐个包裹填写复杂报关单的烦琐流程，不仅大幅缩减了通关所需的时间，还显著降低了人力与物力资源的消耗。

（2）节约成本的汇总申报方式

通过汇总申报，企业可以在每月指定的日期前，将上月已完成结关的所有申报清单汇总成一份综合报关单进行提交。汇总申报不仅简化了申报流程，还通过规模化效应进一步降低了企业的报关成本，为跨境电商企业创造了更加有利的经营环境。

（3）税务支持的优化与便利

将跨境电商的申报信息直接作为税务附报内容，是“9610”模式在税务管理方面的另一大亮点。这一举措为跨境电商出口企业提供了更为便捷的退税、免税途径，有效缓解了企业在税务处理上的压力，减少了其不确定性。

3.“9610”出口通关流程

“9610”出口通关流程如图 6-8 所示：

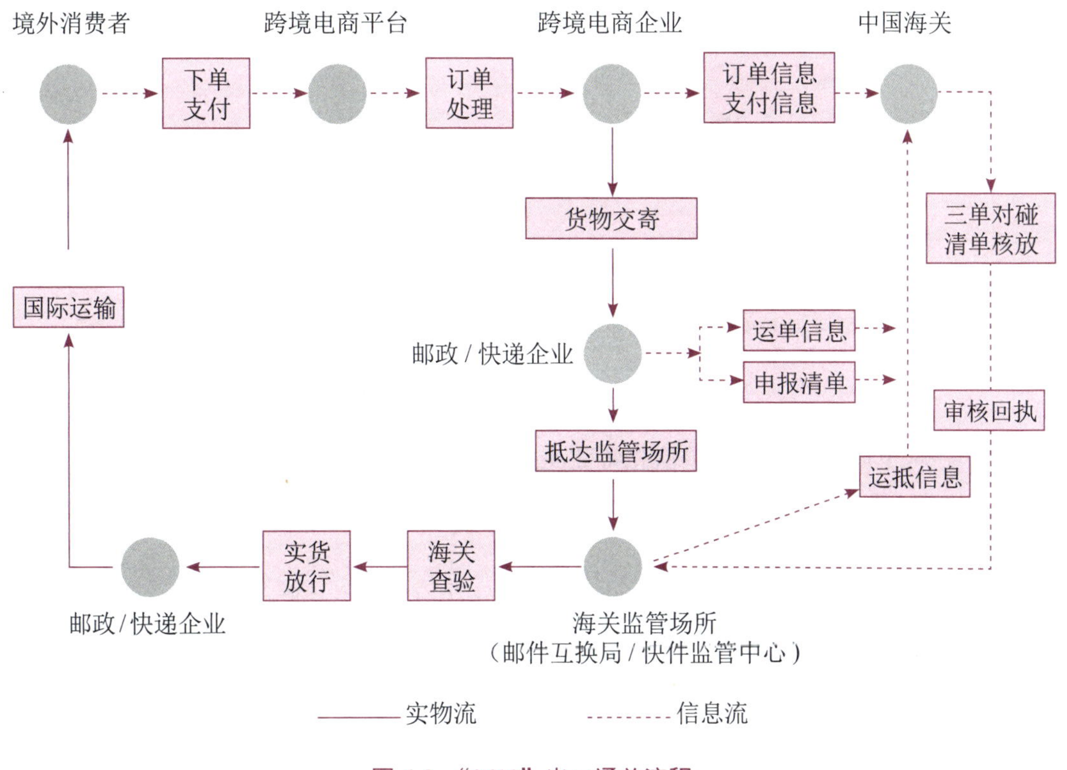

图 6-8　“9610”出口通关流程

出口通关是指从消费者下单到包裹发运离境这一过程，参与主体有消费者、跨境电商平台、跨境电商企业、海关、物流企业、海关监管场所等。

海关作为监管方，其作用一是采集各参与主体发送的信息，通过数据比对核实交易的真实性与合规性，二是对实货物流进行布控查验，两者都通过才能放行。

“9610”出口通关流程包括以下几个步骤：

（1）境外消费者下单与支付

境外消费者通过跨境电商平台浏览并选购商品，完成下单及支付流程。

（2）订单信息传输与商品准备

① 跨境电商平台将订单信息和支付信息传输给跨境电商企业。如图 6-9 所示为 TikTok 卖家中心后台订单信息界面。

图 6-9　TikTok 卖家中心后台订单信息

② 跨境电商企业根据订单信息将商品打包为小包裹，并准备交寄给物流企业（如邮政或快递企业），同时向物流企业及海关通关服务平台传输订单信息和支付单信息。

（3）物流运输计划制定与揽收

① 物流企业收到订单信息后，制定物流运输计划，并上门揽收包裹。

② 物流企业揽投部对包裹进行分拣、称重等内部处理，确保包裹内容的准确性与完整性。

③ 物流企业将包裹运至跨境电商出口监管场所（如邮件互换局或快件监管中心）。

（4）监管场所与海关信息交互。包裹运抵监管场所后，监管场所通过通关服务平台向海关发送包裹运抵信息，便于海关对实货进行布控查验。如图 6-10 所示为跨境一步达通关服务平台界面。

图 6-10　跨境一步达通关服务平台

（5）清单申报与核放

① 通过通关服务平台向海关提交“申报清单”，也就是“报关单”，如图 6-11 所示。

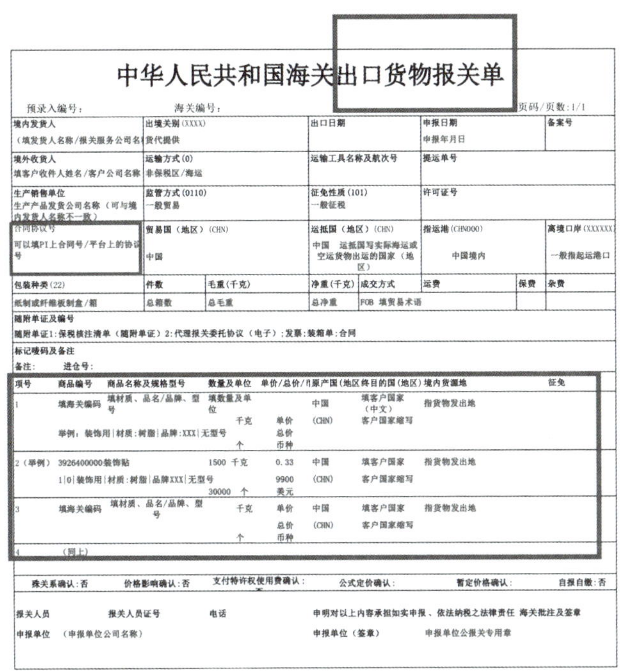

中华人民共和国海关出口货物报关单

预录入编号：　海关编号：　页码/页数：1/1

境内发货人 （填发货人名称/报关服务公司名	出境关别（XXXX） 货代提供	出口日期	申报日期 申报年月日	备案号
境外收货人 填客户收件人姓名/客户公司名称	运输方式（0） 非保税区/海运	运输工具名称及航次号	提运单号	
生产销售单位 生产产品发货公司名称（可与境内发货人名称不一致）	监管方式（0110） 一般贸易	征免性质（101） 一般征税	许可证号	
合同协议号 可以填PI上合同号/平台上的协议号	贸易国（地区）（CHN） 中国	运抵国（地区）（CHN） 中国　运抵国写实际海运或空运货物出运的国家（地区）	指运港（CHN000） 中国境内	离境口岸（XXXXXX） 一般指起运港口

包装种类（22）	件数	毛重（千克）	净重（千克）	成交方式	运费	保费	杂费
纸制或纤维板制盒/箱	总箱数	总毛重	总净重	FOB 填贸易术语			

随附单证及编号

随附单证1：保税核注清单（随附单证）2：代理报关委托协议（电子）；发票：装箱单：合同

标记唛码及备注

备注：　进仓号：

项号	商品编号	商品名称及规格型号	数量及单位	单价/总价/币制	原产国（地区）	最终目的国（地区）	境内货源地	征免
1	填海关编码	填材质、品名/品牌、型号 举例：装饰用|材质：树脂|品牌：XXX|无型号	填数量及单位 千克 个	单价 总价 币种	中国 （CHN）	填客户国家（中文） 客户国家缩写	指货物发出地	
2（举例）	3926400000装饰贴	1|0|装饰用|材质：树脂|品牌XXX|无型号	1500 千克 30000 个	0.33 9900 美元	中国 （CHN）	填客户国家 客户国家缩写	指货物发出地	
3	填海关编码	填材质、品名/品牌、型号	千克 个	单价 总价 币种	中国 （CHN）	填客户国家 客户国家缩写	指货物发出地	
4	（同上）							

特殊关系确认：否　价格影响确认：否　支付特许权使用费确认：　公式定价确认：　暂定价格确认：　自报自缴：否

报关人员　报关人员证号　电话　申明对以上内容承担如实申报、依法纳税之法律责任　海关批注及签章

申报单位　（申报单位公司名称）　申报单位（签章）　申报单位公报关专用章

图 6-11　申报清单

② 海关将“订单”“支付单”“运单”（即“三单”）与“申报清单”进行电子比对，确认交易的真实性与合规性。

③ 物流企业通过通关服务平台向海关传输“申报清单”，等待海关清单核放后的放行结果。

（6）实货查验与放行

① 物流企业收到放行回执后，货物在监管场所接受海关查验，包括过机安检等程序。

② 查验通过后，邮政或快递企业将货物交至航空货站，等待装机运输出境。

（二）“1210”出口通关

1. “1210”出口通关概念

“1210”出口通关是指跨境电子商务企业把整批商品按一般贸易报关，送入海关特殊监管区域，并实现退税；当境外消费者下单后，再根据每笔订单办理海关通关手续，在保税仓库完成打包、贴标，经海关查验后放行，由邮政企业或国际快递企业运输出境的通关模式。

“1210”出口也称特殊区域出口或保税出口。“1210”出口通关模式目前只能在政策允许的 B 型保税物流中心执行，跨境电商企业可以将尚未销售的货物整批发至境内保税物流中心，再进行网上零售，卖一件，清关一件，没卖掉的不能出保税中心，也就无须报关。

2.“1210”出口通关的优势

“1210”是海关总署在2014年第57号公告中增列的海关监管方式代码，全称“保税跨境贸易电子商务”，简称“保税电商”。

“1210”出口通关适用于境内个人或电子商务企业在经海关认可的电子商务平台实现跨境交易，并通过海关特殊监管区域或保税监管场所的电子商务零售进出境商品。该模式具有以下几个优势：

（1）促进阳光通关，增强合规性

“1210”模式的引入，构建了从线下到线上全程可监控、可追溯的体系。它要求所有交易必须在经海关认可的电子商务平台上进行，并通过海关特殊监管区域或保税监管场所进出，从而确保了每一笔交易的合规性。

（2）加速退税流程，提升资金效率

“1210”模式实现了货物进入海关特殊监管区域即可退税的突破。这一变革极大地缩短了退税流程，使得企业能够更快地获得退税资金，提高了资金的使用效率。

（3）降低退货成本，优化售后服务

跨境电商的特殊性决定了其退货处理环节相比传统贸易更为复杂和昂贵。然而，“1210”模式为电商企业提供了退货处理的新思路。通过该模式出口的货物，在符合一定条件的情况下可以退回保税区进行保税维修再销。

3.“1210”出口通关流程

“1210”出口通关流程如图6-12所示：

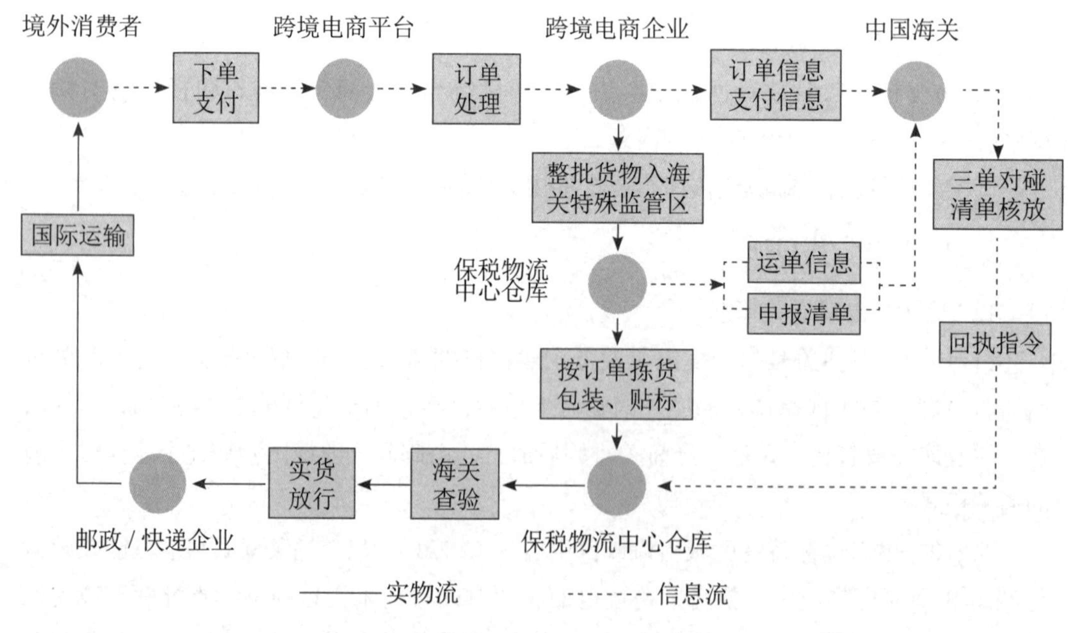

图6-12 “1210”出口通关流程

（1）货物整批进入保税区并实现退税

企业将整批商品按照一般贸易方式向海关申报，货物随后进入海关特殊监管区域（如保税区）。一旦货物进入该区域，企业即可享受退税政策，从而有效减轻资金压力。

（2）跨境电商平台备案

企业需提前在跨境电商平台上完成备案手续，确保交易的真实性和合法性。

（3）下单与支付

境外消费者通过跨境电商平台下单购买商品，平台自动生成订单信息和支付信息，作为后续报关和发货的依据。

（4）将订单信息和支付信息传输至海关及保税物流中心

跨境电商企业通过专门的通关服务平台，将订单信息和支付信息实时传输给海关，同时向保税物流中心仓库推送订单信息。

（5）按单拣货、复核、包装、贴标并申报出库

① 仓库响应：保税物流中心仓库根据接收到的订单信息，准备进行拣货作业。

② 仓库作业：保税物流中心仓库按照消费者订单进行拣货、复核、包装和贴标操作，确保货物准确无误。

③ 申报出库：在完成上述作业后，仓库向海关推送包含运单信息和申报清单的出库申请。

（6）“三单对碰，清单核放”

电子比对：海关系统对“订单”“支付单”“运单”三单信息和企业提交的“申报清单”进行电子比对，验证其一致性和真实性。

（7）货物出库发运并接受海关查验

① 出库发运：保税物流中心仓库根据放行指令，将货物出库并移交给邮政或快递企业。

② 海关查验：在货物离开保税物流中心进入监管场所时，海关将对其进行必要的查验工作，以确保货物符合出口要求。

③ 运输出境：经海关查验合格后，货物由邮政或快递企业负责运输出境，最终抵达境外消费者手中。

任务 2　境外入境清关

境外入境清关是指当货物从国外进入中国时，必须按照中国海关的规定进行的一系列程序，以确保货物符合中国的法律法规和标准。其作用是保护国家安全、维护市场秩序、防止非法物品入境、保护知识产权等。

本任务的学习内容主要从以下两个方面展开讲解：

- 各国海关监管规定
- 海关扣关

活动 1 各国海关监管规定

海关监管规定是指各国政府为维护国家主权、保障国家安全、保护国内产业、促进国际贸易而制定的一系列法律法规，对于维护国家利益、保障人民福祉具有重要意义。这些规定旨在确保进出口货物符合质量标准、环保要求，防止非法物品、毒品、危险品等流入国内。了解各国海关监管规定，有助于跨境卖家在国际贸易中合规经营，降低风险，提高效益。

一、美国

美国海关（美国海关与边境保护局，CBP），提供了很多合规性指引文件，如“商业进口指南”文件，申报“合理关注问题清单”等，以问答的方式提示进口商需要关注的问题，强调进口商在进行 HTS（harmonized tariff schedule，协调关税表）、价格、原产地等项目的申报时要小心谨慎，疏忽、过失或欺诈都会受到不同程度的处罚。

（一）进口清关方式

美国进口包裹的清关方式有邮政清关、快件清关、货物清关。这 3 种清关方式的对比如表 6-2 所示。

表 6-2 美国进口清关方式对比

清关方式	预计清关时效	清关费用	周末是否清关	查验扣货时间	旺季清关延误
邮政清关（USPS）	1～3 天	无	否	2～4 天	是
快件清关（ECCF）	预清关或到达后数小时内	1 美元 / 件	是	24 小时	否
货物清关（CFS）	2～4 天	批量收费	否	2～4 天	是

1. 邮政清关

邮政清关有以下几个特点：

（1）规模庞大：美国邮政处理的进口邮件量庞大，通过多个国际邮件处理中心接收全球邮件。

（2）监管严格：美国海关直接入驻国际邮件处理中心，对邮件进行严格监管。

（3）无手续费：邮政清关本身不产生额外费用，对寄件人和收件人较友好。

（4）时效限制：周末不进行清关工作，可能有旺季延误风险。

邮政清关更适用于个人邮寄的小包裹、样品或低价值商品，特别是对清关速度要求不是特别高且希望避免额外费用的场景。

2. 快件清关

快件清关有以下几个特点：

（1）高效快速：商业快件清关时效高，采用预申报方式，航班起飞前数据已传送至目的地海关，有助于实现快速放行。

（2）专业服务：FedEx、UPS、DHL 等大型快递企业拥有自己的海关监管场地和报关资质，提供专业化的清关服务。

（3）费用产生：商业快件清关会产生一定的手续费，但通常包含在快递费用中。

（4）集拼货物：对于多代理的集拼货物，需使用公共的快件清关场地进行清关。

快件清关适用于对时效要求高、货物价值较高或需要快速流通的商业快件，如紧急文件、高价值电子产品等。

3. 货物清关

货物清关有以下几个特点：

（1）批量处理：主要处理空运 / 海运的拼箱货物，适合批量货物的清关。

（2）成本优势：不同于快件清关，货物清关不收取单件费用，成本更低，适合大量货物的批量清关。

（3）速度较慢：清关速度相对较慢，且周末不处理，旺季时也可能出现延误。

货物清关适用于批量大、价值适中、对时效要求不是非常高的货物，如季节性商品、一般贸易货物等。

（二）进口清关申报形式

美国的关税法案第 321 条规定，单件申报价值在 800 美元（含 800 美元）以内的包裹，免税并直接放行，不需要商业发票，无须正式报关，用仓单做申报和核销，收件人就是进口记录登记人（import of record，IOR）。美国进口清关申报形式如表 6-3 所示。

表 6-3　美国进口清关申报形式对比

申报价值区间及限制	报关类型	报关及文件要求	关税计算与收取	适用方向
单件申报价值≤ 800 美元	非正式报关	低货值免税范围，不需要提供 HTS 及箱单，用仓单做批量报关	无（免税）	常用于低价值商品，如个人用品、小型样品等的进口清关

续表

申报价值区间及限制	报关类型	报关及文件要求	关税计算与收取	适用方向
800 美元 < 价值≤ 2 500 美元	非正式报关	提供产品装箱单、发票、HTS 等	按照 HTS 的税率直接计算关税，由物流公司代缴代办，收取进口商品处理费用，一件货物 2 ~ 9 美元	常用于低价值商品，如个人用品、小型样品等的进口清关
2 500 美元 < 价值 ≤ 10 000 美元	正式报关	填写正式入境报关单（Form 7533/3461）；提供商品 HTS、产品装箱单、发票、提单；收货人提供进口清关委托书（POA）、税号（EIN）、海关保证金（Bond）	清关最低收费 25 美元，经常性进口的 IOR 可使用 ACH（自动清算中心）自动税费结算账户	常用于中等价值商品，如商业样品、小型订单等
10 000 美元 < 价值≤ 100 000 美元		在“2 500 美元 < 价值 ≤ 10 000 美元”的基础上，视商品类型可能需要提供进口许可证、特殊许可证等；可能需要聘请专业报关代理或律师协助报关	根据 HTS 对应的税率计算并缴纳关税	常用于中等价值商品，如商业样品、小型订单等
价值 >100 000 美元及需要政府批准的商品		进口配额、反倾销、反补贴及出口退回的商品，需走特殊清关流程；大批量高货值通常都需要依赖本土清关代理清关；报关行负责预归类、预审价和原产地预先确定等工作，海关有权追溯 5 年以内进口申报记录；提供特殊清关流程要求的文件、与本土清关代理相关的委托文件等	按特殊清关流程计算和缴纳税费	适用于高价值商品、需政府批准商品及涉及特殊贸易情况的商品清关

二、欧盟

（一）欧洲的通关手续

欧洲的通关手续主要有两种方式：

1. 直接口岸清关与内陆运输

这种方式是多数快递及空派专线的选择，适用于对时效要求较高的货物。货物在国际运输抵达口岸后直接清关，随后通过内陆运输快速送达目的地。这种模式下，“货转邮”配送方式使得小包裹也能享受到高效的物流服务。

2. 口岸港转关而非清关

某些情况下，包裹可能在口岸进行转关而非直接清关，这意味着包裹在到达目的地后还需进行二次清关和可能的征税。这对于某些特定路线的专线包裹尤为常见，如从荷兰、比利时进口商品后，意大利或德国收件人需在当地处理税务问题。

（二）欧盟“新电商增值税法”

欧盟“新电商增值税法”于 2021 年实施，主要包括以下三个方面：

1.VAT 通用与免征门槛

欧盟的“新电商增值税法”旨在简化增值税缴纳流程，实现一个 VAT（value-added tax，增值税）通用。对于货值在 150 欧元以下的进口包裹，免征进口 VAT，但出口商 / 卖家需注册 VAT 税号，并向税务局申报销售 VAT。这一政策取消了之前 22 欧元低值包裹的 VAT 豁免条款。

VAT 由销售增值税（Sales VAT）和进口增值税（Import VAT）两个独立缴纳的税项组成，在商品进口到欧盟国家的海外仓时会产生商品的进口增值税，而商品在其境内销售时会产生的销售增值税。以下为 VAT 的计算方式：

进口增值税 =（申报货值 + 头程运费 + 进口关税）×VAT 税率进口关税 = 申报货值 × 商品税率，需要注意的是，不同商品的税率不同。

销售增值税 = 最终销售价格 ×VAT 税率 /（1+VAT 税率），最终销售价格是指卖家将商品成本、推广费用、关税、增值税、利润等所有费用加进去后的最终价格。

实际缴纳 VAT（增值税）= 销售增值税－进口增值税

2. 税务登记与申报

海外仓卖家需完成税务登记并取得 VAT 税号，同时需留存产品销售链接作为复核依据，并保留销售税申报的完税凭证以备抽查。这不仅有助于税务部门的监管，也确保了卖家的合规经营。

3.KYC 客户管理

海外仓企业需加强 KYC（know your customer，了解你的客户）客户管理，包括核对客户 VAT 税号、留存进口申报文件、记录配送及物流单证等信息。这是确保企业符合欧盟税务法规要求的重要步骤，也有助于避免因客户税务问题而承担连带责任。

（三）注意事项

跨境卖家在出口产品至欧盟国家时，还需要注意以下几点：

1. 及时注册 VAT 税号

出口商 / 卖家应尽早完成 VAT 税号的注册，以确保在欧盟市场的合规经营。

2. 优化税务管理

建立健全的税务管理体系，包括定期申报销售 VAT、留存相关税务凭证等，以降低税务风险。

3. 加强客户管理

严格执行 KYC 客户管理政策，确保客户信息的准确性和完整性，避免与不合规客户合作。

4. 关注政策变化

密切关注欧盟及各国税务政策的变化，及时调整经营策略以应对潜在风险。

5. 寻求专业咨询

对于复杂的税务问题，可寻求专业税务顾问或律师的帮助，以确保合规经营并降低税务成本。

例：货物从中国起运，包裹所贴荷兰邮政标签含有 CN22/23 报关单，货物到达阿姆斯特丹的邮政处理中心，在完成了货转邮的操作后被转往瑞典，但包裹在荷兰并未清关。清关动作实际是在瑞典的斯德哥尔摩国际互换局完成的，这类包裹会被视为从欧盟以外入境的包裹。如果先将货物空运至欧盟境内某个国家，对货物进行商业清关，则此后货物就等同进入欧盟内部，无须对其做二次清关。

三、俄罗斯

中俄两国拥有漫长边境线，拥有珲春、黑河、绥芬河和满洲里四大贸易口岸，跨境运输非常便捷，俄罗斯邮政来自中国的进口包裹占到全部进口包裹的 90% 以上。俄罗斯邮政（简称俄邮）是当地的主要配送商，占整个市场的 70%，直邮小包是俄罗斯邮政较常用的物流方式，近年来发展较快。

但俄罗斯海关对于小包裹的严格监管政策，如免税进口额和重量的限制，以及对相同商品数量的规定，都对跨境卖家和消费者提出了一定的挑战。为了确保包裹能够顺利清关并避免不必要的关税和退运风险，卖家和消费者需要密切合作，共同遵守海关规定。

最新颁布的法规明确指出，每位消费者在自然月内累计接收的来自境外的包裹，其总价值需严格控制在 1 000 欧元以内，且包裹总重量不得超过 31 千克。一旦超出此双重界限，即触发关税征收机制，相应税费由收件人即消费者自行承担。

例：某跨境卖家专注于向德国市场销售电子产品，为了方便卖家采用了批量发货的方式，将多个高价值商品打包在一个包裹内进行跨境物流。然而，其包裹总价值超过了 1 000 欧元，且总重量超过了 31 千克，被俄罗斯海关判定违规，导致包裹被额外征收关税 2 000 欧元。

此外，为防范商业性批量进口以个人自用名义规避税收，海关实施了更为严格的商品数量审查标准：单一包裹内若包含超过五个相同或相似商品，将自动被判定为非个人自用物品，进而遭到海关拒绝放行并安排退运处理。

例：某跨境卖家专注于向俄罗斯市场销售手机壳。由于市场需求旺盛，该卖家采用了批量发货的方式，将多个相同商品打包在一个包裹内进行跨境物流。然而，由于包裹内包含超过五个相同商品，被俄罗斯海关判定为非个人自用物品，进而遭到海关拒绝放行并安排退运处理。

针对个人商业性质的清关流程，俄罗斯海关明确要求申报者提供包括纳税识别号在内的详尽个人信息，以确保税收合规性。这一变化促使众多面向俄罗斯的线上物流服务商转而采用个人商业清关模式，以适应新的监管环境。

四、日本

日本市场有更规范的法规制度，在通关方面比较严格。

（一）通关税务

1. 消费税

日本对大多数进口商品征收消费税，消费税由两部分构成：产品消费税和地方消费税。这两种加在一起税率为 10%（这一税率可能会根据政府政策调整）。

2. 关税

对于超过 1 万日元（约合 90 美元）的货物，除了消费税外，还需根据商品种类和价格缴纳 3% 至 5% 不等的进口关税。关税税率根据商品的具体分类（HTS 编码）而定，存在多个档位。

3. 低报风险

海关要求申报单价不得低于该商品在网店售价的 25%，这是为了防止价格低报以逃避税收。低报不仅会导致补税、罚款，还可能影响企业信誉。

（二）清关需求

1. 店铺商品链接备案

在进口代理人清关模式下，卖家需向海关提供店铺商品链接的备案，以证明商品的真实价值和用途。

2. 申报准确

通关申报必须真实、准确，否则将面临扣货、高额罚款甚至法律责任。

3. 侵权检查

海关会对进口货物进行侵权检查，一旦发现侵权，货物将被没收，商家可能面临法律诉讼和经济处罚。

（三）特殊商品需求

1. 普货与 FBA 货件

必须以有进口权的公司的名义进行清关，这要求卖家或进口代理人具备相应的资质和手续。

2. 敏感物品

食品、医疗、美容等与人体直接接触的产品，以及刀具等危险品，清关难度较大，且可能产生额外的仓储费、销毁费等费用。

3. 特殊证明文件

（1）食品：需提供日本卫生部门的食品卫生检疫证明书。

（2）按摩器材：需进行医药确认并提供相关医疗证明资料。

（3）玩具：需明确适用年龄段，要求提供食品相关清关许可证资料。

（四）通关流程

根据日本《关税法》规定，一般情况下，应将进口货物运入保税区域后，再向海关申报。海关接到进口申报后，进行单证审查和必要的货物查验。对于需要缴纳关税的货物，原则上需要企业先缴纳关税，待海关予以放行后，企业方能提货。如图 6-13 所示为日本通关流程。

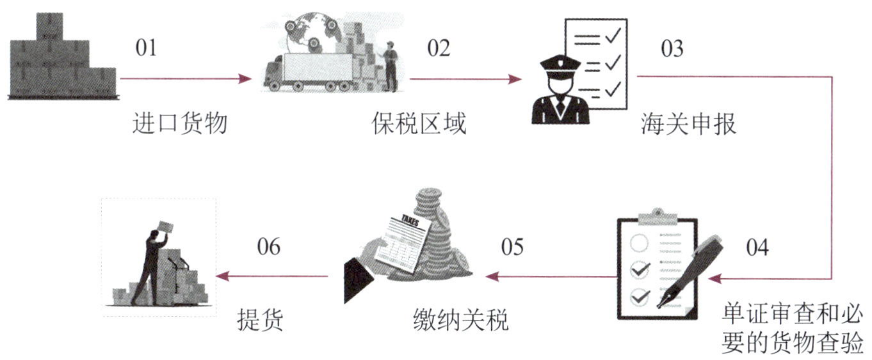

图 6-13　日本通关流程

但也存在例外规定，例如，散装货物、生鲜类食品等需快速运走的航空货物等可不运入保税区域。

此外，具备以下条件的货物，向关长提出关税担保并获得关长同意后，可先提货。

1. 贵重品、危险品，有变质、损坏可能的货物。

2. 因参加展览会受时间限制的货物。

3. 因适用特惠税率待交原产地证书的货物。

符合特例申报制度规定的，可先放行，后纳税，目的是降低进口者成本，提高便利性。适用特例申报制度的对象主要是通过了安全性管理和遵纪守法风险控制机制，并经关长批准的“特例进口者”。

（五）注意事项

1. 了解并遵守法规

在进口前，务必详细了解日本的进口法规、关税政策、消费税规定等，确保合规经营。

2. 选择可靠的进口代理人

与有经验和资质的进口代理人合作，可以大大降低清关风险，提高通关效率。

3. 准备充分的申报资料

确保申报资料真实、准确、完整，包括商品描述、价格、数量、产地、用途等信息。

4. 谨慎邮寄敏感物品

尽量避免邮寄难以清关或需要特殊证明的敏感物品，以免产生麻烦和不必要的费用。

5. 建立风险应对机制

制定应急预案，以应对可能出现的清关问题，如货物被扣、需要补税或提供额外证明文件等。

活动 2　海关扣关

海关扣关是指海关在发现进出口货物存在违规行为时，采取的一种行政强制措施。扣关货物通常包括涉嫌侵犯知识产权、逃避税收、携带违禁品等情况。海关扣关旨在维护国家利益、保障国家安全、保护消费者权益。了解海关扣关规定，有助于跨境卖家降低扣关风险，提高贸易效率。

一、海关扣关原因

（一）清关受阻

清关受阻具体有以下 3 种情况，如图 6-14 所示：

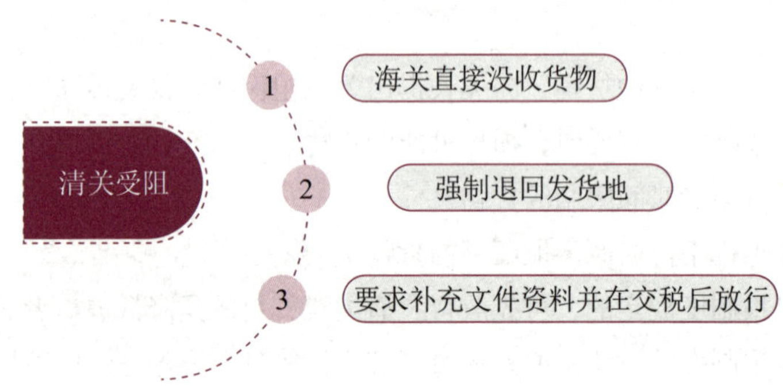

图 6-14　清关受阻的具体情况

（二）扣关原因

货物被海关扣关，多半是自身原因导致的，常见的原因有以下几种：

1. 货物涉嫌侵犯知识产权。
2. 商品的申报价值和海关估价不一致。
3. 申报的品名和实际商品不符。
4. 装箱的清单不详。
5. 收货人条件不合格（如没有进口权、个人税号不符等）。
6. 作为个人自用物品超过规定的数量或金额。
7. 与目的国（地区）的政策法规有冲突。
8. 关税和税款未支付。
9. 违反了进出口国家的贸易法规（如禁运品、限制品或受保护的物种）。
10. 货物受到反倾销或反补贴调查。

二、海关扣关解决办法

（一）解决扣关问题

解决海关扣关的问题可以从以下几方面入手：

1. 文件的完善与合规处理

当货物因文件缺失或错误而被扣留时，进出口商的首要任务是迅速补充并校验所有必要文件。

例：某卖家因商业发票所载货物数量与实际不符而被扣留。在此情境下，进出口商需立即提交修正后的商业发票，并评估是否需要承担因申报错误而产生的额外的关税责任。

2. 关税与税款的及时清算

当货物因税费缴纳问题（如关税、增值税等未足额缴纳）而被扣留时，应迅速核查并补足所欠税款差额。

例：某公司进口高价值电子产品时，因增值税缴纳不足而受阻，该公司迅速补足税款差额，从而促使货物顺利放行。

3. 商品的精确描述

如果扣关是因为商品描述不精确，进出口商的首要任务是提供精确的商品描述，同时还可能需要支付因错误申报而产生的额外关税。

例：某卖家出口的机械零件因为被模糊地描述为"通用零件"而被海关扣留。因此公司需要提供更详细的描述，并支付因重新分类而产生的关税差额，从而促使货物顺利放行。

4. 许可证与认证的合规管理

如果扣关是因为缺少必要的许可证或认证，进出口商的首要任务是申请并提交这些文件。

例：某跨境卖家因进口的农产品没有提供进口许可证而被海关扣留。在该卖家申请并获得了许可证后，货物被放行。

5. 知识产权的保护与纠纷解决

如果扣关是因为涉嫌侵犯知识产权，进出口商的首要任务是证明货物不侵权，或者已经与权利持有人达成和解。

例：某跨境卖家因出口的服装因为涉嫌侵犯某个品牌的商标权而被海关扣留。该卖家提供了不侵权的证据后，货物被放行。

6. 安全与健康标准的合规验证

在食品安全等敏感领域，货物扣留往往与不符合安全或健康标准相关。货物被扣留时，进出口商的首要任务是提供相关证明或进行必要的检查。

例：某跨境卖家进口的食品因为标签不符合健康标准而被海关扣留。该卖家重新贴上符合标准的标签后，货物被放行。

7. 正确的原产地证明

如果扣关是因为原产地问题，进出口商需要提供正确的原产地证明。

例：某跨境卖家因出口的纺织品因为原产地证明不正确而被海关扣留，在该卖家提供了正确的证明后，货物被放行。

8. 法律途径的合理利用

在某些情况下，跨境卖家可以选择通过法律途径来解决扣关问题。

例：某跨境卖家认为海关的扣关决定不公正，决定向法院提起诉讼，法院裁定海关的决定无效，货物被放行。

素养课堂

跨境卖家必须如实申报进出口货物的所有信息，包括商品名称、数量、价值和 HTS 编码等，任何虚假申报都会被海关查处，并面临相应的法律后果。此外还应确保按照海关规定缴纳所有应缴的税款，避免因漏缴税款而面临罚款和信用损失。侥幸心理和违法行为不仅会导致经济损失，还可能带来严重的法律后果。因此，跨境卖家在进行国际贸易活动时，必须严格遵守相关法律法规，确保所有申报信息的真实性和完整性，避免因违法行为而面临处罚。

（二）避免海关扣关

要想货物顺利被清关，需要注意以下事项：

1. 商品合规

首先，商家要保证自己的商品不存在侵权、涉嫌违禁品和敏感限制类商品的问题。在销售前，应了解目的国（地区）的监管制度，分析商品是否与当地法规存在冲突，要保证商品的认证、授权、专利、相关检测等手续和文件齐全。

2. 手续齐全

商品进口报关需要准备的单证包括进口许可证、入关单、商业发票、产地证、装箱单和货运单等，还要结合商品属性出具相应认证及产地标签；如果需要收货人协助清关的，应检查收货人是否具备条件，有无进口权、私人税号等，订购的商品数量是否超出个人物品限值、网购限额等，确保满足条件要求。

3. 如实申报

卖家为了减少税费可能会低报价格和数量、使用模糊品名或不详尽的装箱清单，这些行为会增加扣关风险。如果申报价值和海关估价不符，卖家可能需要补缴税款甚至面临罚款。海关的开箱查验比例取决于本国或地区对待跨境包裹的政策，因此，卖家需要注意向不同国家或地区申报的策略的差异。

课程总结

本任务主要阐述了境内出境通关及境外入境清关两个部分，分别介绍了通关的含义、跨境 B2B 出口通关、跨境 B2C 出口通关、各国海关监管规定以及海关扣关。

通关和清关是整个跨境贸易过程中非常关键的一步，决定了整个流程是否能够正常地进行，因此，了解跨境商品通关和清关的流程是跨境卖家必备的技能。

延伸拓展

扫码获取以下学习资源，拓展自己的知识和视野。

1.《报关、结关、通关的区别》

2.《跨境电商 B2B 出口海外仓》

3.《9610 出口报关模式适用要点》

资源 1

资源 2

资源 3

课后思考

1 跨境电商进出口物流是什么？

2. 通关相关企业有哪些？

3 通关流程是怎样的？

4. B2B 和 B2C 之间有什么不同？

5. 海关扣关的原因及解决方法有哪些？

思政园地

港珠澳大桥海关跨境电商侵权案件

思政元素：遵纪守法。

2022 年 6 月，拱北海关对外公布，该关所属港珠澳大桥海关于近日查获 941 件涉嫌侵权的跨境电商出口商品。这是大桥口岸跨境电商业务开展以来查获的最大宗涉嫌侵权案件。

2022 年 5 月 15 日，港珠澳大桥海关关员在对一批由某公司以跨境电商一般出口贸易方式申报出口的包裹进行查验时，发现其中大量商品涉嫌侵犯多个知名品牌商标专用权，包括手表、饰品、鞋子、游戏手柄、耳机等共计 941 件。目前，该批商品已按规定作进一步处理。

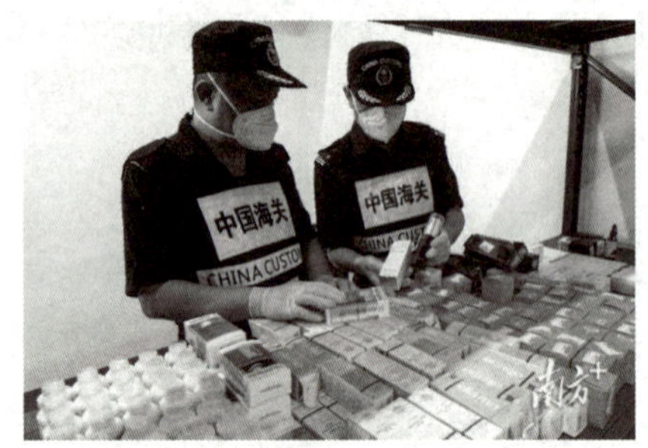

海关查验出口商品

2022 年以来，港珠澳大桥海关扎实开展“龙腾行动 2022”知识产权海关保护专项行动，严厉打击跨境侵权行为。海关提醒广大进出口企业，增强守法意识，切勿进出口侵权商品。对于违反《中华人民共和国知识产权海关保护条例》的违法行为，海关将依法予以处理。

（案例来源：名表、饰品……港珠澳大桥海关查获跨境电商侵权嫌疑商品 941 件 [EB/OL].（2022-06-07）[2024-11-13]. https://news.qq.com/rain/a/20220607A005XP00）

思考并讨论

1. 该案例带给你哪些启发和思考？

2. 作为企业或一个公民，如何做到遵纪守法，诚信经营？

自我分析与总结

错题整理

学会的内容

总　结

Module 7

模块 7　跨境电商配送管理

情境导入

小吴是一名跨境电商公司的运营部实习生，最近收到了主管的任务，需要对公司发往美国的货物进行配送管理。在跨境电商配送管理中，物流方式的选择至关重要，正确的选择有助于确保订单准时交付并安全到达目的地。跨境配送模式的选择也涉及多个因素，包括货物特性、目的地、运输时间和成本等方面。

小吴通过积极学习和主动探索，不断了解跨境电商配送管理的相关知识，最终将货物及时发往了美国，圆满完成了主管安排的任务。小吴在实习中展现出的巨大进步，为团队作出了宝贵的贡献，小吴也因此得到了全队的认可和赞赏。

【思考】

认真思考以下问题，并带着问题进入课堂寻找答案吧。

- 跨境配送的概念和功能是什么？
- 跨境配送业务模式主要有哪些？
- 跨境配送作业管理的需求计划是什么？
- 跨境配送作业管理的作业流程是什么？
- 跨境配送作业管理的线路优化是什么？

任务 1　跨境配送模式选择

跨境电商配送管理是指在跨境电子商务环境下，有效管理和控制商品从销售国家到目的国（地区）的物流运输过程。这包括了从订单处理、库存管理、包装、运输选择、海关申报、最终交付等一系列活动的规划、协调和执行。

本任务的学习内容主要从以下两个方面展开讲解：

➤ 配送概念和功能

➤ 配送业务模式

活动 1　配送概念和功能

配送不仅是商品从生产到消费的关键环节，更是企业提升竞争力、提高效率、树立品牌形象的重要手段。通过优化配送流程、提升服务质量，企业可以实现更高的客户满意度，降低成本，提升市场竞争力，为企业的可持续发展打下坚实基础。

一、配送的内涵和特征

（一）配送的内涵

跨境电子商务物流配送是指跨境物流配送企业采用网络化的计算机技术和现代化的硬件设备、软件系统及先进的管理手段，针对跨境客户的需求和用户的订货要求，进行一系列分类、编码、整理、配货等理货工作，并按照约定的时间和地点将确定数量和规格要求的商品送达用户的活动及过程。

近年来，随着电子信息技术的飞速发展，跨境电商在企业生产经营活动中的应用越来越普及，这也为物流配送活动向着高效化、虚拟化和低成本化方向发展创造了良好的外部环境，为传统物流配送向更为先进的跨境电商物流配送演进提供了可能。

（二）配送的特征

配送在商业和物流领域中具有许多重要特征，其中一些主要特征如下：

1. 虚拟性

跨境电商物流配送的虚拟性来源于网络的虚拟性。借助现代计算机技术，配送活动已由过去的实体空间拓展到了虚拟网络空间。通过虚拟配送，找到实体配送中存在的不合理现象，从而进行组合优化，最终使实体配送过程达到效率最高、费用最少、距离最短、时间最少的目标。

2. 实时性

实时性不仅有助于辅助决策，让决策者获得高效的决策信息支持，而且可以实现对配送过程的实时管理。配送要素数字化、代码化之后，可以最大限度地减少各方之间的信息不对称，有效地缩小配送活动过程中的运作不确定性与环节间的衔接不确定性，从而打破以往配送途中的“失控”状态，做到全程的“监控配送”。

3. 个性化

个性化是跨境电商物流配送的重要特性之一。跨境电商物流配送的个性化体现为“配”的个性化和“送”的个性化。“配”的个性化主要指配送企业在流通节点（如配送中心）根据客户的指令对配送对象进行个性化流通加工，从而增加产品的附加价值；“送”的个性化主要是指依据客户配送习惯、喜好为每一位客户制订量体裁衣式的配送方案。

4. 增值性

除了传统的分拣、备货、配货、加工、包装、送货等作业，跨境电商物流配送的功能还向上游延伸到市场调研与预测、采购以及订单处理，向下延伸到物流咨询、物流方案的选择和规划、库存控制决策、物流教育与培训等附加功能，可为客户提供更具增值性的物流服务。

二、配送的功能

跨境电商配送在跨国电子商务领域中扮演着至关重要的角色，为国际电商交易提供了必要的物流支持和保障。如表 7-1 所示是跨境电商配送的主要功能。

表 7-1　跨境电商配送的主要功能

功　能	具体描述
订单处理和管理	① 国际订单处理：接收和处理来自全球的订单，包括订单确认、支付处理等环节 ② 订单跟踪：提供订单跟踪功能，让消费者可以随时查看订单的配送状态
国际物流运输	① 跨境运输：将商品从销售国家运送到目的国（地区），涉及海运、空运、陆运等多种物流方式 ② 多样化选择：提供不同的运输方式和速度选择，以满足不同客户的需求
海关申报和清关服务	① 海关申报：准备和提交符合目的国（地区）海关要求的申报文件 ② 清关手续：协助完成目的国（地区）的清关手续，确保货物合法进入目的国（地区）
仓储与分拨	① 跨境仓储：在目的国（地区）设立仓库，实现存储和快速分拨 ② 分拨服务：根据订单需求，将商品从仓库分拨至最终配送点
配送服务	① 最后一公里配送：将商品从仓库或配送中心送到客户手中，确保客户及时收到商品 ② 配送保障：提供配送保险服务，确保商品在运输途中的安全
售后服务	① 问题解决：处理配送过程中出现的问题和投诉，提供及时的售后支持和解决方案 ② 退换货服务：提供跨境退换货服务，增强顾客购物信心
数据管理和分析	① 信息流管理：管理订单信息、运输信息等数据，确保跨境配送流程的顺利进行 ② 数据分析：分析配送数据和运输成本，优化配送路线和运输方案，从而提高效率，降低成本

活动 2　配送业务模式

想一想

跨境电商配送业务模式主要有哪几种？

中国跨境电商经营模式的比较与选择

跨境配送业务模式取决于企业的规模、市场需求、产品类型以及目标市场等因素。常见的跨境配送业务模式可以分为跨境电商出口物流配送和跨境电商进口物流配送两大类，这两类又可以进一步细分。

一、跨境电商出口物流配送

（一）境内集中配送

在跨境电子商务中，我国电商的外销商品大多数是化妆品、日用品、3C 产品以及服装服饰等个人用品。

在商品配送模式上主要采用的先是国内配货，然后按照买主形成的一定的商品单元，通过国际快递或邮政体系等方式直邮境外，最后经境外合作者把包裹送到客户的手中。在这种模式下，一般由快递公司或邮政进行报关，而在一定的标准下，个人用品的邮包是不需要缴纳关税的。

境内集中配送的模式的优劣势如下所示。

1. 优势：能够在境内按照客户配货一次性形成订单包裹，然后将包裹运输到客户手中，电商不必在境外提前储备大量存货。

2. 劣势：低价的物流配送不能确保配送的安全性和时效性，部分商品需要很长的时间才能到达客户手中，甚至会出现客户收不到商品的情况，这都会对电商的口碑造成一定的负面影响。

（二）境外分散配送

境外分散配送模式适合规模较大的电商，它在境外的目标市场租赁或建立仓库，预估销售情况，并提前通过海运等价格较低的运输方式，将货物批量运到境外仓库。当电商收到客户订单后，直接由距离客户最近的境外仓库拣选货物，然后配送到买家的手中。

境外分散配送的模式的优劣势如下所示。

1. 优势：提高了跨境物流的可操作性，且物流配送的准确性、时效性以及售后服务也得到了很好的保障，极大地改善了客户的体验。同时，这种物流配送模式还有效地节约了电子商务的物流成本。

2. 劣势：境外分散配送模式在库存管理和资金上具有较大的压力，如果对销售情况预测得不够准确，就会导致滞销风险或形成世界性库存。

（三）亚马逊的物流配送模式

在跨境电子商务中，亚马逊将其国内的配送业务委托给美国邮政和 UPS，将国际物流委托给国际海运公司等专业物流公司。

目前，亚马逊物流配送常用的方式有 3 种：

1. 亚马逊 FBA 发货。

2. 第三方海外仓。

3. 自发货。

亚马逊的物流配送模式具有如下优势：

1. 在配送模式的选择上采取外包的方式，降低经营风险

亚马逊自身集中精力发展主营和核心业务，这样可以减少投资，降低经营风险，又能充分利用专业物流公司的优势，节约物流成本。

2. 将库存控制在最低水平，实行低库存运转

亚马逊通过与供应商建立良好的合作关系，实现了对库存的有效控制。

例：亚马逊公司的库存图书很少，维持库存的只有 200 种最受欢迎的畅销书。一般情况下，亚马逊是在顾客买书下了订单后，才从出版商那里进货。购书者以信用卡向亚马逊公司支付书款，而亚马逊在图书售出 46 天后才向出版商付款，这就使得它的资金周转比传统书店要顺畅得多。由于保持了低库存，亚马逊的库存周转速度很快。

3. 合理选择商品品种，降低退货比率

虽然亚马逊经营的商品种类很多，但由于对商品品种选择适当，价格合理，商品质量和配送服务等能满足顾客需要，所以保持了很低的退货比率。极低的退货比率不仅减少了企业的退货成本，还保持了较高的顾客服务水平，建立了良好的商业信誉。

4. 为邮局发送商品提供便利，减少送货成本

在送货中，亚马逊采取一种被称为“邮政注入”的方法减少送货成本。所谓“邮政注入”，就是使用自己的货车或由独立的承运人将整卡车的订购商品从亚马逊的仓库送到当地邮局的库房，再由邮局向顾客送货。这样就可以免除邮局对商品的处理程序和步骤，为邮局配送商品提供了便利条件，也为自己节省了资金。

5. 根据不同商品类别建立不同的配送中心，提高配送中心作业效率

亚马逊的配送中心按商品类别设立，不同的商品由不同的配送中心进行配送。这样做有利于提高配送中心的专业化作业程度，使作业组织简单化、规范化，既能提高配送中心作业的效率，又可降低配送中心的管理和运转费用。

6. 采取“组合包装”技术，扩大运输批量

亚马逊采用“组合包装”技术，将多个客户的小件商品巧妙组合在一个大包装内，实现运输批量的扩大。通过这种方式，不仅能充分利用运输空间，还减少了单个包裹的处理次数和运输成本。同时，这一技术有助于提高整体物流效率，在保证商品安全运输的前提下，为客户提供更具性价比的物流服务。顾客在亚马逊的网站上确认订单后，即

可通过亚马逊销售系统看到所订商品是否有现货，以及所选发运方式、预计发货日期和送货日期等信息。

亚马逊的物流配送模式潜在劣势：

1. 其服务费用可能较高且构成复杂。

2. 卖家对 FBA 库存的控制和管理灵活性相对较低，易面临积压或断货风险。

3. 卖家高度依赖平台的政策，其规则、费用或退货处理方式的变动都可能直接影响运营与盈利。

二、跨境电商进口物流配送

随着跨境电子商务的高速发展，其物流配送问题逐渐成为人们关注的焦点，电子商务物流配送能力的强弱，直接影响跨境电子商务的发展速度和规模。韩国、日本、欧洲、美国、俄罗斯为我国跨境电商进口货物的主要来源国（地区），而东南亚、乌兹别克斯坦、中东国家、俄罗斯和远东地区是我国跨境电商出口货物的主要目的国（地区）。

（一）跨境电商进口物流配送的现状

1. 组织与采购境外资源

在我国境外网购中，大多是护肤美妆、服饰、电子产品、保健品以及婴幼儿食品等消费品。在境外资源的组织与采购中，境外零售商和品牌商具有较大的货源优势。

当前我国境内电商一般从三个渠道获取货源：一是直接获得品牌商授权；二是由海外供应商提供合作平台；三是派人在境外市场进行采购。目前多数境外化妆品、母婴用品类的品牌供应商大多采用的是提供合作平台的模式，而纸尿裤以及奶粉类的电商往往采取派人到境外市场集货的采购方式。

2. 跨境运输和配送

目前，在跨境运输及配送模式中，比较具有代表性的是境外仓库的集中配送和境内保税区配送两种。境外仓库的集中配送主要指的是境外的电商通过境外仓库，再经由国内邮政、物流公司或国际航空等方式直接将货物送达境内的客户手中。境内保税区配送指的是电商提前把境外的商品储备到境内保税区，当电商接到客户的订单后，可从保税区仓库拣选配货，再经快递公司送到客户的手中。

跨境电商进口物流配送是指将商品从境外供应商处进口到境内进行销售的物流配送过程。以下是跨境电商进口物流配送的关键考虑因素：

（1）国际运输方式：根据商品性质、价值和时效要求，结合成本、速度和可靠性等因素选择合适的国际运输方式。

（2）海关规定：了解目的国（地区）的海关规定，避免因不合规而导致清关流程延误。

（3）清关代理：可以考虑与专业的清关代理公司合作，由代理公司帮助办理清关手续，确保顺利通关。

（4）仓储选择：选择合适的仓储服务商，确保商品安全存放和及时发货。

（5）配送服务：选择可靠的境内配送合作伙伴，保证商品能快速送到客户手中。

任务 2　跨境配送作业管理

跨境配送作业管理是指对跨境物流配送过程中的各项活动进行有效的规划、组织、执行和控制的管理过程。跨境配送作业管理能够直接影响到客户体验、成本控制、合规运营、供应链协同以及持续改进等方面，对于跨境电商企业的长期发展和竞争力至关重要。

本任务的学习内容主要从以下三个方面展开讲解：

➤ 需求计划

➤ 作业流程

➤ 线路优化

活动 1　需求计划

跨境配送作业管理的需求计划是指在跨境电商业务中，根据市场需求和运营情况，合理规划和安排跨境配送作业所需的资源、流程和时间表。

一、需求计划的目的

跨境电商物流配送作业需求计划的目的是保证货物安全、完好、准确、高效运输。

以下是需求计划的几项主要目的，如表 7-2 所示：

表 7-2　需求计划的主要目的

目　的	具体描述
控制和优化库存	① 避免库存过剩或缺货：通过需求计划，能够根据客户需求和市场趋势合理规划库存，避免库存不当或缺货造成的损失 ② 优化库存成本：通过合理的需求计划，可以减少库存占用成本，并避免过多资金被囤积在库存中
提高客户服务水平	① 及时满足客户需求：通过需求计划，可以及时准确地响应客户订单，提高交付准时率和客户满意度 ② 提供更多选择：根据需求计划，可以为客户提供更多选择和服务，提升客户体验
降低成本和提高效率	① 减少运输成本：通过需求计划，可以优化配送路线、合并运输批次，降低运输成本 ② 提高作业效率：合理的需求计划可以降低作业时间和人力成本，提高作业效率

需求计划有助于明确企业在跨境配送环节所需的各类资源，包括人力、物力和财力，从而更有效地配置资源。通过需求计划，企业能够合理规划仓储、物流运输等资源的利用，避免资源浪费和过度投入。

二、需求计划的步骤

以下是跨境配送作业管理中需求计划的一般步骤，如图 7-1 所示：

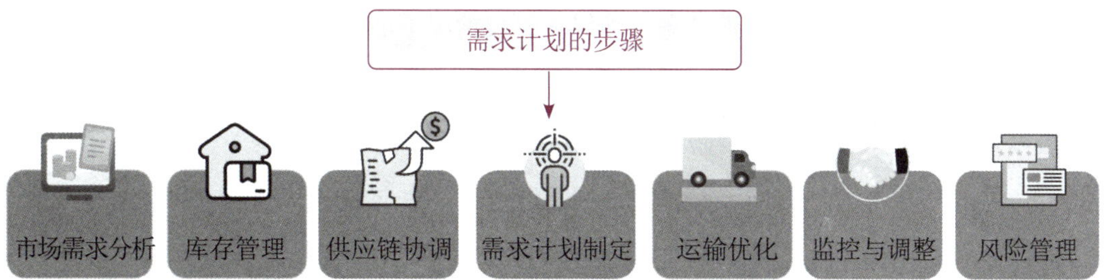

图 7-1　需求计划的步骤

（一）市场需求分析

1. 市场趋势分析：了解市场发展趋势、需求预测等信息。

2. 客户订单分析：分析客户订单量、类型、频率等，以确定需求规律。

（二）库存管理

1. 库存水平规划：根据需求预测和库存情况，制定合理的库存水平。
2. 安全库存设置：确定安全库存水平，以应对突发需求或供应延误。

（三）供应链协调

1. 供应商沟通：与供应商沟通，确保供货及时、质量可控。
2. 内部部门协调：与采购、仓储和运输等部门协调，保障整个供应链畅通。

（四）需求计划制定

1. 制定需求计划：根据市场需求和库存情况，制定货物需求计划。
2. 配送计划制定：基于需求计划制定合理的配送计划，包括路线规划、运输方式选择等。

（五）运输方案优化

1. 配送路线优化：利用物流软件或算法优化配送路线，降低运输成本和时间。
2. 运输方式选择：根据货物特性和时效要求选择合适的运输方式，如海运、空运或陆运等。

（六）监控与调整

1. 实时监控：监控货物运输过程，及时调整计划以应对异常情况。
2. 数据分析：分析配送数据，评估计划执行情况，发现问题并持续改进。

（七）风险管理

1. 风险评估：评估可能的风险，如自然灾害、政策变化等，制定风险应对方案。
2. 应急计划：制定应急处理计划，确保在突发情况下能够及时应对。

专家指导

制定跨境配送作业管理需求计划的注意事项：

（1）确保所依据的数据准确无误，包括订单量、目的地、交付时间等信息。

（2）需求计划应具备一定的灵活性，能够随时应对突发情况和变化的需求。

（3）制订备份计划，以应对突发情况或不可抗力对需求计划的影响。

活动 2　作业流程

跨境配送作业管理作业流程是指在跨境电商业务中，规划和组织跨境配送活动所涉及的各项工作流程和环节。

一、货物入库

货物入库环节是非常关键的一步，它涉及货物从供应商处到达仓库，并经过正确的处理和存储，以便后续的处理和配送。以下是跨境配送作业管理中货物入库环节的一般流程：

（一）入库受理

物流配送中心依据客户的入库指令，结合自身仓储实际情况，开展相应的入库受理工作。

（二）库区库位分配与单据打印

按照签订的合同对货物进行受理操作，依据既定规则为货物分配合适的库区库位，并打印出入库单。

（三）货物验收与编号

在货物正式入库前，对其进行全面验收，仔细核对货物信息，并统一为货物编号，编号信息涵盖合同号、批号、入库日期等关键内容。

（四）补充库位分配与清单生成

针对没有预先分配库位的货物，进行自动或人工安排处理，完成库位分配后，生成详细的货物库位清单。

（五）库存动态管理

对货物在仓库中的各类动态变化信息，如库存数量变动、货物存放位置调整等，进行及时统计与查询，以便掌握库存实时情况。

（六）仓库综合管理

物流公司在货物仓储期间，开展批号管理、盘存处理、内驳作业以及库存结构优化等工作，保障仓库运营的高效与规范。

小贴士

人工智能在货物入库环节中的应用，可以帮助提高仓储效率、减少错误和损耗，提升整体仓储管理水平，从而为物流行业带来更高效、智能化的运作模式。人工智能技术还可以监控入库过程中的异常情况，如货物缺失或损坏，及时发出预警，减少错误入库。

二、运输配送

跨境配送作业运输配送流程旨在确保跨境货物能够按时、安全、高效地从供应地点运送到目的地，同时符合相关法规，满足客户需求。以下是跨境配送作业管理中运输配送环节的一般流程：

（一）配送处理

物流配送中心根据客户的发货指令和库存状况，进行相应的配送处理工作，启动运输配送流程。

（二）出库准备

依据预先制定的配送计划，系统自动完成车辆调配和人员安排等出库前的准备工作。

（三）货物调配

由专人负责，根据既定的调配因素，对货物进行调配操作，可选择自动配货或人工配货方式，实现物流公司资源的高效利用。

（四）人工调整优化

根据系统安排结果，结合实际情况进行人工调整，确保配送方案更贴合实际需求，提升配送效率和质量。

（五）拣货清单打印

完成上述安排后，系统按照物流公司设定的优化原则，依据货物存放库位信息，打印出便于仓库工作人员进行拣货操作的拣货清单。

（六）货物出库交接

承运人凭借拣货清单前往仓库提货，仓库工作人员进行相应的出库处理，完成货物交接。

（七）送货单打印

装车工作结束后，根据本次配送的客户数量，打印出对应的送货单，用于货物交付和客户签收。

（八）车辆定位监控

在车辆运输途中，借助 GPS 车辆定位系统，对车辆进行实时监控，及时获取车辆位置和行驶状态等信息，并保持信息沟通顺畅。

（九）配送确认反馈

货物送达目的地后，经收货方确认无误，运输人员凭借回单向物流配送中心进行配送完成的确认反馈，完成整个配送流程的信息闭环。

（十）数据统计分析与结算

对运输配送过程中产生的各类数据进行统计分析，生成包括业务数据和财务结算数据在内的相关报表，明确应收款与应付款情况，为企业运营决策提供数据支持。

小贴士

人工智能技术在跨境电商物流配送中的应用已经成为提高效率、降低成本和提升服务质量的重要手段。利用人工智能算法和大数据分析，可以结合交通状况、货物量、送货时间等因素，实现智能路线规划，从而减少运输成本和配送时间。

三、配送的主要操作

配送的主要操作如下：

（一）备货

备货是配送的准备工作和基础工作。备货工作包括筹集货源、订货、采购、集货、进货及相关的质量检查、结算、交接等。配送的优势之一就是可以集中用户的需求进行一定规模的备货。备货是决定配送成败的初期工作，如果备货成本太高，将会大大降低配送的效益。

（二）储存

配送中的储存有储备和暂存两种形态。

1. 储备

配送储备是按一定时期的配送经营要求，形成的对配送的资源保证。这种类型储备数量较大，储备结构也较完善，视货源及到货情况，可有计划地确定周转储备和保险储备的结构及数量。配送的储备保证有时会通过在配送中心附近单独建设仓库的方式来实现，以便更高效地调配资源，保障配送工作的顺利开展。

2. 暂存

储存形态的另一种形式是暂存，是具体执行配送时，按分拣配货要求，在理货场地所做的少量储存准备。由于总体储存效益取决于储存总量，所以这部分暂存数量只会对工作方便与否造成影响，而不会影响储存的总效益，因而在数量控制上并不严格。还有另一种形式的暂存，即在分拣、配货之后形成的发送货载的暂存，这类暂存主要是调节配货与送货的节奏，暂存时间不长。

（三）配装

在单个用户配送数量不能达到车辆的有效载运负荷时，就存在一个如何集中不同用户的货物，进行搭配装载以充分利用运能、运力的问题，而这就需要配装。与一般送货不同，通过配装可以大大提高送货效率并降低送货成本，所以配装也是配送系统中有现代特点的功能要素，是现代配送不同于传统送货之处。

素养课堂

知识产权保护在跨境电商物流配送中也是不容忽视的法律问题。企业在配送商品时，必须确保所售商品不侵犯他人的知识产权，包括商标权、专利权和著作权等。如果配送的商品被认定为侵犯了他人的知识产权，海关有权扣留货物，并对相关企业进行处罚。因此，跨境电商企业在采购商品时，应当要求供应商提供相关的知识产权证明文件，或者自行进行知识产权的审查，以降低侵权风险。

活动 3　线路优化

跨境配送作业管理中的线路优化是指通过合理规划和调整配送路线，以提高运输效率、降低成本和减少运输时间。线路优化主要包括以下六个内容，如图 7-2 所示。

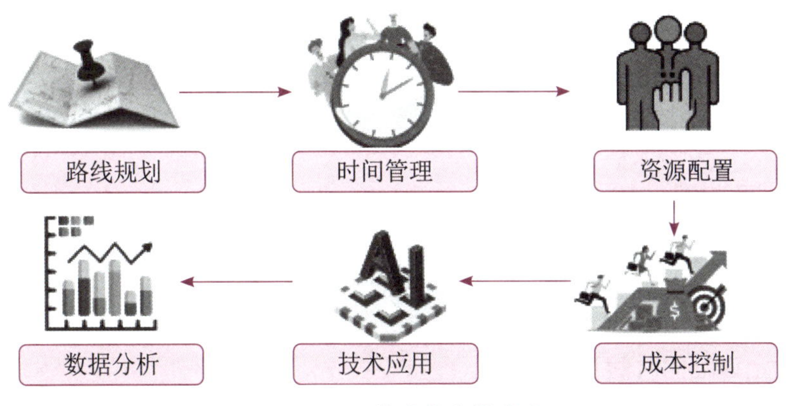

图 7-2　线路优化的内容

一、路线规划

在配送前必须对路线进行规划，这是实现配送省时化、省力化的主要手段，它包括如下几个步骤：

（一）数据收集与准备

1. 收集相关数据，包括配送点位置、货物量、跨境关口通关时间、路况和交通信息等。

2. 准备地图数据和物流信息，以便进行有效的路线规划。

（二）设定路线规划目标

确定线路规划目标，如最小化运输成本、缩短配送时间、提高效率、提高服务质量等。

1. 最小化运输成本

（1）通过优化路线规划、减少空驶里程、合理利用运输工具和资源，降低运输成本。

（2）寻找成本效益最高的运输方式和方案，如集装箱运输、多式联运等，以降低整体成本。

2. 缩短配送时间

通过智能路线规划、优化配送顺序、避开高峰交通时段等方式，缩短配送时间，以提高配送效率和客户满意度。

3. 提高服务质量

（1）着眼于提高服务质量，包括准时送达、货物安全、客户沟通等方面的改进。

（2）设立服务水平指标，持续监控和改善配送过程中的各个环节，以提升整体服务质量。

（三）智能路线规划

结合实时交通信息和地图数据，利用路线规划工具，如 Google Maps API 等，进行智能化路线规划，选择最优路径。

二、时间管理

在跨境配送作业中，有效的时间管理是确保货物准时送达目的地并提高整体效率的关键。以下是时间管理需要考虑的几个方面：

（一）制定详细的时间计划

设立清晰的时间表，包括装货、运输、跨境通关、卸货等每个环节的预估时间，确保每个步骤都有足够的时间安排。

（二）考虑跨境通关时间

充分考虑跨境通关的时间，提前了解目的国（地区）的通关流程和规定，避免因通关延误导致的配送延迟。

（三）合理安排配送任务

根据货物性质和目的地的距离等因素，合理安排配送任务的顺序和时间，优化配送路线以缩短配送时间。

（四）利用技术工具优化时间管理

使用物流管理软件和 GPS 跟踪系统，实时监控货物位置和运输进度，及时调整计划以应对可能的延误或问题。

（五）设定配送窗口时间

与客户协商设定配送窗口时间，确保在客户可接收货物的时间内进行配送，避免错过客户的收货时间。

（六）预留时间缓冲

在时间计划中预留一定的时间缓冲，以应对意外情况或突发事件，确保能够及时应对并保证配送进度。

三、资源配置

资源配置主要包括如下 4 个方面的内容：

（一）人力资源

1. 确保拥有足够的人力资源，包括司机、装卸工、物流专员等，以应对跨境配送作业中不同环节的需求。

2. 培训和管理人员，确保他们了解跨境配送的特殊要求和程序，提高工作效率和服务质量。

（二）车辆和设备

1. 确保配备适量和适用的运输工具，包括货车、集装箱等，以满足不同货物类型和运输距离的需求。

2. 定期检查和维护车辆和设备，确保其在最佳状态下运行，避免因故障或损坏导致的延误。

（三）技术支持

1. 利用物流管理软件和 GPS 跟踪系统，实时监控货物位置和运输进度，优化路线规划和减少不必要的等待时间。

2. 确保技术设备的稳定性和可靠性，提高信息共享和管理效率。

（四）仓储和货物处理设施

1. 确保有足够的仓储空间和货物处理设施，以便有效地进行货物装卸、暂存和分拣，提高作业效率。

2. 根据货物特性和需求，合理规划仓储空间和货物处理流程，减少存储和处理时间，提高物流效率。

由于配送作业本身的特点，配送工作所需车辆一般为汽车。由于需配的货物的质量、体积及包装形式各异，在配装货物时，既要考虑车辆的载重量，又要考虑车辆的容积，使车辆的载重和容积都得到有效的利用，这样就可以节省运力，减少配送的吨·千米数，从而降低配送费用。具体的车辆配装则要根据需配送货物的情况以及车辆情况，主要是依靠经验或简单的计算公式来选择最佳方案。

四、成本控制

（一）配送成本的构成

配送成本的构成如表 7-3 所示。

表 7-3　配送成本的构成

内　容	具体描述
配送运输成本	包括车辆费用和营运间接费用
分拣成本	主要包括分拣人工费用、分拣设备费用
配装成本	主要包括配装材料费用、配装辅助费用、配装人工费用
流通加工成本	主要包括流通加工设备费用，流通加工材料费用，流通加工过程中从事加工活动的管理人员、工人及有关人员工资、奖金等费用

（二）配送成本的核算

配送成本的核算是多环节的核算，是各个配送环节或活动成本的集成。因此，对每个环节都应当计算各成本对象的总成本。

配送成本 = 配送运输成本 + 分拣成本 + 配装成本 + 流通加工成本

（三）成本控制策略

1. 精细成本核算

对跨境配送作业的各个环节进行精细的成本核算，包括运输、通关、仓储、人力等方面，以了解成本构成和潜在的节约空间。

2. 优化运输方式

根据货物性质、价值和时效要求，选择最经济高效的运输方式，如海运、空运或陆运，以降低运输成本。

3. 集约化管理

通过集约化管理和资源共享，减少重复性工作和资源浪费，提高资源利用效率，降低成本。

4. 库存管理优化

精细管理库存，避免过多库存积压和滞销，降低资金占用成本和仓储成本。

五、技术应用

以下是几项关键的技术，可用于优化跨境配送作业线路。

（一）GPS 跟踪

利用 GPS 技术实时跟踪车辆位置，优化路线并提升运输效率；实时监控车辆位置和行驶情况，提供实时数据支持，确保货物安全送达目的地。

（二）物联网设备

使用物联网设备监控货物状态，提高货物安全性和可追溯性。使用物流管理软件进行订单处理、库存管理和路线优化，提高作业效率，降低配送成本。

（三）人工智能

运用人工智能算法进行数据分析和决策优化，提高线路规划的准确性和效率。

六、数据分析

在跨境配送作业线路优化中，数据分析发挥着至关重要的作用。通过对配送作业的相关数据进行深入分析，可以发现潜在的优化空间，并制定更有效的线路优化策略。以下是数据分析在跨境配送作业线路优化中的应用：

（一）配送路线优化

利用历史配送数据和交通信息，进行配送路线的优化分析，找出最佳路线以缩短行驶距离和时间，降低成本。

（二）配送效率分析

分析配送作业的时间节点和效率指标，识别瓶颈和低效环节，优化作业流程以提高整体配送效率。

（三）成本分析

分析配送作业的各项成本，包括运输成本、人力成本、仓储成本等，找出成本构成和节约空间，制定成本控制策略。

（四）客户行为分析

分析客户订单数据和反馈信息，了解客户需求和偏好，优化配送服务，提升客户满意度和忠诚度。

在跨境配送作业管理中进行线路优化时可以结合陆运、海运、空运等多种运输方式，根据货物性质和时效性进行合理选择。通过优化多样化线路，跨境配送作业管理可以适应不同地区、不同需求的情况，提高运输效率，降低成本，增强物流供应链的灵活性和竞争力。

课程总结

本任务主要阐述了跨境配送模式选择及跨境配送作业管理两个部分，分别介绍了配送的概念和功能、配送业务模式以及跨境配送作业管理的需求计划、作业流程和线路优化。通过这些内容的阐述，学生可以全面了解跨境配送的运作机制和管理要点，为实践中的跨境配送活动提供了有益的指导和思路。

延伸拓展

扫码获取以下学习资源，拓展自己的知识和视野。

1.《人工智能如何改变物流行业》

2.《海外仓助力跨境电商形成全新业态》

3.《跨境电商退货逆向物流核心挑战与应对策略》

资源 1

资源 2

资源 3

课后思考

1. 什么是配送，其特点是什么?

2. 跨境电商出口物流配送主要分为哪几类?

3. 跨境配送作业管理的需求计划有什么作用?

4. 配送的主要操作有哪些?

5. 线路优化主要有哪些策略?

思政园地

跨境物流暴力运输案例分析

思政元素：风险意识；安全意识；问题解决。

美国当地时间 2024 年 10 月 16 日，一货运列车在停车期间突然遭遇到一伙抢劫者的洗劫，这伙人抢劫了列车集装箱内的电视机和空气炸锅等货物。

美媒《纽约邮报》报道，美国广播公司芝加哥分台的直升机拍摄并直播了这一过程。画面显示，数十人打开车厢，哄抢货物。警方接警后赶到，对驾车逃离的抢劫者展开追捕。令人意外的是，在抢劫者与警察离开不到 1 小时，又有更多人闯入车厢哄抢。最终，警方逮捕 6 人，追回部分货物。涉事货运公司发言人表示，铁路盗窃对公众、员工及执法人员的安全构成威胁。

对于跨境物流领域来说，适应新常态的要求，是提高安全控制和优化资源配置、整体防范与管理环节的必修课。只有优化公司运输线路，加强货物及员工的管理和保护，才能够保障货物安全，减小损失风险，提高工作效率，同时保证商业拓展与发展。

对于企业而言，应采用如下应对策略：

（1）强化员工安全培训，构建风险预警体系，提前识别潜在风险，制定涵盖多种场景的应急预案，全面提升企业抵御风险的能力。

（2）加强运输线路的管理，提高交通工具的安全防护水平。

（3）规范货物装载与包装，利用定位和监测设备全程跟踪货物状态，针对高价值货物购买足额保险，以此保障运输期间货物的安全性。

（4）搭建 24 小时应急响应架构，清晰界定各岗位应急职责，确保面对突发事件时能迅速反应、高效处理。

以上措施，都有助于企业从多个角度实现安全可控的跨境物流运输。物流航空、空港、物流园区、运输业务、仓储等相关公司应建立相应的配套管理制度，规范经营流程，切实提高安全监测水平，坚决杜绝交通事故和运输中的安全事故的发生。

（案例来源：10 多家船公司货代“出事儿”了？有集装箱突然遭洗劫[EB/OL].（2024-10-16）[2024-11-13]. https://baijiahao.baidu.com/s?id=1813036016277998654）

思考并讨论

1. 如何预防和应对跨境物流中的暴力运输事件？
2. 跨境物流暴力运输对于物流行业和利益相关方有哪些负面影响？

自我分析与总结

错题整理

学会的内容

总 结